となりの億万長者

成功を生む7つの法則

〔新版〕

トマス・J・スタンリー & ウィリアム・D・ダンコ
斎藤聖美〔訳〕

The Millionaire
Next Door
The Surprising Secrets of
America's Wealthy
Thomas J. Stanley & William D. Danko

早川書房

THE MILLIONAIRE NEXT DOOR
The Surprising Secrets of America's Wealthy
by
Thomas J. Stanley and William D. Danko

Translated by
Kiyomi Saito
Published 2013 in Japan by
Hayakawa Publishing, Inc.
This book is published in Japan by
arrangement with
Longstreet Press
c/o Jed Mattes Inc.
through The English Agency (Japan) Ltd.

扉写真　©Tetra Images/Corbis/amanaimages

ジャネット、サラ、ブラッドへ。何万回ものクリスマスと独立記念日をあわせたくらいに感謝している。

——T・J・スタンリー

愛する妻コニーと、クリスティー、トッド、デイヴィッドの三人の子供たちに捧げる。

——W・D・ダンコ

目次

新版への序文　11

イントロダクション　17

1　となりの億万長者を紹介しよう　24

平均資産額は三七〇万ドル、純資産一〇〇〇万ドル以上のスーパーリッチも六％——さまざまな統計データをもとに、億万長者たちの驚くべき生活ぶりと、そこに隠された共通項を浮き彫りにする。

2　倹約、倹約、倹約　47

いくら金を稼いでも、それだけでは金持ちになれない。本当の金持ちは支出をコントロールするためにどんな戦略を用いているのか？

3 時間、エネルギー、金 106
金持ちほど資産運用に時間をかけ、貧乏な人ほどエクササイズや贅沢品の購入に時間をかける。時間の使い方でわかる資産形成の秘密。

4 車であなたの価値が決まるわけではない 153
億万長者がみんなロールスロイスに乗っていると思ったら大間違い。車の選び方と買い方で、快適な老後を過ごせるかどうかが決まる。

5 親の経済的援助 195
親から金銭をもらった子供の財産は、逆に少なくなっていく。この不思議な現象から、裕福な家庭が直面するパラドックスを分析する。

6 男女平等・家庭版 240
遺産相続こそ、億万長者を悩ませる最大の問題。彼らが編み出した、経済的にしっかりした子供を育てるための一〇カ条を学ぶ。

7 ビジネス・チャンスを見つけよう 286
急増する富裕層を対象としたビジネスこそ、億万長者の仲間入りをする近道。今後二〇年間に需要が急増する業種分野を完全予測。

8 職業：億万長者対遺産相続人 305
子供に事業を継がせる億万長者は五人に一人で、多くは自分と違う道を歩ませる。あなたは自分の子供にどんな職業をすすめますか？

謝　辞 331
著者のノート　億万長者の見つけ方 334
訳者あとがき 337
新版への訳者あとがき 343

著者註記

この本は、事実に基づく正しい情報を伝えることを意図している。著者および出版元は、法律、投資、会計その他の専門的なサービスを提供することを目的としていない。その種の助言が必要な場合には、適当な専門家に求めることを勧める。

本書の事例に登場する人物名はすべて仮名である。

新版への序文

最近ある記者から、今回の世界同時不況で、何かアメリカの億万長者に変わったことがありますか、との質問を受けた。彼女は、昨今の株価暴落と住宅価格の値崩れで、億万長者は息絶えてしまったのではないかと思っていた。私は、どっこい〝となりの億万長者〟はこの不景気のさなかにも健在ですよ、と答えた。一九八〇年に調査を始めてから、億万長者の多くは株や住宅に限らず他の資産にも投資していることをいつも目にしてきた。億万長者が成功した理由は、一つには、彼らが普通の人とは違う考え方をするところにある。しっかり分散投資をしようと考えたら、どうやって投資をコントロールするかについて考えるべきだと、多くの億万長者が話してくれた。誰も株式市場をコントロールすることはできない。だが、コントロールできるものがある。たとえば、自分の会社の事業、非公開株への投資、知り合いにお金を融通することなどがその一例だ。過去三〇年間、公開株に資産の三〇%以上を投資する億万長者は見たことがない。たいていは二〇%前半程度にとどめている。この数値は、億万長者のデータに関しては世界で右に出るもののないＩＲＳ（アメリカ国税庁）の調査結果とも一致する。

となりの億万長者タイプのＴ夫妻のプロフィールを見てみよう。たいていの人は、このカップルのライフスタイルをおもしろみがないと見る。ごく普通の生活をしていると言っていい。億万長者のＴ夫人はタイメックスの時計をしている。彼女の夫は、セイコーだ（億万長者の間で人気ナンバーワンのブランドだが）。この夫妻は衣服をディラード、ＪＣペニー、ＴＪマックスで買う。過去一〇年間に自動車は二台しか購入していない。両方ともフォードだ。彼らの住む住宅は今の相場で二七万五千ドルくらいのものだ。Ｔ夫人は最近美容院に行ったが、ヘアカットの値段は一八ドルだった。だが、彼らは経済的に自立しているという意味で、普通の人たちではない。

Ｔ夫妻のような人たちのことを話すと、必ず誰かがこう尋ねる――「でもその人たちは幸せなんですかねえ？」。三〇万ドル以下の住宅に住む億万長者の優に九〇％は、人生にすこぶる満足をしている。最近私が発表した調査だが、一〇〇万ドル以上の投資をしている人で、三〇万ドル以下の住宅に住む人は、一〇〇万ドル以上の住宅に住む人の三倍近くいる。

何億ドルもの資産を持つアメリカの億万長者の大半は、高級住宅に住んでいない。二〇〇七年のＩＲＳの住宅調査（現時点で入手できる最新情報）を基に、三五〇万ドル以上の不動産を持っていた被相続人（つまり、財産を残して死亡した人のことだが）の分析をしてみた。彼らが住んでいた家の価値の中央値は四六万九〇二一ドル。彼らの所有していた純資産の中央値の一〇％に満たなかった。平均すると、これらの亡くなった億万長者たちは、彼らが住んでいた住宅の価値の二・五倍以上を投資用の不動産に投資していた。

継続的な努力のおかげで、〝となりの億万長者〟層のプロフィールが明らかになってきた。今日もその努力は続いている。昔は、このセグメントを違った言葉で表現していた。研究を始めて間もない一九七九年一〇月一〇日、ニューヨーク市の証券業協会のコンファレンスで「マーケット・セグメンテーション――投資決定要因の活用」と題したスピーチをしたが、そのときには「富裕なブルーカラー」層という呼び方をしていた。このスピーチは、その後アメリカ・マーケティング協会から出版されている。それに先立つ一九七九年五月、ニューヨーク証券取引所は、発表されたばかりの全国二七四一の家計における投資パターン、投資に対する考え方とお金の使い方の調査結果に基づいて、それが営業にどのような影響を与えるのかを分析し、アドバイスをしてほしいと依頼してきた。これが前述の論文の基盤となった。この論文の主旨は、

（投資）業界が長く無視してきたセグメントにチャンスがある。この大きなセグメントを形作る富裕なブルーカラー層は、ホワイトカラーなら持たざるを得ない高価なものを買う必要がない……

……

このプレゼンをしたときにはもう、ブルーカラーすなわち〝となりの億万長者〟というセグメント

が存在することはわかっていた。そしてかなりの規模だろうと考えていた。この市場の研究を始めてすぐ、それがいかに巨大な市場かということに気づいた。

一九八〇年六月、私はあるアメリカの大手銀行からアメリカの億万長者に関する全国調査を依頼された。その企画を考えていたときに着想を得た。これが私のその後のキャリアに大きな影響を与えることになる。ある朝、依頼先の銀行員、私の同僚、そして友人のジョン・ロビンからなるタスクフォースのチームとミーティングをしていたときだ。突然となりの億万長者セグメントの考えが浮かんだ。ジョンはハーバードで教育を受けた数学者で、アメリカの二〇万人を超える都市の住民の資産特性を分析していた。彼は何かのついでに、「アメリカの億万長者の半分は高級住宅街に住んでいないんだよね」と言った。そのとき、私の頭にアイデアがひらめいたのだ！　ふつうの億万長者の話ではへぇーとうなるような話にはならない。それよりも、中流階級、いや労働階級の住む地域の質素な家に住む目立たない億万長者の話のほうがおもしろい。そのときから、私は〝となりの億万長者〟タイプの人たちのことを研究し、論文を執筆することに力を注いだ。三〇年前の一九八〇年に私が行った億万長者の規模、地域分布、そして彼らのお金に関わるライフスタイルの研究は、全国的調査研究として初めてのものだった。そのときの研究調査結果は、その後私が行った多数の研究の結果とも一致する。

アメリカの金融機関上位五〇社が組成したコンソーシアムの依頼で、私は、「一九八一年～一九八二年における全国富裕層の研究」という論文を執筆した。この研究をどうまとめようかと考えながら、私は全国を回って億万長者とグループ面接を実施していった。その後、このコンソーシアムに参加していた多くの金融機関から個別に、富裕層と面接をし、調査をしてほしいという依頼を受けた。アメリカの信託銀行の上位一〇行に入る七行からも依頼を受けた。その結果、私は五〇〇人以上の億万長者と直接会って話を聞くことができた。このときの話やそれ以外のときに聞いた話、そしてそれを私がどう解釈したかは、本書、『となりの億万長者』の中に余すことなく書かれている。オクラホマとテキサスで面接をした人たちと、ニューヨーク市やシカゴに住む人たちとが同じアメリカの伝統的な価値観を共有していたことは、おもしろいと思った。多くの人が経済的に自立することに強い関心を抱いていた。だからこそ彼らは資産の大きさから見れば不釣り合いに堅実な生活をしていたのだった。

本書、『となりの億万長者』の執筆に取りかかる前に、一九八二年から一九九六年の間に行った面談時の記録や調査結果を、一年かけて見直した。この広範にわたる研究と分析のおかげで、「となりの億万長者」は長期間にわたりベストセラーに連なることになったと思う。この本を買うお金で、読者は一〇〇万ドル以上の価値のある研究とその分析結果を購入するようなものだ。

なぜ私はお金持ちのことを書き続けているのか？　お金持ちのためでないことは、確かだ！　豊かになるということはどういうことかをはっきり理解していない人、誤った考えを持っている人たちに、正しく理解してもらいたいと思うからに他ならない。アメリカ人の大半はお金持ちの家庭の行動を全く知らない。広告業界や映画業界は、お金持ちになればお金を湯水のごとく使うものだと、私たちの頭に見事に刷り込んでしまった。だが、何度も言っているようにお金持ちの多くは、資産額に比べてはるかにつましい生活をしている。不幸なことに、アメリカ人は金回りがよくなるとすぐさま消費に走り、お金持ちになった気分に浸る。

だが、〝となりの億万長者〟は違う行動をとる。ある億万長者の女性エンジニアは、こう話してくれた。「大学を出た後、夫も私もよい仕事に就くことができました。夫もエンジニアなんですがね。私たちは一人の収入で生活し、もう一人の分は貯金に回しました。昇給があると、その分貯金を殖やしました。私たちは一九〇〇平方フィート（一八〇㎡）の質素な家にもう二〇年以上住んでいます。うちの子供たちは、うちは貧乏なの？　と、ときどき聞きます。ファストフード店で一ドル均一メニューの中から注文しなさいと私が言うからです」

アメリカは今もチャンスにあふれる国だ。過去三〇年間の研究では、つねに億万長者の八〇％から八五％が一代で財をなした人たちだった。自分の手で財産を築くことからは大きな誇り、喜び、満足感が得られる。数え切れないほどの億万長者が、富を築く過程は、目標を達成するよりもはるかに大きな満足感を得られるものだと話してくれた。蓄財の日々を振り返り、彼らは経済目標を設定し、それを達成することに大きな幸福感を得たと話してくれた。そう、経済目標を達成することは、旅のようなものだ。経済的な自立に向かう旅だ。億万長者の誰もが、この旅を誇りに思っている。

二〇一〇年六月

イントロダクション

二〇年以上前、私たちは、人はどうやって金持ちになるのかを研究しはじめた。最初、私たちは、誰もが考えるように、いわゆる高級住宅街に住む人々を対象に調査を行なった。だが、そのうちどうも奇妙なことに気づいた。豪華な屋敷に住み、高級車に乗っている人たちは、実際にはあまり資産を持っていないのだ。そしてもっと奇妙なことに気づいた。大きな資産を持つ人々は、そもそも高級住宅街に住んでいないのだ。

この小さな発見が、私たちの人生を一変させてしまった。トム・スタンリーは大学の教職を捨て、富裕層を対象としたマーケティングの本を三冊書き、富裕層向けにビジネスをする企業のアドバイザーになった。またアメリカを代表する大手金融機関七社の依頼で、資産家についての研究調査を行なった。この二〇年間、彼と私は、富裕層向けビジネスに関するセミナーを何百回と行なってきた。

なぜ、こんなにも多くの人々が私たちの話に興味を示したのか？　それは私たちが、ほんとうの金持ちは誰かを探し当てたからだろう。そして、どうすれば普通の人が金持ちになれるかの法則を分析し発見したためであろう。

たいていの人が、資産について間違った考えを抱いている。「資産」は「所得」と同じではない。毎年高い収入を得ても、それを全部使ってしまえば金は貯まらない。いい暮らしをしているだけだ。資産とは貯めるものであって、使うものではない。

どうしたら金持ちになれるか。この点でも、普通の人は勘違いしている。幸運、遺産、高学歴、頭の良さが条件なのではない。勤勉、我慢、計画性などのライフスタイルから、資産は形作られていくのだ。そして自分を律する強い精神力を持つこと、これが何よりも重要なのだ。

なぜ、オレは金持ちじゃないんだ?

こう思ったことのない人はいないだろう。教育もあり、一生懸命働いて、高い収入をあげている。それなのに、なぜ、あなたは金持ちではないのだろう?

億万長者とあなた

アメリカにおける個人資産はとてつもない金額になってきた。一九九六年、その合計額は二二兆ドルを超えている。にもかかわらず、アメリカ人の大半は裕福ではない。アメリカの個人資産のほぼ半分は、わずか三・五％の世帯に所有されており、それ以外の大半の家庭が所有する資産は、その足元にも及ばない。といっても「大半の家庭」が経済的に破綻しているわけでは決してない。みな、並以上の収入を稼いでいる普通の家庭である。アメリカには年収五万ドル以上の世帯が二五〇〇万以上もある。年収一〇万ドルを超える世帯数は七〇〇万。だが、これだけの「よい稼ぎ」にもかかわらず、資産のある人は少ない。多くの人々は毎月、給料日を指折り数えながら生活している。そういう人々には、この本が大いに役立つことだろう。

アメリカの平均的な家庭は、住宅資産を除けば、一万五〇〇〇ドル以下の資産しか持っていない。自動車や家具などを計算に入れないと、どうなると思う？　なんと、株や債券などの金融資産をまったく持たない家庭が非常に多いのだ。平均的な家庭は、給料の支払いがストップしたら、たぶん一カ月か二カ月程度しか持たないだろう。年収が全米の上位五分の一に該当する高収入グループにしても、それほど豊かではない。このグループですら平均資産額は一五万ドルを下回っており、家の資産価値を除けば、六万ドルを切ってしまう。公的年金の恩恵がなければ、六五歳以上のアメリカ人の半数は貧しい生活を送ることになるだろう。

金融資産を持つアメリカ人は、ほんの一握りだ。ＭＭＤＡ（市場金利連動型預金）を持つ世帯は一五％、ＣＤ（譲渡性預金）は二二％、ＭＭＦ（マネー・マーケット・ファンド）は四・二％、社債・地方債は三・四％、株や投資信託は二五％弱。賃貸不動産は八・四％、貯蓄国債は一八・一％が所有しているにすぎない。また、ＩＲＡ（個人退職積立年金）やＫＥＯＧＨ（自営業者退職年金）など、税制上の優遇措置のある年金の加入者も二三％にとどまる。

その一方で、アメリカ人の六五％は持ち家に住み、八五％が車を持っている。だが、車は価値が目減りしていくが、金融資産は価値が上昇するものだ。

この本では、一〇〇万ドル以上の純資産を持つ人々を「億万長者《ミリオネア》」と呼んでいる。こうした億万長者たちは経済的に自立している。月給がなくなっても、今のライフスタイルを変えることなく、何年も生活していくことができる。彼らはロックフェラーやバンダービルトのような大富豪の子孫ではない。彼らの八〇％はごく普通の人で、一代で富を築いてきた。時間をかけ、堅実に生活してきた結果、億万長者になっている。ニューヨーク・ヤンキース球団から何億ドルもの契約金をもらったわけでも、宝くじに当たったわけでもない。ミック・ジャガーのようなスターでもない。タナボタで巨額の財産を手に入れた話は新聞にでかでかと載るが、そうしょっちゅうある話ではない。たまたま運がよくて金持ちになれる確率は、四〇〇〇分の一（〇・〇二五％）もないだろう。この確率の数字と、一〇〇万ドル以上の資産を持つ世帯の割合が三・五％であることをじっくり比較して考えてみてほしい。

七つの法則

どういう人が金持ちになるのか？　たいていは、成人してから住み着いた町にずっと住むビジネスマンである。小さな工場やチェーンストア、サービス業の会社などを経営し、離婚せずに家庭を守ってきた人である。彼らは、自分よりはるかに少ない資産しか持たない人たちのとなりに住む、ごく普通の人だ。彼らは強迫観念にとらわれたように貯金し、投資をする。独力で金を稼ぎ、金を貯める。アメリカの金持ちの八割は一代で富を築いている。

資産家のライフスタイルは、金が貯まるようにできている。私たちの調査から、次の七つのポイントが資産を築く成功の秘訣だということがわかった。

1　彼らは、収入よりはるかに低い支出で生活する。
2　彼らは、資産形成のために、時間、エネルギー、金を効率よく配分している。
3　彼らは、お金の心配をしないですむことのほうが、世間体を取り繕うよりもずっと大切だと考える。
4　彼らは、社会人となった後、親からの経済的な援助を受けていない。
5　彼らの子供たちは、経済的に自立している。
6　彼らは、ビジネス・チャンスをつかむのが上手だ。
7　彼らは、ぴったりの職業を選んでいる。

この本では、この七つの要素を一つずつ詳しく取り上げる。あなたにもぜひ、この成功の秘訣を身につけてほしい。

あなたにも資産は築ける

私たちは、アメリカの資産家がどのような人々で、彼らがどうやって資産を築いたかを綿密に研究した。本書は私たちが過去二〇年間行なってきた研究を基礎としているが、執筆に利用したデータのほとんどは、最近の調査の結果である。私たちは五〇〇人以上の資産家にインタビューし、また一万一〇〇〇人以上の資産家や高額所得者にアンケート調査をした。

一九九五年五月から一九九六年一月の間に行なったアンケートには、一〇〇〇人以上の人が協力してくれた（原註）。このアンケートでは、資産に関連した事柄について、彼らはどう考えるか、どう行動しているかを尋ねた。質問は全部で二四九項目。家計予算の立て方、お金の心配、車の買い方や値段の交渉の仕方、子供に何を贈与するかなど、広い範囲にわたって質問している。また、今までに買った中で一番高かった車、腕時計、スーツ、靴の値段や、旅行の費用なども尋ねた。この調査は私たちが今までに手がけた中で、一番大がかりなものである。これまでに、一代で財を築くのに重要な要素に焦点をおいた調査はなされていない。また、高い給料を稼ぎながら資産が貯まらないのはなぜかを研究したものもないと思う。

アンケート調査以外のデータからも多くのヒントを得ている。私たちは一代で財をなした人々から何百時間もかけて話を聞き、詳しく分析を行なった。また、彼らにアドバイスを与える立場にある公認会計士などの専門家も取材したが、これはたいへん役に立った。

原註　アンケート対象者をどう選別したかは巻末の著者のノートを参照のこと。

この研究で何がわかったか。資産を築くには自分をコントロールする精神力、犠牲をいとわぬ態度、そして勤勉さが必要であること。成功への鍵は、この三点に集約されるだろう。あなたは心から経済的自立を望んでいるだろうか。あなたもあなたの家族も、この目的のためにライフスタイルを変更する気があるだろうか。多くの人は「その気はない」と言うだろう。しかし、必要とあれば時間、エネルギー、消費行動を変更するつもりがあるというのなら、あなたにも資産は築ける。あなたが経済的に自立することは十分可能だ。本書を読むことは、その第一歩である。

1　となりの億万長者を紹介しよう

あの人たち、ほんとうに億万長者ですか！　そんなふうには見えないじゃないですか。着ているものも、食べものの好みも、立ち居振る舞いだって。名前からして億万長者っぽくないじゃないですか。もっと億万長者らしい億万長者はいないんですか？

こう言ったのは、ある信託銀行の上級管理職である。私たちはこの銀行の依頼で、一代で富を築いた一〇人の億万長者に集まってもらい、取材調査を行なった。取材を兼ねたディナーが終わった直後に、彼はこう言ったのだ。彼が金持ちに対して抱いていたイメージは、金持ちとは縁のない多くの人人が抱くのと同じものだった――金持ちというものは、高価なスーツに身を包み、高級時計を腕にしているものだ、と彼は考えていたのである。ところが、現実はまったく違っていた。

この銀行員は、ふつうの億万長者よりもスーツに金をかけている。腕時計は五〇〇〇ドルするブランドものだ。私たちの調査結果によれば、金持ちはその一〇分の一の金も時計にはかけない。この銀行員は新型の輸入車に乗っているが、億万長者で高級輸入車に乗るのはごく一部。たいていは新型モデルにも乗らない。彼は車をリースしているが、億万長者でリースをするのは少数派である。

どちらが億万長者に見えるかと聞かれれば、ほとんどの人が、銀行員、と答えるだろう。しかし、見かけは当てにならない。

それがよくわかる例を紹介しよう。ある金持ちのテキサス男は、この銀行員タイプの人々を評して、次のように語った。

牛を一頭も持っていないくせに、大きなカウボーイハットをかぶって、見かけだけは一丁前の牧場経営者、ってヤツがいるんだよね。

彼は三五歳にして、ディーゼル・エンジン事業で大成功を収めた人物である。彼は一〇年前に買った車に乗り、ジーンズと鹿革《バックスキン》の上着を着て、中流の下クラスの家が立ち並ぶ住宅地の、ごく普通の家に住んでいる。となり近所に住むのは郵便局の職員、消防士、機械工といった人々だ。

売上や利益などの数字をあげて、自分の事業の成功ぶりを語った後に、このテキサス男はこう言った。

「オレの仕事はどう見てもかっこいいものじゃない。そんな振りをする気もないし。あるとき、イギリスから取引先の人間がやってきたんだが、彼らは最初、オレのことをウチの会社のトラック運転手だと思ったらしい。オレのオフィスに入ってきて、部屋をきょろきょろ見回すんだ。それでもオレしかいないじゃないか。それで年輩の男が言ったもんだ。『ああ、ここはテキサスだということを忘れていました！』ってね。オレは牛のたくさんいる牧場を持っていても、大きなカウボーイハットはかぶらないタイプだからね」

億万長者のポートレート

アメリカの億万長者の平均像はどんなものだろう。ちょっと自己紹介してもらおう。

◆私は五七歳の男性で既婚。子供は三人。私もそうですが、億万長者の七割の世帯では、夫が家計所得の八割以上を稼いでいます。

◆億万長者の二割はもう引退しています。現役の億万長者の三分の二は事業家、自営業者です。全米には自営業者が二割もいないのに、億万長者の間では三分の二もいるんですよ。これは興味深い現象です。自営業者のうち、四分の三は自分で事業を始めた起業家で、残りは独立して診療所や事務所を開いている医者や会計士などの専門職です。

◆私たちの業種はごくありふれた、たいしておもしろくないものばかりです。溶接の下請業、競売人、米作農業、移動住宅《モービルホーム》専用駐車場の経営、害虫駆除、コイン・切手ディーラー、舗装下請業などです。
◆妻が外で働いている割合は約半分。妻の職業で一番多いのは学校の教師。
◆年間所得は分布上、一三万一〇〇〇ドルの人がいちばん多いようです。ただし、年間所得の平均は二四万七〇〇〇ドル。五〇万ドル以上一〇〇万ドル未満（八%）、一〇〇万ドル以上（五%）の高額所得者層が平均値を引き上げていることにご注意。
◆平均資産額は三七〇万ドル。もちろん、もっと貯め込んでいる人もいます。一〇〇〇万ドル以上の資産家が六%ほどいるので平均値は高めになっています。分布上もっとも多いのは純資産一六〇万ドルの世帯でしょう。
◆平均すると年収は資産の七%以下。つまり資産の七%以下の金で生活しているわけです。
◆九七%は持ち家に住んでいます。家の平均評価額は現在三二万ドル。同じ家に二〇年以上住み続けている人が半分います。買った当初は安かったものが今では三二万ドルですから、家の資産価値が上がってみんな喜んでいるに違いありません。
◆遺産をもらえなかったから不利だったと感じたことはありません。億万長者の八割は自分一人の力で金持ちになっています。
◆私たちはみんな、収入に比べて、はるかに少ない金額で生活しています。安いスーツを着て国産車に乗っています。新型車に乗ったり、車をリースするのは私たちの間では少数派です。
◆私たちの妻は、きっちりと細部にわたって予算や支出計画を立てます。「慈善事業はまず我が家から」という諺《ことわざ》に異を唱えるのは一八％のみ。財布のひもは妻のほうがずっと堅いですよ。
◆いざというときのための資金は用意してあります。一〇年以上は収入がなくても生活できるでしょう。純資産が一六〇万ドル以上あれば、今と同じ生活水準で一二年以上は快適に生活できるでしょう。いや、私たちは少なくとも収入の一五％を貯金に回して収入の八五％で生活しているから、実際にはもっと長く、今の生活水準で暮らせる計算ですね。
◆私たちの近所には、億万長者でない人たちが私たちの三倍以上住んでいます。私たちの資産額は、億万長者になっていないご近所の人たちの六・五倍あります。あの方たちは高価な物を買い、世間体を気にするから、蓄財できないんですかね。
◆全体でみれば教育レベルはそこそこ高いと言えるでしょうか。大学を卒業していないのは二割だけです。一八％が大学院を出ています。八％はロースクール卒業生、六％はメディカルスクール卒業生、六％は博士号を持っています。
◆小学校から高校の間に私立の学校で学んだのは妻も含め一七％だけですが、わたしたちの子供の五五％は私立の学校に学んでいます。
◆私たちは教育を非常に重要視しているので、子や孫の教育にはかなりのお金をかけています。
◆三分の二の人は週に四五時間から五五時間働きます。
◆投資には熱心です。収入の一五％以上を貯蓄・投資に回す人が大半ですが、平均では収入の二〇％弱を貯蓄しています。七九％は証券会社に口座を開いていますが、投資の判断は自分でします。

◆資産の二割近くは上場株や投信など流動性の高い有価証券に投資していますが、めったに売りません。平均で、資産の二一％を自分の事業に投資しています。
◆私たちの多くは、娘は息子に比べて経済的に不利な立場にあると考えています。同じ職業についても、男性のほうが収入は多いですからね。娘には財産を分けてやりたいと思っています。息子は経済的に有利な立場にあるのだから、親の援助に頼るべきではないですよ。
◆子供たちに望ましい職業は何かって？　現在、億万長者と言える世帯は三五〇万ですが、この数は人口全体の伸びよりも早く増えています。だから富裕層を相手にする職業がいいと考えてはいますがね。私たちはお金のことなら会計士に相談するし、弁護士も頼りにするでしょ。だから子供たちには会計か法律を勉強しろって言っているんですよ。今後一五年間、税務や遺産対策の専門家は引っ張りだこになるでしょうね。
◆私たちは倹約家です。こんなに長いアンケートに協力するのも一ドルくれるっていうからなんですよ。二、三時間の取材を受けたのも、一〇〇ドル、二〇〇ドル、二五〇ドルと払ってくれたからですよ。「ご希望により慈善施設へ寄付することもできますので、お好きな慈善施設先を教えてください」と言われましたが、あいにく私の一番のお気に入りの慈善施設は、私自身なもんでね。

どんな人が「金持ち」か

ふつうの人に「金持ちってどういう人？」と聞けば、「ものをたくさん持っている人」と、辞書に出てくるような答えが返ってくるだろう。

この本では、金持ちを別な角度から定義する。ものをたくさん持っていても、金持ち、富豪、資産家とは言わない。気前良くお金を使う人々は往々にして大した投資をしていない。含み益を生むもの、家賃収入など不労所得を生む不動産、株や債券も所有していない。自分の会社も、石油・ガス採掘権、山林なども持っていない。こういう人たちを、私たちは金持ちとは呼ばない。私たちが定義する金持ちというのは、ものを買って見せびらかすよりも、将来値上がりしそうな資産を所有することを選ぶタイプの人のことだ。

億万長者の定義

金持ちかどうかを見るのに純資産で見る方法がある。いわば、カウボーイハットの大きさではなく、牛を何頭持っているかで計る方法だ。純資産とは、現在の資産額から負債額を差し引いた価値を言う（信託財産にある金は除く）。この本では純資産を一〇〇万ドル以上持つ人を億万長者、金持ちと呼ぶ。この定義によれば、全米一億世帯のうち、わずか三・五％の世帯が金持ちとなる。億万長者の九五％は、一〇〇万ドルから一〇〇〇万ドルの資産を持つ。わたしたちは、このグループに焦点を当ててこの本を書いた。この程度の資産なら、その気になればなんとか一代で築けるレベルだからだ。

期待資産額

金持ちかどうかを計るもう一つの見方は、「期待資産額」を基にするものである。資産の額は、その人の年齢と収入に大きく影響される。収入が多ければ資産も多いはずだし、働いた年月が長ければそれだけ蓄財もできているはずだ。だから収入の多い年輩者は収入の低い若者よりも資産があってしかるべきだ。

どの程度の資産があれば金持ちと言えるだろうか。私たちは長年、高所得の資産家を調査研究した結果、いくつかの多変数方程式を開発している。だが、自分が金持ちかどうかを計るには、次のような大ざっぱなルールさえわかっていれば十分だろう。

年齢に、税引き前の年間家計所得（相続から得られる年収は含まない）をかけ、一〇で割る。ここから、遺産相続額を引いた金額が期待資産額である。

たとえばアンソニー・O・ダンカン氏の場合。彼は四一歳で年収一四万三〇〇〇ドル。不労所得も年一万二〇〇〇ドルあるから、

$$(143{,}000 + 12{,}000) \times 41 \div 10 = 635{,}500$$

すなわち、ダンカン氏の期待資産額は六三万五五〇〇ドルとなる。ルーシー・R・フランケル夫人の場合は、六一歳で年収は二三万五〇〇〇ドルなので、期待資産額は一四三万三五〇〇ドルになる。年収五万ドル以上で、二五歳から六五歳の年齢層なら、この期待資産額の算出方法はかなりの精度で現実にあてはまると考えられる。期待値を上回っていれば、同じ所得層・年齢層の人よりも金持ちと言ってよい。

とはいっても、四六万ドルの資産しか持たない人を「金持ち」と呼べるのか、と疑問に思うかもしれない。そう、億万長者でないことは確かだ。チャールズ・ボビンズ氏の場合を見てみよう。彼は四一歳の消防士で妻は秘書。二人の収入は合わせて五万五〇〇〇ドル。二人の期待資産額は二二万五五〇〇ドルなので、四六万ドルの資産を持つ彼らは、同じ所得層・年齢層の平均以上の資産を持つといえる。二人は消防士と秘書で得られる収入の範囲で、上手にやりくりし、貯蓄にも金を十分回している。二人のあいだには、あまりお金を使わずにすむライフスタイルができあがっているのだろう。このライフスタイルを守っていけば、ボビンズ氏は一〇年間働かなくても家族を養っていくことができるだろう。その意味では、彼は同じ所得層・年齢層と比較して金持ちと言える。

ジョン・アシュトン氏は五六歳の医者である。年収五六万ドルのアシュトン氏の資産は一一〇万ドルあるから、億万長者と言える。だが、期待資産額の定義からすれば、彼を裕福とは呼べない。彼の年齢と所得からすれば、資産は三〇〇万ドル以上あってしかるべきなのだ。

彼の金の使い方、ライフスタイルを考えると、アシュトン氏が働かなくても家族を支えていけるのは、二年、よくて三年がせいぜいだろう。

「蓄財優等生」と「蓄財劣等生」

同じ年齢層・所得層の中で、あなたの資産はどのくらいの成績だろう。もし資産額が上位四分の一にあれば、平均以上に資産を貯めていると言える。この本では、このグループを「蓄財優等生」と呼ぶ。もし、資産額が下から数えて四分の一だったら、資産の貯め方は平均以下だ。このグループは今後「蓄財劣等生」と呼ぼう。二つのグループの中間は「平均」とみていい。さて、あなたは蓄財優等生、それとも劣等生？　あるいはちょうど平均だろうか？

私たちは、この成績の計り方にも簡便法を編み出した。もし期待資産額の二倍の資産を持っていれば、蓄財優等生と言える。ダンカン氏の場合は六三万五五〇〇ドルの二倍の一二七万一〇〇〇ドル以上の資産をもっていれば蓄財優等生だし、半分の三一万七七五〇ドル以下であれば蓄財劣等生に落ちる。

蓄財優等生は同じ所得層・年齢層の中で、資産形成の上手な人々である。蓄財優等生は定義からして、最低でも蓄財劣等生の四倍の資産を持つ。蓄財優等生と蓄財劣等生の性格を比較することで、私たちは非常におもしろいことに気づいた。

ある二人の例を見てみよう。ミラー・リチャーズ、五〇歳。彼は移動住宅《モービルホーム》のディィーラーで昨年の年収は九万二〇〇ドルだった。これから計算すると彼の期待資産額は四五万一〇〇〇ドルになるが、リチャーズ氏の資産は一一〇万ドル、りっぱな蓄財優等生である。

ジェームズ・H・フォード二世は五一歳の弁護士で、昨年の年収は九万三三〇ドルだった。年収はリチャーズ氏よりも多少多い程度だが、フォード氏の純資産は二二万六五一一ドルで期待資産額の四七万八八三ドルを下回るから蓄財劣等生である。フォード氏は、大学と大学院で計七年間もの高等教育を受けたというのに、モービルホームのディィーラーよりも少ない資産しか持っていない。リチャーズ氏はフォード氏のなんと五倍の資産を蓄えているのだ。二人の年収も年齢も似通っている。それなのになぜ？　次のことを考えてほしい。

◆弁護士として、中流の上クラスのライフスタイルを維持するには、どのくらいの金が必要か？
◆モービルホームのディィーラーとして、中流あるいはブルーカラーのライフスタイルを維持するのには、どのくらい金が必要か？

弁護士のフォード氏のほうが金がかかることは明らかだ。弁護士にふさわしい車となればやはり高級な外車だろう。同じものを毎日着るわけにもいかないから、高いスーツが何着もいる。ゴルフ会員権も一つや二つ持っていなければ都合が悪い。顧客を自宅に招いて接待するために、ティファニーの銀食器なんかも必要だろう。

蓄財劣等生のフォード氏のライフスタイルは、蓄財優等生グループよりも金がかかる。蓄財劣等生は一般に消費性向が高く、収入以上の暮らしをする。そして、資産を築くのに不可欠な重要なことをきちんとしないから金が貯まらないのだ。

億万長者のルーツをさぐる

アメリカの億万長者のほとんどは、一代で資産を築き上げている。ごくふつうの人が、なぜ一代で億万長者になれたのだろう？　世の中のほとんどの人は、たいした資産も持てずに一生を終わるのに。この違いはなんだろう？

億万長者になるのは、自分の能力に自信を持つ人々だ。彼らは両親に金があるかどうかなど、考えたこともない。金持ちになるには金持ちの親がいなければ無理だ、などとも考えない。そう考える人は、一生、億万長者とは縁がないと思っていい。あなたは、億万長者は銀のスプーンをくわえて生まれてくると思っていただろうか？　だったら億万長者に関する次のデータをじっくり見てもらいたい。

◆信託財産や相続資産から何らかの所得を得る人は一九％に過ぎない。

◆相続資産が、資産の一割以上を占める人は二割に満たない。
◆過半数の億万長者は一ドルたりとも遺産相続を受けていない。
◆両親、祖父母その他の親戚から一万ドル以上の贈与を受けた人の割合は二五％以下。
◆九一％は親が経営する会社の株を贈与してもらっていない。
◆ほぼ半数は、両親や親戚から大学の学費を出してもらっていない。
◆今後遺産をもらう可能性がある人は一割を切る。

アメリカは、一代で富を築こうと望む人にとって、大きな希望の国だ。その社会経済システムが硬直化していないために、アメリカはチャンスの宝庫なのだ。

一〇〇年前のアメリカもそうだった。一八九二年に、スタンリー・リバーゴットは四〇四七人の億万長者を対象として調査を行ない、『アメリカの経済』という本にまとめている。この調査報告によれば、当時でも、八四％の億万長者は相続の恩恵を受けずに、自分の力で運命を切り開き、財を築いている。

「イギリス系が有利」は神話

独立戦争の直前まで、アメリカで金持ちといえば、地主階級と決まっていた。当時、アメリカ国土の半分は、イギリスからの移民一世か、両親がイギリス人の移民二世によって所有されていた。

さて、では今日でもアメリカの富の半分がイギリス系アメリカ人のものかといえば、答えはノーだ。にもかかわらず、アメリカでは祖先がどこから移住してきたかで運命が決まる、アメリカの金持ちはメイフラワー号の子孫ばかりだ、という神話がまだ根強く信じられている。

客観的に考えてみよう。もし、祖先の出身国で金持ちになれるかどうかが決まるとしたら、アメリカの億万長者の半分はイギリス系で占められているはずだ。だが表1‐1を見れば、そうでないことがわかる。私たちは億万長者に、本人または祖先が、どの国の出身かを聞いてみた。その結果は予想外のものだった。

イギリス系アメリカ人は全米人口の一〇・三％を占めるが、億万長者の中には二一・一％いる。ということはイギリス系が億万長者になれる確率は、平均の二・〇六倍といえよう。しかしイギリス系出身者の中に億万長者は何割くらいいるかというと、七・七一％しかいない。人種別長者番付では四位に落ちてしまう。

新世界に最初にやってきた人々を祖先とするイギリス系は、一番有利な立場にあるはずなのに、人種別ではトップにいない。一七九〇年、植民地時代のアメリカでは三分の二が自営業者であった。アメリカはチャンスにあふれた国である。アメリカでは過去がどうであったかよりも、現在何をしているかが重要だ。前にも書いたように、億万長者の八割は独力で資産を築いている。ところが一代目の築いた富は二代目、三代目になるとほとんど消えてしまう。アメリカ経済は流動性が高い。これから金持ちの仲間入りをしようという人がいるのと同時に、散財して金持ちのカテゴリーから消えゆく人

表1-1　アメリカの億万長者の祖先

世帯主の祖先の人種・出身国 *1	全米世帯に占める比率	億万長者の世帯数 *2	全米の億万長者世帯に占める割合	億万長者世帯に占める割合による順位	集中率：億万長者世帯数÷全米世帯数	億万長者世帯が人種内に占める割合	億万長者世帯が人種内に占める割合による順位
イギリス	10.3%	732,837	21.1%	1位	2.06	7.71%	4位
ドイツ	19.5	595,171	17.3	2位	0.89	3.32	9位
アイルランド	9.6	429,559	12.5	3位	1.30	4.88	7位
スコットランド	1.7	322,255	9.3	4位	5.47	20.8	2位
ロシア	1.1	219,437	6.4	5位	5.82	22.0	1位
イタリア	4.8	174,929	5.1	6位	0.94	4.00	8位
フランス	2.5	128,350	3.7	7位	1.48	5.50	6位
オランダ	1.6	102,818	3.0	8位	1.88	7.23	5位
アメリカ先住民族	4.9	89,707	2.6	9位	0.53	1.99	10位
ハンガリー	0.5	67,625	2.0	10位	4.00	15.1	3位

＊1　世帯主とは、この調査に回答した成人をさす。回答者は自身が家計の責任者であると回答している。
＊2　純資産が100万ドル以上ある世帯をさす。

もいるのだ。

億万長者になりやすい人種

　さて、イギリス系でないのなら、どの人種が億万長者のトップにくるだろう。表1-1の一番右の欄を見てみると、一位はロシア系、それからスコットランド、ハンガリーと続く。ロシア系アメリカ人は全米に一・一％しかいないのに、億万長者の中では六・四％もいる。ロシア系アメリカ人の二二％は、億万長者なのだ。イギリス系の七・七一％と比較するとこの数字は驚異的である。ロシア系アメリカ人は全米個人資産の五％、一兆一〇〇〇億ドルを所有している！

　なぜロシア系アメリカ人は金持ちになりやすいのか。それはロシア系に事業家の割合が非常に高いせいだと考えられる。億万長者の大半が会社のオーナー経営者だったことを思い出してほしい。どうやら起業家精神は世代から世代へと引き継がれていくようだ。

　ハンガリー系にも起業家タイプが多い。ハンガリー系は全米に〇・五％しかいないが、億万長者の中では二％いる。ドイツ系は全米に一九・五％もいるのに、億万長者の中では一七・三％に落ちる。ドイツ系アメリカ人の中で億万長者は三・三二％しかいない。

スコットランド系は倹約家

　スコットランド系アメリカ人は全米に一・七％しかいないが、億万長者では九・三％を占める。平均の五・四七倍の確率である。

人種別長者番付で、スコットランド系は二〇・八%、二位にある。スコットランド人がアメリカに移住した時期は早い。だがそれが理由でないことは、イギリス系の例でもわかる。イギリス系出身者は社会的ステイタスも高いというのに、億万長者になる成功の度合いはスコットランド系の約三分の一でしかない（スコットランド五・四七に対してイギリス二・〇六）。

億万長者を輩出する人種は、所得も高いと想像される。実際、億万長者の三分の二以上は一〇万ドルを上回る年収を得ており、所得と資産には強い相関関係が見られる。ところが唯一の例外は、スコットランド系である。スコットランド系の高額所得者は全米に一・七%しかいないのに、億万長者となると九・三%に跳ね上がる。なんとスコットランド系では、六割の人が年収一〇万ドル以下で億万長者になっているのだ。これは他には見られない特徴だ。

収入では説明がつかない。とするとこれはなんなのだ。

まず、スコットランド系には倹約家の傾向が強い。収入が増えれば支出も増えるのがふつうだが、彼らには当てはまらない。一〇万ドルの年収があっても、生活費は年収八万五〇〇〇ドルの世帯と同程度の支出で生活している。彼らは金を使わずに、倹約した分貯蓄に多く回す。一〇万ドルの年収のスコットランド系は一五万ドルの所得層と同じ額だけ貯蓄をしている。

私たちは億万長者に、今までに買った中で一番高いものはいくらでしたか、という質問を、スーツ、靴、時計、車について尋ねてみた。その結果は次章にあるが、スコットランド系の億万長者は、平均よりもずっと低い金額しか使っていない。たとえばスコットランド系億万長者の三分の二（六七・三％）は、他の億万長者の平均より安い車しか買ったことがない。

スコットランド系はそれだけ子孫に残す遺産も多い。ところが私たちの調査では、スコットランド系の子孫は、経済的にも精神的にも親から早くから独立して、親の援助を受けない傾向が見られる。だから親の資産を目減りさせることも少ない。

スコットランド系は、倹約の美徳、自己管理の大切さ、経済的に成功すること、自立することの重要性を、子から孫へと代々伝えてきている。一代で億万長者になった人々も、みんな同様の価値観を身につけている。

少数民族には億万長者が多い

人口が少ないので、統計では見逃されがちな出身国・民族・人種グループをとりあげたのが表1-2である。ここでは、全米平均の二倍以上の割合で億万長者のいる一五のグループをあげている。この一五グループを全部足し合わせても、アメリカの人口の一％に満たない。おもしろいことに、少数派のグループほど金持ちの割合が高い。アメリカで主流になればなるほど、金持ちの割合が少なくなっていく。

また、アメリカに移住して、長ければ長いほど、億万長者を輩出する割合が低くなる。それはアメリカが消費文化の国だからだ。一般にアメリカに長くいればいるほど、人々はアメリカの消費文化に

表1-2　経済力のある少数民族グループ *1

世帯主の民族・人種・出身国	全米世帯に占める比率	所得 *2 インデックス	依存度 *3 インデックス	経済力 *4 インデックス	経済力順位
イスラエル	0.0003	2.6351	0.3870	6.8095	1
ラトビア	0.0004	2.4697	0.5325	4.6383	2
オーストラリア	0.0001	2.1890	0.5329	4.1080	3
エジプト	0.0003	2.6546	0.6745	3.9357	4
エストニア	0.0001	1.8600	0.4787	3.8855	5
トルコ	0.0003	2.2814	0.6650	3.4305	6
アイスランド	0.0001	1.8478	0.5600	3.2997	7
シリア	0.0004	2.1659	0.6698	3.2335	8
イラン	0.0009	2.0479	0.6378	3.2107	9
スラブ	0.0002	1.2292	0.4236	2.9018	10
ルクセンブルク	0.0002	1.1328	0.3992	2.8379	11
ユーゴスラビア	0.0009	1.3323	0.5455	2.4424	12
パレスチナ	0.0002	1.8989	0.7823	2.4274	13
スロバニア	0.0004	1.0083	0.4246	2.3748	14
セルビア	0.0004	1.3184	0.5950	2.2157	15

＊1　1990年アメリカ人種国勢調査において、10万世帯以下であった民族・人種グループ。
＊2　全米平均を1とした場合の高額所得者（年収10万ドル以上）の割合。
　たとえばイスラエル系では、高額所得者の割合が全米平均の2.6351倍である。
＊3　全米平均を1とした場合の公的補助を得ている人の割合。
＊4　所得インデックスを依存度インデックスで割ることによって求められる。

適応してしまう。他の国から移住してきた第一世代が自分で事業を始める傾向にあるのも、億万長者が多い理由の一つであろう。自営業は資産形成に大きなプラスとなる。

だからといって、移民第一世代の事業家の、みんながみんな億万長者になれるわけではない。事業家の大半は資産らしきものを築けずに終わる。移民にしてみても同じことだ。だが、現在アメリカには国外で生まれてアメリカに移住してきた移民第一世代が二三〇〇万人もいる。これは巨大な数だ。インク誌の起業家ランキング五〇〇人中にも、移民第一世代が一二％いることは注目していい。

第一世代に比べ、移民二世、三世のほうが成功する確率が高いと思うかもしれないが、実はそうではない。詳しくは第五章と第六章に譲るが、ここでは簡単に、なぜ二世以降は前の世代ほど成功しないかを説明しておこう。

ビクターとその子供たち

ビクターはアメリカに移住して、成功した起業家である。移民一世は一般的に倹約家で、社会的な地位は低い。自分に対して厳しく、ものをあまり買わない。リスクをとることを恐れず、熱心に働く。さて、移民一世が成功したあかつきには子供たちに何と言うだろう。パパをお手本にしろと言うだろうか。パパの後を継いで屋根職人、掘削工、スクラップのディーラーになれと言うだろうか。いやいや、それは五人に一人もいないだろう。

ビクターも、子供にはもっとよい暮らしをさせたいと思っている。子供には大学に進学して、医者、弁護士、会計士、会社役員などになれ、と勧めている。子供たちが自分で事業を起こすことには、水を差している。無意識のうちに、ビクターは子供が社会に出る時期を遅らせている。そして、彼がしてきたような、つましい我慢の連続の生活をしないようにと話して聞かせている。

ビクターは子供たちに、自分よりもよい暮らしをしてほしいと言うが、それは高い教育を受け、尊敬される職業についてほしいという意味だ。「よい」暮らしとは豪華な邸宅、新型の高級車、仕立てのよいスーツ、ゴルフの会員権を意味する。だが、ビクターを成功に導いたものは、こういうものではない。そして、高い教育を受けることが、経済的にはマイナスになりうることにビクターは気づいていない。

ビクターの子供たちは、大学、大学院と進み、金を使うことを覚えてしまった。彼らは今やりっぱな蓄財劣等生。事業に成功したブルーカラーの父とは正反対になってしまった。彼らはみごとにアメリカナイズされ、お金を使うことを楽しみ、社会人になる時期を遅らせる世代として育ってしまった。

ビクターの子供たちのように、移民の二世、三世がアメリカナイズされるのに、たいした時間はかからない。一世代から二世代のうちに「普通のアメリカ人」になってしまう。だからアメリカは、ビクターのように勇気とねばり強さを持つ移民を常に必要とするのだ。

新しい億万長者、消えゆく億万長者

数年前、私たちはある大企業の子会社から、アメリカの富裕層の調査研究を依頼された。先方の担当者は、イギリス系アメリカ人の副社長トディだった。彼の祖先は独立戦争以前にアメリカに移住してきており、つい最近まで彼の一族はペンシルバニアに製鉄所を所有していた。トディは、ニューイングランドの有名な私立進学校からプリンストン大学に進んだ。大学ではフットボールのレギュラー選手だった。

トディも、世間一般と同様に、金持ちは遺産相続のおかげで金持ちになるものと考えていた。また金持ちはイギリス系アメリカ人に多いと考えていた。さて、調査が始まり、トディはアメリカの億万長者たちと会う機会ができた。トディが会ったのは、イギリス以外の国から移住してきた移民第一世代で、公立の学校を卒業し、国産車に乗り、キャビアよりもサンドイッチを好む人々だった。そしてトディと違って、倹約家の人々だった。

調査中に、アレックスという起業家が、トディと彼の同僚の幹部社員たちに、彼らの会社を買収したいとアプローチしてきた。トディたちはアレックスの素性を調べた。その結果、アレックスはロシアから移住してきて小さな商売を始めた男の息子で、州立大学を卒業していることが判明した。「こんな馬鹿なことがあるものでしょうか。アレックスなどという、どこの馬の骨ともわからない男が、うちの会社を買収するだけの金を持っているなんて！」とトディは言った。だが、アレックスの父親はいみじくもこう言っている。

ロシア人は、馬の売り買いにかけては天下一品なんだ。

アレックスは独力で、数百万ドルの資産を持つまでになった。絵に描いたようなアメリカンドリームの具現者である。一方トディはというと、絶滅寸前の生き物だ。遠い昔、祖先が製鉄所を作り、鉄道を敷き、小馬を使った速達便サービスを始めたことを懐かしく昔語りするようになったら、絶滅の日は近いと思っていいだろう。

2　倹約、倹約、倹約

彼らは、収入よりはるかに低い支出で生活する。

私たちが一〇〇〇万ドル以上の資産を持つ人々に初めて取材をしたときのこと。何もかもが予想外の展開だった。この調査を依頼してきたのは世界的に有名な信託銀行で、巨大な資産を持つ人々が何を望んでいるのかを探り出すことが目的だった。

取材の間、富豪のみなさんが快適に過ごせるようにと、私たちはマンハッタンのイーストサイドにある、しゃれたペントハウスを一日借り切った。超高級ケータリング・サービス会社と契約してメニューに工夫をこらしてもらい、四種類のパテと三種類のキャビアを用意し、それに合う一九七〇年のボルドーと一九七三年のカベルネ・ソーヴィニョンを一ケースずつ用意した。

最高のもてなしの準備を整えて、私たちは富豪のみなさんがおいでになるのをそわそわと待った。最初に到着したのは、私たちが〝ミスター・バド〟とあだ名をつけた男性だった。彼は六九歳で、ニューヨークのどまん中にビルを何棟か所有するほか、二つの会社を経営し、自力で資産を築きあげた人物だった。彼は普段着とでもいうような、よれよれのスーツにオーバーコートをひっかけてやってきた。一〇〇〇万ドルを優に超える資産を持っているとは、とても見えない。

私たちは気を取り直して、私たちが金持ちの好みに精通しているところを披露しようと、自己紹介の後、「ミスター・バド、一九七〇年のボルドーはいかがでしょう?」と勧めた。

ミスター・バドは不思議そうな顔で私たちを眺めてから、なんとこう言い放った。

私はスコッチかビールしか飲まんよ。ビールは二種類。バドワイザーかタダで飲めるヤツだけだ。

私たちはショックを覆い隠して対応を続けた。取材は二時間ほどだったが、その間中、出席した九人の富豪は落ち着かない様子で、椅子の上でもぞもぞしていた。ときどきテーブルの上のご馳走をチラッと眺めたが、誰もパテや年代物のワインに手をつけようとはしない。時間帯からして空腹なはずなのに、みんなクラッカーにしか手を出さなかった。もったいない。もちろん、私たちは残った食べ物を捨てたりはしなかった。となりの部屋に待機していた銀行員たちが全部たいらげてくれた。いや私たちも多少のお手伝いはしたが。どうやら銀行員も私たちもグルメであることは間違いないようだが、一〇〇〇万ドルの資産は持ち合わせていない。

億万長者の最大の特徴

その後の研究で、私たちは金持ちのライフスタイルをすっかりマスターした。億万長者に取材をするときには、彼らの好みそうなおつまみをクラッカーの上にのせてお出しする。コーヒー、ソフトドリンクを用意し、夜の場合にはビールとスコッチとサンドイッチを出す。もちろん、必ず一人につき一〇〇ドルから二五〇ドルの謝礼を払う。おみやげを用意するときもある。大きい高価な熊のぬいぐるみ《テディ・ベア》は、孫が大喜びするという理由から、億万長者に好評である。

人は、食べ物や飲み物の嗜好、スーツや時計など身につけるもの、車などで相手を判断するきらいがある。優秀な人は洗練された好みを身につけていると決めてかかっている。しかし、金を貯めて金持ちになるよりも、ものを買うほうがずっと簡単だ。考えてみれば、時間と金をかけて趣味のよいものを身につければ、その分、金が貯まらないのは理の当然というものだ。

金持ちの特徴を三つの言葉で言い表わせば、

倹約、倹約、倹約

である。ウェブスターの辞書で「倹約」をひくと「無駄を省く行動」とある。倹約の反対語は浪費である。私たちは、惜しげもなく、どんどんものを買うライフスタイルを浪費と定義する。

倹約は資産形成の第一歩だ。マスコミは、金遣いが派手な人々を取り上げて報道するのが好きだ。新聞や雑誌には、高い金を稼ぐスポーツ選手などの記事が氾濫している。確かにスポーツ選手の中には一〇〇万ドルの資産を持つ金持ちもいる。だが、野球のスター・プレイヤーで年俸五〇〇万ドル稼ぐ男が一〇〇万ドルの資産を持っていたとしても驚くに値しない。私たちが編み出した期待資産額の計算方式によれば、三〇歳で五〇〇万ドル稼ぐ男は、一五〇〇万ドル以上の資産を持っていて然るべきである。野球のスター選手の中でこれだけの資産を持つ男が果たして何人いるだろうか。ごくごく少数のはずだ。それはなぜか。彼らが派手なライフスタイルを身につけてしまっているからだ。年俸が高い間はいいとしても、そんな稼ぎが永遠に続くわけではない。これでは資産が貯まる訳がない。資産が一〇〇万ドル以上あれば億万長者のカテゴリーには入るが、私たちの定義からすれば、この手の野球選手は蓄財劣等生であることが多い。

一年で五〇〇万ドル稼ぐ人は、アメリカ一億の世帯に五〇〇〇人いるかどうか、すなわち二万世帯に一つの確率だ。大半の億万長者の年収は、その一割の五〇万ドルにも達しない。また五〇歳前に億万長者になることも少ない。そして、みんな倹約家だ。湯水のように金を使いながら億万長者になることは、ほとんどありえない。

マスコミのせいで、若者の頭には「金のある人間は気前よく使う」「見せびらかさなければ、持っていないのと同じだ」といったメッセージが刷り込まれている。テレビや新聞は、派手なライフスタイルの人がいなければ困るだろう。億万長者の質素な生活ぶりだけを報道していたら、テレビの視聴率や新聞の購読率はガタ落ちだ。遮二無二働き、質素で地味な生活を送る億万長者は、少しもかっこよくないし、観察してもおもしろくない。宝くじに当たったり、クイズ番組で優勝して一夜にして金持ちになる人なら記事になる。だが、そんなことで金持ちになる人はほとんどいない。滅多にないことだからこそ、マスコミが書き立てるのだ。

アメリカ人、とくに蓄財劣等生は、たとえどんなに収入が増えても使い道には決して困らない。使ってしまえばいいのだ！　蓄財劣等生は欲求をすぐさま満足させたいと考える。彼らにとって、人生はテレビのクイズショーのようなものだ。優勝者は巨額の賞金や豪華なプレゼントをもらう。お茶の間でクイズショーを見ている人は、自分が出場者になったつもりでテレビにかじりつく。クイズ番組の視聴率は非常に高い。他人が、車やボート、電化製品、現金を勝ち取るのを見るのが大好きな人間のなんと多いことか。

クイズ番組で奨学金が賞品にならないのは、みんなすぐに使えるものを求めるからだ。キャンピングカーなら喜ばれるが、「夜間学校の授業料八年分！」というのは受けない。大学卒の学歴があれば、キャンピングカーなど何台も買えることを考えればおかしなことなのだが、それが大衆の心理なのである。

平均的な億万長者のライフスタイル

億万長者の生活をテレビ番組にしても、まず人気番組にはならないだろう。なぜかって？　それでは、アメリカの典型的な億万長者、ジョニー・ルーカスの生活がテレビで紹介されたと仮定して、それがどんな具合になるかみてみよう。

カメラが五七歳のジョニーと長年連れ添った妻の住む家を映し出す。彼は地元の人学の卒業生で、現在はビルの清掃会社を経営している。社員はみんなきれいなユニフォームに会社のロゴマークがついた帽子をかぶっている。

近所の人は、ジョニーがどこにでもいるような中流階級の人間だと思っている。とんでもない！　彼は二〇〇〇万ドル以上の資産を持っている。高級住宅街に住む人でも、これだけの資産を持つ人は一割もいない。ジョニーの資産は全米でもトップ二％にランクされるほどなのだ。

テレビの前で番組を見ている人たちは、首をかしげはじめる。普段のジョニーはまったく億万長者らしく見えない。そのうち、視聴者はソワソワと落ち着かなくなってくる。家族を大切にし、よく働き、欲望に流されず、犠牲をいとわず、倹約して安全確実な投資に励む。そんなジョニーの姿は、見る人をバツの悪い気分にさせてしまう。将来に備えて、あなたも出費を減らし、貯金に励みなさいとお説教されているようなものだ。視聴者は自分の生き方を非難されていると感じてしまう。この番組を見続けるのはジョニーと似た生活を送る人だけになってしまうかもしれない。ジョニーの仲間は、自分の生き方に太鼓判を押してもらって、自信をつけるだろう。

さあ、いよいよジョニーがステージに登場する。いったい、どんな番組になるだろう。

レディス・アンド・ジェントルメン、こちらが億万長者のジョニー・ルーカスさんです。テレビをご覧のみなさんから、いくつか質問が届いています。ルーカスさんにさっそく尋ねてみましょう。

さて、ジョニーさん、視聴者のJ・Gさんからの質問です。「今までに買ったスーツの中で一番高かったのはいくらでしたか？」

ジョニーは目を閉じた。どうやら考え込んでいるようすだ。「一〇〇〇ドルから六〇〇〇ドルの間くらいですかねぇ」と言うのを期待して、会場はしーんと静まりかえっている。ジョニーが口を開いた。

今までに一番高いヤツ……高いのねぇ。えーと、妻と子供たちに買った洋服も含めて一番高かったのは、たしか、三九九ドルです。いやぁ、あれは高かった。結婚二五周年記念のパーティ用に買ったんだ。特別なときだから、と思い切って買いました。

会場にいる聴衆はジョニーの言葉にショックを受け、信じられないという顔をしている。視聴者がイメージしていた答えとは、あまりにもかけ離れている。

私たちの調査では、平均的な億万長者は自分のものであろうと家族のものであろうと、一着三九九ドル以上のスーツを買ったことがない。表2‐1に詳しい調査結果がある。億万長者の五〇％以上は三九九ドル以下のスーツしか買っていない。一〇〇〇ドル以上のスーツを買ったことのある人は一〇％、二八〇〇ドル以上は一％。一方、二八五ドル以下のスーツしか買ったことがない人は二五％、一九五ドル以下と答えた人も一〇％いる。

この表にある数字は、私たちが調査した億万長者全員の数字で、資産相続で億万長者になった一四％も含まれている。自力で億万長者になったグループと、相続で億万長者になった人を分けてみると、自力派がスーツや時計などのステイタス・アイテムに支出した金は、相続派よりずっと低くなる。自力派ではスーツ一着に三六〇ドル使った人が統計分布上もっとも数が多いが、相続派では六〇〇ドルの人がもっとも多い。

なぜジョニーはそんな安いスーツしか買わないのか。そもそも、彼はスーツを着る必要がないのだ。弁護士のように、顧客によい印象を与える必要がない。株主総会や業績発表記者会見でバリッとした格好をする必要もない。社外重役に会社の戦略を説明する大会社の社長のように、身なりに気を使う必要もない。ジョニーにとって重要なのは、何千ドルもするような特別仕立てのスーツを買えるほど儲けている、と社員の清掃員に悟られない格好をすること。それだけだ。

過去二〇年間に私たちが取材した億万長者は、みなジョニーと似たりよったりだ。それでは、誰が高いスーツを買うのか。五万ドルから二〇万ドルの年収があるのに億万長者ではない人だ。このグル

表2-1　億万長者が購入したスーツなどの値段

スーツ			靴			腕時計		
今までに買ったなかで一番高い値段	その金額より		今までに買ったなかで一番高い値段	その金額より		今までに買ったなかで一番高い値段	その金額より	
	安い*1	高い*2		安い	高い		安い	高い
195ドル	10%	90%	73ドル	10%	90%	47ドル	10%	90%
285	25	75	99	25	75	100	25	75
399	50	50	140	50	50	235	50	50
599	75	25	199	75	25	1,125	75	25
999	90	10	298	90	10	3,800	90	10
1,400	95	5	334	95	5	5,300	95	5
2,800	99	1	667	99	1	15,000	99	1

＊1　「安い」とは左の値段より安いものを買った人の割合。
＊2　「高い」とは左の値段より高いものを買った人の割合。

ープで一着一〇〇〇ドルのスーツを買う人は、億万長者で一〇〇〇ドルのスーツを買う人の六倍もいる。

こういう買い物をするからこそ、彼らは億万長者になれないのだ。高価なスーツを買う人を職業で見ると、中間管理職（とくに共働きのカップルの場合）、弁護士、営業やマーケティングの管理職、医者などが多く、事業家には少ない。

なぜ彼らは億万長者よりも高いスーツを買うのだろう。高級スーツを着る人はそれがいい投資だと信じている、という記事がフォーブス誌に掲載されていた。この記事を執筆したローレンス・ミナードは、スーツへの投資について次のように書いている。

オーダーメードのスーツには二〇〇〇ドル支払う価値があるだろうか。少なくとも私はイエスと答える。仕立ててから一四年経ち、その間に体重が六キロも増えたというのに、このスーツを着ると、いまだにシャンとして見える。他人がどう思おうと、私はすばらしい投資だったと思っている。

ミナードは記事の中で、初めてロンドンのサビルロウで仕立屋に入ったときの体験を書いている。彼は二人の会社重役に連れていってもらった。二人は洗練されたテイストの持ち主だが、浪費するタイプではなかった。

「服を誂《あつら》えると、その服と何か特別な関係ができてくる」と彼らは説明してくれた。

ジョニー・ルーカスは服を誂えたことがない。ジョニーはウール一〇〇％のJ・C・ペニー（米国のチェーンストア）の値の張るスーツを着ることがあるが、それと「特別な」関係にあるだろうか？（億万長者がJ・C・ペニーで買い物をするのは、驚くに値しない。なんと、私たちのアンケートに答えた億万長者のうち三〇・四％がJ・C・ペニーのクレジットカードを所有している）。

J・C・ペニーのプライベートブランド、〈スタフォード・エグゼクティブ・スーツ〉は耐久性、裁断のよさ、フィット感で高い評価を得ている。テリー・エイジンズはウォールストリート・ジャーナル紙に寄せた「なぜ安いスーツのほうが高く評価されるのか」という記事の中で、「J・C・ペニー……色むら、縮み、毛玉のテストをしてみたが、ペニーの品質管理は他店と比べ、はるかに厳格であると評価できる」と書いている。

結局のところ、ウールのスーツがどんなに高かろうと、誂え仕立てであろうと、虫はつくし、葉巻の灰で焼けこげができるのは防ぎようがない。虫のほうでは、それがディケンズ、ド・ゴール、チャーチルが愛用したブランドであろうとなかろうと知ったことではない。虫にとっては、スーツが投資に値するものだったかどうかも構ったことではない。

だが、せっかく投資したスーツに虫がつけば、台無しになってしまうことだけは確かだ。

じゃあ、靴はどうなんだ？

さきほどのテレビ番組に戻ろう。ジョニー・ルーカスはまだステージにいて、話題は彼の靴の値段に移っている。まだチャンネルを替えずにいた視聴者がいたとすれば、またまたジョニーの答えにびっくりするだろう。ジョニーは他の億万長者と同様、高い靴を買わない。私たちが調査した億万長者の半分は一四〇ドル以上の靴を買ったことがないと回答している。一〇〇ドル以下の靴しか買わない人が四分の一もいる。三〇〇ドル以上の靴を買ったことがあるのはわずか一割である。

それでは高級靴メーカーを支えているのは誰か。億万長者でない人々だ。億万長者でない人で三〇〇ドル以上の靴を買う人の数は、億万長者で三〇〇ドル以上払う人の八倍もいる。

マスコミは、高価な靴や身の回りの品物を買う例外的な人を大々的に取り上げる。たとえば、ボクシングの大物プロモーター、ドン・キングの話を新聞で読んだ人も多いだろう。彼はアトランタで二時間ショッピングをした。ある靴屋で、彼は一一〇足の靴を買い、消費税を含めて六万四一〇〇ドルを支払った。その前の記録保持者はバスケットボールのスター選手、マジック・ジョンソンで、一度に三万五〇〇〇ドル使っている。ドン・キングの場合、一足あたりの値段は五八二・七三ドルになる。一番高かったのは鰐《わに》革のローファーで八五〇ドルだった。

靴に六六七ドル以上を支払ったことのある億万長者はわずか一％にしか過ぎないから、ドン・キングの鰐革の靴は億万長者の間でも異常な買い物だ。しかしマスコミは普通でないことほど喜んで大きく報じる。おかげで若者は、金持ちは派手に金を使って高いものを買う、それが金持ちになることの意味だ、と信じ込むようになってしまう。

ドン・キングならデカデカと新聞に取り上げられるが、ジョニー・ルーカスは記事にならない。それは当然だ。彼の買い物はごく当たり前のものばかり。ジョニーにとって金持ちになることの意味は、金を使うことでも、高いものを買うことでもない。経済的に自立すること。自分の欲求をコントロールし、家族をりっぱに支え、よき夫、しつけのよい子供の父親であること。それが彼にとって、金持ちになる意味なのだ。

時計の値段は？

億万長者の特集番組はこれでおしまいか。はたまた、ジョニー・ルーカスはテレビの前を離れた視聴者を呼び戻すことができるだろうか。

金持ちの事業家、ジョニー・ルーカスは時間に正確で、会議に遅れることがない。会社には毎日六時半に出社する。こんなに几帳面でいられるのは、腕時計のおかげに違いない。きっとジョニーは高級腕時計を持っているのだろう。いやいや、視聴者はまたまたがっかり。そう、お察しのとおり、私たちが調査した億万長者の半分は二三五ドル以上の腕時計を買ったことがない。それどころか一割は四七ドル以下、四分の一は一〇〇ドル以下しか払っていない、と答えている。

高い腕時計を買う億万長者もいることはいるが、それはごく少数だ。億万長者の中で一一二五ドル以上の腕時計を買ったことがある人は四分の一しかいない。三八〇〇ドル以上は一割、一万五〇〇〇ドル以上の時計を買ったことがあるのは一％に過ぎない。

ジョニーはテレビの視聴者に「いやあ、スーツや時計に趣味がないもんで、すみません」と謝り、こう続ける。

だけど、家はなかなかいい線いってますよ。住宅ローンもないし。子供たちの教育費だって、大学に入る前からちゃーんと全額用意してやったんです。

残念ながら、ジョニーの謝罪が放送される頃には、テレビの前には誰もいなくなっていることだろう。

金持ちの数が少ない理由

なぜ、アメリカにはこんなに金持ちが少ないのか。年収一〇万ドル以上稼いでいても、金持ちといえる世帯は少ない。それはみんなルーカスのような生活をしないからだ。アメリカ人の大半は、明日の金を今日使う。ローンに追われ、稼いでは使う、使っては稼ぐというように、コマネズミのように同じ輪の中をクルクルと走り回っている。ものをふんだんに持っていないと裕福ではないと思い込んでいる。ジョニー・ルーカスのようにものにこだわらない人は、自分たちより劣る人間だと信じ込んでいる。

ジョニー・ルーカスが、近所で尊敬を集めているとは言いがたい。社会的なステイタスからすれば、彼は平均以下になるだろう。だが、それは近所の人の目にジョニーの職業が低く映るだけのことである。ジョニーは会社のオーナーだ。ときどき、ジョニーはビル清掃用のバンで帰宅して、朝まで家の前に駐車しておく。近所の人はどう思っているか。ジョニーが経済的に何の心配もいらないような金持ちだとは思いもよらない。長く幸せな結婚を続け、子供たちを大学に行かせるに十分な教育費を貯金しており、何十人もの社員を雇っていること。誠実で倹約家。借金ゼロ。このようなことを近所の人は評価しない。それどころか反対に、ジョニーがどこかよそに引っ越してくれればいいのに、と願っている。ジョニーとその家族は金持ちに見えないし、服も車も金持ちにふさわしいものではないし、職業もステイタスの高いものではないからだ。

「守り」を重視せよ

資産のある人は、次の三つの質問にイエスと答える率が高い。

1　あなたの両親は倹約家でしたか？

2　あなた自身は倹約家ですか？

3　あなたの妻はあなたより倹約家ですか？

この最後の質問は非常に重要だ。蓄財優等生の家庭では、妻が輪をかけた倹約家であることが多い。億万長者の九五％は結婚している。そのうち七割の世帯では夫が家計収入の八割以上を稼ぐ。こうした金持ちの男たちは「攻め」に強い。つまり全米の世帯平均所得三万三〇〇〇ドルをはるかに上回る所得を稼いでいる。が、同時に「守り」にも強いのだ。蓄財ゲームでは、金の使い方に気をつけることが最高のディフェンスになる。しかし、既婚の高所得者で倹約家であっても、資産ができるとは限らない。もう一つ必要な要素がある。ある億万長者の言葉を借りよう。

うちのワイフの財布のひもをゆるめるのは不可能だ！

結婚相手が浪費家だったら、一代で財をなすのは不可能だと思ったほうがいい。夫婦のどちらかでも金遣いが荒いようだったら資産は貯まらない。夫婦で事業をしている場合には特にそうだ。浪費の癖を直さずに資産を築くのはまず無理だろう。

ある億万長者が、自分の妻がいかに倹約家であるかを語ったエピソードがある。

自分で起こした会社を上場にこぎつけた億万長者が、ある朝、八〇〇万ドル相当の株を妻に分け与えることを告げた。三一年間連れ添った妻は「ありがとう。とても感謝しているわ。ほんとうよ」とにっこりした。だが、キッチンのテーブルに座り、「このクーポンで二五セント引き！」とか「五〇セント割引券」などと書かれた新聞広告を一枚一枚切り取る手は片時も休めなかった。土曜の朝の重要な仕事をそう簡単に中断するわけにはいかない、というわけだ。「うちの女房はずっと変わらないね。結婚直後の、財産と呼べるものは台所のテーブルしかなかった頃からね。だからこそ今日の私たちがあるんだよ。そりゃ、いろいろ犠牲にしたものはあるさ。結婚当初は特にね」

「なぜ、オレは金持ちじゃないんだ？」と考えているのなら、まずライフスタイルをチェックしてみよう。攻めのほうはどうか。あなたの年収は七万ドル、一〇万ドル、それとも二〇万ドル？　そりゃ、すごい。攻めは完璧だ。それなのになぜ、資産が増えずに、蓄財ゲームに負けっ放しなのだろう？

正直に認めるべきだ。それは守りに弱いからだろう。高額所得者の大半は守りに弱い。だが億万長者は違う。億万長者は攻めも守りもしっかりしている。どちらかと言えば、守りに強いほうが、攻めに強い人よりもうまく資産を築くことが多い。資産形成の第一歩は守りにある。予算を立て、計画を立てることから守りは始まる。私たちは億万長者を調査した結果、上手に予算や計画を立てる人が多い職業と、そうでない職業があることを発見した。

金持ちが多い職業――競売人

競売人に関する最新の調査結果によると、競売人の三五％が億万長者だった。この割合は驚異的だ。アメリカで最高の高級住宅街にだって、億万長者は三五％も住んでいない。

一九八三年に職業別の調査をしたとき以来、私たちは競売人に注目してきた。このときは年収一〇万ドル以上の人々の職業を調べたのだが、競売人は六位にランクされていた。私たちが注目したのは収入の高さではない。収入が同じであると仮定すれば、小さな町に住む競売人と、高級住宅街に住む人とではどちらのほうが大きな資産を持っているだろう？　お察しのとおり、競売人のほうだ。

一般的に、競売人の生活は高級住宅街に住む人よりも質素だ。家庭でも職場でも、彼らの必要経費は低い。小さな町で働き、生活するほうが金はかからない。だが、生活費の違いを考慮してもまだ競売人の資産形成レベルは目立って高い。次のことを考えてもらいたい。

◆一〇〇万ドル以上の資産を持つ競売人の平均年齢は五〇歳。高級住宅街に住む億万長者の平均年齢より六歳から八歳若い。
◆億万長者の競売人の住居費は、高級住宅街に住む億万長者の住居費の六一％でしかない。
◆億万長者の競売人で高級輸入車を所有している割合は、高級住宅街に住む億万長者の三分の一でしかない。
◆競売人は他の高額所得者に比べ、値上がりの見込まれる資産に投資している割合が高く、また自分たちが専門知識を持つ分野で投資している。

◆競売人は倒産に詳しい。彼らは、消費財は買った値段の数％でしか売れないことを知っている。だから彼らは無駄遣いをしない。ある競売人はなぜ、倹約家になったか話してくれた。

小さい頃、女の人が泣いているのを目撃したんです。庭の椅子に座ってね。泣いている間にその女の人が持っていたものは全部競売で持っていかれてしまった。あの女の人のことは脳裏に焼きついています。一生忘れることはないでしょう。

一代で億万長者になった女性、ジェーン・ルール夫人に、守りの戦略を聞いてみた。彼女は夫と一緒に競売・鑑定の小さな会社を経営するとともに、自分たちが鑑定する分野の物件に投資もしている。夫のおかげで事業が成功していることは間違いない。彼は話し方が上手で、頭の回転が早い。しかし、真の立役者は夫人のほうだ。ルール夫人が戦略と計画と予算を立て、請求と取立を行ない、営業しているおかげでこの競売会社はうまくいっている。

ルール夫妻が億万長者になれたのは、夫人の守りのおかげだ。会社でも家庭でも、ルール夫人は予算を立ててから金を使う。

あなたの家庭では予算責任者が決まっていますか、と聞くとたいていの人は、「いや、特に決めていない」と答える。多くの人は所得に応じて、いくら使うかを決めてしまう。私たちが億万長者の予算の立て方を話すと、決まってこう質問する人がいる。「億万長者ともあろう人が、なぜ予算なんか必要なんですか?」私たちはこう答えることにしている。

彼らは予算を立てて出費をコントロールしたからこそ億万長者になれたし、今も裕福に暮らしているんですよ。

あるいは、こんなふうに例を引いて説明することもある。

毎日ジョギングする人たちって、そんなことをしなくてもいいようなスタイルの人たちじゃありませんか? でも、あの人たちは毎日走るからこそ、引き締まった身体でいられるんですよ。金持ちも、経済的に心配のないようにと努力しているから金持ちなんです。経済的にゆとりのない人は、自分の生活を変えようとしないからゆとりができないんです。

誰だってスマートになりたいと思う。そのためには何をしなければならないかも知っている。なのに、なかなかスマートになれない。それは、実行する強い意志の力がないからだ。計画を立てて運動する時間を作り出そうとしないからだ。金持ちになるのも同じこと。金持ちになりたい気持ちはあっても、守りの姿勢ができあがっていないのだ。お金を使う前に、時間をかけてきちんと計画を立て、予算を組み、出費をコントロールしなければ金は貯まらない。蓄財劣等生は、エクササイズに使う時間の三分の一も、資産運用計画を練るためには使わない。

ルール夫人は違う。彼女は億万長者の典型的なタイプだ。自己管理が上手で、じっくり時間をかけて計画を立て、予算を立てる。だから資産ができるのだ。ルール夫人の家計収入は年によって上下する（通常、競売人の収入は年によって大きくぶれる。不景気なときほど競売人は忙しくなる）。過去五年間の平均年収は九万ドルだった。収入が不安定であるにもかかわらず、ルール夫妻の資産は毎年増加している。現在、ルール家の資産は二〇〇万ドルを超えている。

予算に関する私たちの次の質問に、彼女は四つともイエスと答えている。

質問1　あなたの家庭では毎年予算を立て、それに従って支出していますか？

あなたは食費、衣料費、住居費など、費目ごとに支出計画を立てているだろうか？　もちろんルール夫人は立てている。私たちの調査では、億万長者のうち、予算を立てない人と立てる人の割合は一〇〇対一二〇で、立てている人のほうが多かった。

計画を立てなくても億万長者になっている人がけっこういるじゃないか、という声が聞こえてきそうだ。そういう人たちはどうやって出費をコントロールしているのかというと、天引き方式を使っている。予算を立てない億万長者の過半数は、まず最初に収入から貯金する分を取り分けてしまい、残った金で生活するのだ。「何はさておき貯金」方式である。この方式をとる人は、収入の最低一五％を貯蓄に回している。

予算も立てず、貯金分も最初に取り分けずに、それでも億万長者になった人もいる。遺産相続で財産が転がり込んだおかげで、億万長者になれた人もいる。また億万長者の中で二割ほどだが、収入があまりにも大きいので、好きなだけ使ってもまだお金が貯まるという羨《うらや》ましい人もいる。これは守りには弱いが、攻めに非常に強く、上手に収入を増やすグループだ。だが年収が二〇〇万ドルあっても、資産が一〇〇万ドルしかなかったらどうだろう。定義上は億万長者だが、実質的には蓄財劣等生だ。そんな高い収入が得られる状態は長続きせず、一時的に億万長者入りしている場合がほとんどだ。新聞でもてはやされるのはこのタイプの人たちである。なにしろ、マスコミはこういう珍しい人の生活を覗き見するのが大好きときている。

新聞がルール夫人の生活を記事にすることは、どう間違ってもないだろう。彼女の住む一四万ドルの家や四年間乗り回した国産セダン車のことを読んでも、おもしろくもなんともない。台所のテーブルで三晩もかけて、必死で頭を悩ませながら年間予算を立てている姿とか、昨年一年間の支出を足したり引いたりして費目ごとに予算を振り分ける姿をテレビで見たいとは思わないだろう。ルール夫人にしたって、楽しくてやっているわけではない。しかし、十分な蓄えがなくて、いつまでも働き続けなければならないほうが、よっぽど辛いとルール夫人は考える。老後のことを考えれば、予算を立てることぐらいなんでもない、と彼女は考えるのだ。

質問2　食費、衣料費、住居費にいくら使ったか把握していますか？

私たちの調査では、億万長者の約三分の二（六二・四％）がこの質問にイエスと答えている。しかし、高い収入がありながら億万長者になっていない高所得・低資産タイプでは、イエスと答えたのはわずか三五％だった。高所得・低資産タイプは、費目ごとの支出状況を把握していない。食べ物や飲み物にいくら使ったか、誰に誕生日やクリスマスのプレゼントをあげたか、家族一人一人の衣料費、ベビーシッター代、保育所の費用、クレジットカードの借越額、寄付金、税理士に支払った費用、会員制クラブで使ったお金、車にかかった費用、授業料、旅行費用、光熱費、保険代――何も記録していない。

この中に、住宅ローンの支払代金が入っていないことに注意していただきたい。高所得・低資産タイプは、住宅ローンで節税していることをよく自慢する。もちろん億万長者だって、住宅ローンを借りていればその分、税額控除してメリットを享受する。だが億万長者は、その他の費目もきちんと把握しているところが違うのだ。高所得・低資産タイプは税金の負担を軽減したいがために住宅ローンはきちんと計算するが、他の費目はしない。他の費目は計算したって税金が返ってくるわけでなし、と彼らは考える。

しかし、ルール夫人の考え方は違う。ルール夫人は引退するまでに五〇〇万ドル貯めて、夫婦で老後を心配せずに暮らしたいと考えている。そのために生活設計を立て、予算を立て、支出を計算するのだ。家計簿を作って表に記入すると出費を抑えやすくなるし、必要でないものにお金を使い過ぎることがなくなる。ルール夫人は会社で支出計画を表にして管理していた。ある時、会社の経理システムは家庭でも応用できると気がついて、ルール夫人は実行しはじめた。こういうことは自営業でなければなかなかできないことだ。

ルール夫人は六五歳の誕生日までに老後の備えを終わらせようと考えている。家計簿に記入するたびに、これで幸福な引退生活《ハッピー・リタイアメント》にまた一歩近づくわ、と自分に言い聞かせる。経済的にはもう老後の心配をしなくてもいい状況にある。年収は九万ドルだが資産はその二〇倍もある。そして支出をきちんとコントロールできているのだから、不安に思うことは何もない。

その反対に、ロバートとジュディは不安に囲まれている。それも当然のこと。この夫婦の年収は合わせて二〇万ドル、ルール夫人の二倍以上だというのに、資産はわずかでしかない。二人は金をコントロールしているというよりも、金にコントロールされていると感じている。ルール夫人だって毎年二〇万ドルものお金を使っていれば、計算するのがいやになるだろう。ロバートとジュディは一四枚のクレジットカードを持っている。ルール夫人の場合は会社用と家庭用の二枚だけだ。

クレジットカードについてちょっと触れておこう。億万長者の実像がよくわかるから。あなたの手元に、こんなアンケートが届いたと仮定しよう。

億万長者ご夫妻さま

あなたやご家族がお持ちのクレジットカードをマルで囲んでください。該当のものすべてをお選びください。

さあ目を閉じて、四〇〇〇万ドルの資産があるつもりで、どのカードを選ぶか考えてみよう。とりあえず、アメリカン・エキスプレスのプラチナカード、ダイナースクラブ、カルトブランシュあたりかな。ファッションにうるさいあなたなら、ブルックス・ブラザーズ、ニーマンマーカス、サックス・フィフス・アベニュー、ロード・アンド・テイラーのカード。エディー・バウアーのカードを持ってもいいかもしれない。と、こんなふうに考えたなら、あなたは億万長者の中の少数派だ。私たちが行なった億万長者の全国調査では、以下のような、おもしろい傾向が見られた（表2－2参照）。

◆アメリカの一般家庭と同様、金持ちでもマスターカードとビザを持つ割合が多い。
◆億万長者では、シアーズのカードを持つ人（四三％）がブルックス・ブラザーズのカードを持つ人（一〇％）の四倍もいる。
◆シアーズとJ・C・ペニーのカードのほうが、ステイタスの高い高級デパートのカードよりもずっと人気がある。
◆金持ちでニーマンマーカスのカードを持つのは二一％のみ。サックス・フィフス・アベニューは二五%、ロード・アンド・テイラーは二五%、エディー・バウアーはわずか八・一%である。
◆回答を寄せた億万長者の中で、アメリカン・エキスプレスのプラチナカードを持っているのは六・二%だけだった。ダイナースクラブは三・四%、カルトブランシュは一%にも満たない。

質問3　あなたは人生設計を立て、毎日、毎週、毎月、毎年の目標を立てていますか？

十数年前、一〇〇〇万ドル以上の資産を持つある金持ちに取材したときにヒントを得て、この質問をアンケートに加えてみた。この金持ちは、一九歳のときに食品卸の会社を始めた。高校は中退したが、その後、大学入学資格検定を受けて合格している。高校中退で、どうやって一〇〇〇万ドルを超える資産を築くことができたのか、と彼に聞いてみた。

いつも目標を立てて、努力したからでしょう。その日の目標、その月、その年の目標、そして人生の目標をいつも定めています。私なんか、便所に行くときだって目標を持って行きますからね。うちの若い社員には、目標を持たなきゃいかん、といつも言い聞かせています。

ルール夫人も人生設計を立て、目標設定をしていた。億万長者で目標設定をしている人の数は多い。質問3に対するノーとイエスの比率は一〇〇対一八〇であった。ノーと答えたのは、前述のような高額所得者層や遺産を相続したタイプだった。すでに目標を達成して引退した高齢の億万長者もノーと

表2-2　億万長者が所有するクレジットカード

クレジットカード	所有比率（%）
ビザ	59.0
マスターカード	56.0
シアーズ	43.0
J・C・ペニー	30.4
アメリカン・エキスプレス（ゴールド）	28.6
アメリカン・エキスプレス（一般）	26.2
ロード・アンド・テイラー	25.0
サックス・フィフス・アベニュー	25.0
ニーマンマーカス	21.0
ブルックス・ブラザーズ	10.0
エディー・バウアー	8.1
アメリカン・エキスプレス（プラチナ）	6.2
ダイナースクラブ	3.4
カルトブランシュ	0.9

（母数＝385）

答えている。数百万ドルの資産を持つ八〇歳の億万長者、クラーク氏のコメントを聞いてほしい。

著者　まず初めに、この質問からお願いします。あなたの現在のゴールは何ですか？

クラーク　昨日、ロンドンで四三八ドルだったよ！

　クラーク氏が補聴器を耳につけた後、私たちはもう一度、同じ質問を繰り返した。

クラーク　ああ、ゴールね、ゴールドじゃなくて……。したいことはもう、あらかたやってしまったなあ。私の長期目標は、働かなくても人生が楽しめるだけのお金を貯めることだった。今までにいろいろなことがあったよ。私は世界的に有名になったし。ウチの会社は今じゃ世界で大手の溶接会社だからね。引退したいと思ったことはない。今大事なのは家族かな。それと、今までやってきたことに対する自己満足というところかね。

　高齢の大金持ちでクラーク氏のように答える人は多い。取材した中で「金を全部使い果たした瞬間に死ぬのが目標だ！」と言った億万長者はたった二人だけだった。

　クラーク氏もルール夫人もそうは考えない。ルール夫人は孫全員に教育費を遺産として残すつもりでいる。今だけでなく引退後も人生を楽しみたい、だが金の心配はしたくない。だから、彼女は五〇

○万ドル貯めることを目標にしている。この目標を達成するには毎年いくら貯金していけばいいか、彼女はちゃんと知っている。

倹約家の億万長者のことを話すと、「それで幸せなんですか?」と言う人が多い。ルール夫人は幸せだと思っている。金の心配はないし、家族は仲良く暮らしている。彼女にとって家族はすべてだ。生活も目標もシンプルだ。目標を設定するのに会計士の手伝いはいらない。だが、一四枚ものクレジットカードを持っている高所得・低資産グループのロバートとジュディには、しっかりした人の手助けが早急に必要だ。生活に対する考え方を変え、考えなしにむやみに物を買う態度を改め、きちんと人生の目標を定め、計画・予算を立て実行させるように、経験のある会計士が指導する必要がある。生活態度を改めれば幸せになれるか?　それはわからない。だが、これだけは言える。

同所得・同年齢層の中で、お金の心配をしなくてすむ人たちは、そうでない人たちより幸せな生活を送っている。

経済的な不安を持たない人は、目標設定が定まっていて、将来の姿を思い描くことのできる人が多い。ルール夫人なら、孫が大学を卒業してりっぱな社会人になる姿を想像するだろう。将来体が動かなくなって、経済的に他人の世話になったらどうしようと想像することはない。この点、彼女の目標はたいていの億万長者と一致する。

質問4　将来のために時間をかけて資産運用計画を立てますか？

億万長者でこの質問にイエスと答えたのはノーの一・九二倍だった。ここでもノーと答えたのは、高所得・低資産か相続で資産を得た人、あるいは高年齢者、引退者であった。

ルール夫人のようなタイプは、自分は計画をしっかり立てるほうであると正しく自己評価している。調査では実際に費やす時間数も記入してもらった。それを分析すると、時間数の多い人は、この質問に例外なくイエスと答えており、時間数の少ない人はノーと答えている。いずれも自分のことをよく理解しているということか。高い収入を得ていながら億万長者の仲間入りをしていない人に比べ、億万長者は毎月相当の時間をかけて投資研究をして戦略を練ったり、投資した物件・証券の管理をしている。このことは次章でもっと詳しく見ていこう。

ルール夫人のようなタイプは、億万長者ではない人と比べ、時間をかけると同時に効率的に資産運用を行なっている。ルール夫人は、仕事で競売だけでなく競売品の価値の鑑定もしており、自分が専門知識を持つこの分野に好んで投資している。これも他の億万長者と共通する点である。賢い億万長者は仕事とプライベートの投資をいっしょに行なう。競売人として優秀な人は投資にも優れている。たとえば不動産専門の競売人なら、不動産の専門知識を持っているわけだから、プライベートで不動産投資するのもお手の物だ。アンティークの家具や銃の競売人だったら、わざわざハイテク株に投資することはない。自分の専門知識をフルに活用して投資をするほうが賢いというものだろう。

別に競売人でなくても、専門知識を活用することはできる。私たちの同僚で、以前ある大企業の経営戦略室の室長だった男がいる。彼は仕事でさまざまな事業を研究調査して経済動向を探っていた。市場が反応するずっと前に、彼は野球カードの人気がそのうち高まるだろうと考えた。彼は市場が「眠っている間に」カードを買いあさった。そして市場が過熱したときに、ミッキー・マントルの新人時代のカードも含め、所有していたカードをすべて高値で売却した。デパートに勤める知人は勉強のために、いつも業界誌を熱心に読んでいる。そして、学んだ知識を仕事だけでなく投資にも活かして、小売業関連の成長株を買うようになった。

億万長者でない人々は、蓄財のために計画したり管理するのにどのくらいの時間を割いているだろうか？　不十分な時間であることは間違いない。億万長者よりずっと少ない時間しか割いていない。億万長者は投資経験が豊富であるにもかかわらず、もっと上手に投資をしようと、時間をかけて努力をしている。だから億万長者は金持ちなのだ。

ルール夫人のような自営業者の場合、サラリーマンに比べて自由になる時間が多い。また仕事で得た知識を個人の投資に活かすこともできる。仕事と同じ分野とか、これから研究したいと思う分野を選んで投資することができる。サラリーマンではこうはいかない。しかし投資チャンスがないわけではない。ただ、それを活かしきれない人が多いのだ。次のような例はさほど珍しくない。

◆非常に優秀な営業職のウイリス氏は、一〇年以上も前からウォルマートと取引している。彼が取引を始めてからこのかた、ウォルマートは急成長を遂げ、株価もうなぎ登りを続けている。何十万ドルもの収入をあげているスゴ腕営業、ウイリス氏は同社の株をどのくらい買い込んだかというと、なんとゼロ。顧客の成功を目の当たりにしていて、何十万ドルという高い収入があるというのに、一株も買っていない。そのかわりに、というのもおかしいが、二年ごとに高級外車を買い替えている。

◆ピーターセン氏はハイテク企業の高給取りのマーケティング部長だ。ハイテク業界に長く、業界知識もふんだんに持ち合わせているのに、マイクロソフトなどの成長企業に一ドルも投資をしていない。

◆ある印刷会社は大手の飲料会社の印刷の仕事をしている。この飲料会社から何百万ドルもの印刷の仕事を請け負っているというのに、この印刷会社のオーナーはこの飲料会社の株を一株も買っていない。

この三つの例では、みんなルール夫人よりも収入が多いのに、誰も億万長者にはなっていない。ピーターセン氏は株に投資したことがない。というより、彼は何にも投資をしたことがない。彼は高級住宅街に四〇万ドルの邸宅を構えている。彼のまわりにも、ハイテクの分野で活躍中のバリッとした身なりの人々が多額の住宅ローンを抱えて住んでいる。牛を持っていないのに立派なカウボーイハットをかぶるタイプばかり。高所得・低資産タイプの彼らは、不景気になったらどうしようと心配しながら、次の給料日を指折り数えながら生活する。

畜財劣等生、フレンド氏の場合

セオドア・J・フレンドはなぜ、そんなに脇目もふらずに働くのだろう。そんなに稼いでどうする。何にそんなに金を使うんだろう。フレンド氏は自分が負けず嫌いだからだと言う。しかしトップセールスマンはみんなそうだ。負けず嫌いだというだけでは説明にならない。

フレンド氏は非常に貧しいブルーカラーの家庭に育った。彼の一家の住む小さな家は、中古の材木や道ばたに捨てられていた材料で建てられていた。床屋代を節約するために、高校一年生になるまで、フレンド氏の散髪は父親の仕事だった。だが誰が見ても素人がやったものだ、と一目でわかる出来映えだったとフレンド氏は言う。

彼の通った公立高校にはさまざまな家庭の子供がいた。「金持ちの子供」もけっこういて、高校の駐車場はカッコいい車でいっぱいだった。フレンド氏はカッコいい車に憧れていた。彼の家族は、一〇年乗り古されたフォードを中古で買ったきりだった。

フレンド氏は高校時代、両親よりもうんといい暮らしをするぞ、と心に誓った。彼にとっていい暮らしとは、高級住宅街の豪邸、高価な洋服、品格のある車、会員制クラブ、最高の店で買った品物に囲まれて暮らすことだった。フレンド氏は給料のいい会社で一生懸命働き、それを実現した。

フレンド氏は「いい暮らし」と蓄財とを結びつけて考えたことがない。高価なものを身につけ、稼ぎのいいことを見せびらかすことだけが、彼の言うところの「いい暮らし」だった。投資から得られるメリットを真剣に検討したこともない。彼にとって高い所得を得ることは、労働階級出身の劣等感を取り除く方法であった。一生懸命働いてたくさん稼ぐ。不労所得で稼ぐなど、夢にも考えたことがなかった。

フレンド氏の両親は、万一のときに備えて金を蓄えるということのできない人たちだった。家計の考え方はごく簡単。金があれば使う、それだけだった。金がなくなれば使わない。洗濯機が必要になったり屋根をふき替えなければならないというときになると、そのために金を貯める。割賦販売もよく利用していた。株や債券を買ったことはない。収入の一部を貯金に振り向けることもない。株や投資信託にはまったく無知で、資産といえば少額の年金と粗末な家だけだった。

その息子のフレンド氏は「単なるブルーカラー」という出自と学歴の低さを何とかカバーする必要があった。フレンド氏は大学を出ていない。今でもフレンド氏は大卒者よりいい成績をあげなければ、というプレッシャーを常に感じている。「大卒の坊やたち」よりもいいスーツを着て、いい車に乗り、いい家に住んでいい暮らしをしている。そう思うと最高の気分だ、と彼は話す。

フレンド氏は究極の浪費家だ。ボート二艘、ジェットスキー、車六台（二台はリースで、残りの四台はローンで購入した）を持っている。彼の家で運転できるのは三人しかいない。二つの会員制クラブのメンバーで、腕時計は五〇〇〇ドル以上する高級品だ。洋服は最高の店で買うことにしている。フレンド氏はリゾートマンションも所有している。

昨年のフレンド氏の年収は二二万一〇〇〇ドルだった。年齢が四八歳だから、私たちの計算方式によれば彼の期待資産額は一〇六万八〇〇〇ドルになる（期待資産額＝年間全所得×年齢÷一〇）。だが彼の資産は、この数字の四分の一にもならない。

なぜ彼の資産はそんなに少ないのか。それはフレンド氏の考え方のせいだ。彼は資産をつくることを目的に働いていない。おもしろいことに、資産ができてしまったら、高い所得を稼ぎ出すことができないと彼は堅く信じている。金持ちの家に育った人々は、仕事でいい成績をあげようという意欲を持っていないというのが彼の信念だ。

不安、それがフレンド氏をやる気にさせる。だから彼はローンでどんどん買う。ローンの金額が増えれば増えるほど支払い不能になる不安が大きくなる。だからもっと熱心に頑張って働く。自分の大きな家を見れば、多額の住宅ローンを思い出し、いっそう稼がなければという気になる。

フレンド氏は何にでもお金をふんだんに使うわけではない。投資や税務の顧問料となるとたんにケチになる。会計士は料金だけで選び、能力は考慮しない。会計士の仕事は誰がやっても同じ、あるのは料金の違いだけ、と信じているので、彼は最低料金を提示した会計士を雇っている。金持ちはまったく逆に考える。投資や税務に関しては高い金を払えば必ずそれだけのことがあると金持ちは考える。

フレンド氏は長時間働く。それでも競争に負けるのではないかと不安に思っている。金持ちの坊ややや大学卒の同僚に負けずに頑張ろうという気力が、そのうち衰えてしまうのではないか、とも心配している。フレンド氏は自分が貧しい育ちで、大卒の学歴を持たないことをいつも気に病《や》んでいる。自分で自分を精神的に痛めつけているところがある。職場にいる自信満々の大学卒の人々よりも自分は劣る人間だ、と信じ込んでいる。仕事でたいした成績もあげていないのにどうして彼らは平気でいられるのだろう、とフレンド氏はよく不思議に思う。

フレンド氏は心から生活を楽しんだことはない。高級品に囲まれてはいるが、仕事に忙しくて楽しんでいる暇はない。家族と過ごす時間もない。朝は暗いうちに家を出る。夕食前に帰宅することは稀《まれ》だ。

あなたはフレンド氏のようになりたいと思うだろうか？　彼のうわべのライフスタイルに憧れる人は多いはずだ。だが彼の胸の内を知ったら考えを変えるだろう。彼は物欲に支配されている。もののために働いている。経済的成功の象徴を得ることでしか、やる気にならない。常にまわりの人に成功を認めさせなければすまない。不幸なことに、彼は自分自身では成功したと認めていない。彼は他人にスゴイと思われるために、働き、金を稼ぎ、さまざまなものを犠牲にしているのだ。

蓄財劣等生は多かれ少なかれ、フレンド氏と似た考え方をする。彼らは世間から認められるために金を使う。だが、「世間」とは往々にして彼らの想像に過ぎない。あなたも「世間」のために頑張って働いているのだったら、考え直したほうがいい。人生の目的の軌道修正をしたほうがいいだろう。
貧しい家庭で育った高額所得者はみんな蓄財劣等生になってしまうのか。みんなフレンド氏と同じ道をたどるのだろうか。いやいや、絶対にそんなことはない。フレンド氏の場合、もっと根本的な問題を抱えている。彼の両親が彼を蓄財劣等生として育ててしまったのだ。収入が少ないにもかかわらず、彼の両親は倹約家ではなかった。彼らは収入を全部使ってしまう。金を使うことにかけてはプロだった。少しでも余分な収入があると、すぐに使ってしまう。年末調整で税金還付があるとわかると、それを当てにして、実際に金が入る前にものを買い込んでしまう。こんな生活態度が息子に影響を与えないわけはない。彼の両親は、息子にこう言い聞かせて育てたようなものだ。

金は使うために稼ぐのだ。
もっと使いたかったら、もっと稼ぎなさい。

タバコをすわないだけでも

フレンド氏の両親の金の使い方を振り返ってみよう。彼らはよく食べ、飲み、タバコを吸い、買い物を楽しんだとフレンド氏は話してくれた。家にはいつも食べ物があふれていた。スナックや特上肉、ハム、アイスクリームその他のデザートが、冷蔵庫にぎゅうぎゅうに詰め込まれていた。朝食からして、ちょっとしたご馳走だった。朝食の基本メニューは、ベーコン、ソーセージ、ポテトフライ、卵、イングリッシュ・マフィン、デイニッシュ・パン。夕食にはステーキやロースト・ビーフがよく出た。フレンド家では食事を抜くことなど考えられなかった。友人や親戚は「フレンド・レストラン」によくやってきた。フレンドの両親は一日に二人でタバコを三箱吸っていた。普段は一週間でビールを一ケースあける。祝祭日には食べ物、アルコール、タバコの消費量がぐんと増えた。

フレンド家の趣味というかレジャーは、買い物で金を使うことだった。必要だから買うのではなく、楽しいから買う。土曜日には、朝早くに出かけて夕方近くまで買い物をした。まずはスーパーで食料品を買いこむ。それからディスカウントストアに繰り出し、何時間もそこで過ごすのが常だった。

「くだらないものばかり買っていましたがね」とフレンド氏は言う。

彼の母はディスカウントストアで買い物するのが大好きだった。小型の敷物や灰皿、アイスクリーム菓子、キャラメルコーン、ありとあらゆる色のタオル、普段履きの靴、サラダボウル、調理器具などを大量に買い込む。そして戸棚の奥に山と積んだまま、何年も使わない。彼の父も負けてはいない。毎週土曜日になると金物屋に行き、何時間もかけて日曜大工道具を買い込むが、使っているのを見たためしはなかった。

フレンド氏の両親は言うまでもなく蓄財劣等生であり、フレンド氏もその薫陶《くんとう》を十分に受けて育っている。両親に比べると彼の収入ははるかに高い。それなのになぜ彼は蓄財劣等生から脱却できないのだろうか。そもそも高い収入を得ていることからして両親の影響である。彼の父は、給料のよさそうな仕事を見つけろよ、といつも彼に言い聞かせていた。そうすりゃ、もっといいものを買うことができるんだよ。大きな家に住み、高級車に乗り、高い洋服を着込むには金をたくさん稼がなくてはならない。フレンド氏は歩合制のセールスマンになればよい収入が得られることに目をつけた。たくさん使うにはたくさん稼ぐんだ。フレンド氏は親から貯蓄の美徳を聞かされたことはなかった。給料は使うもの。ローンは大きな買い物のときに使うもの。それがフレンド家のやりかただった。

フレンド氏も両親も、投資で資産を増やすことを考えたことがなかった。フレンド氏は「とうてい無理ですよ」と何度も私たちに言った。投資する金がないから！　アメリカの平均世帯の六倍もの収入があって、投資する金がないとはどういうことか？　フレンド氏の子供たちは私立の高校や大学に通っている。この学費だけでもアメリカの平均世帯の年収を優に上回る。彼が車に払った金額は全部合計すると、一三万ドルを超える。固定資産税は毎年一万二〇〇〇ドル。住宅ローンは年三万ドルほど。スーツは一着一二〇〇ドル。もちろん何着も持っている。

彼が投資に無関心なのは、使うのに忙しいからだけではない。彼の両親が投資の意味を理解していなかったためである。フレンド氏もそうだ。彼は無知を親から受け継いでしまった。

収入が少なかったから投資に回す金がなかったと、フレンド氏は両親を弁護する。が、ちょっと考えてほしい。両親は毎日タバコを三箱吸っていた。一年は三六五日だから年に一〇九五箱。四六年間吸っているから、五万三七〇箱が煙に消えていった計算になる。金額にすれば三万三一九〇ドル。両親が買った家の値段よりも高い！　彼らはタバコ代をはした金としか思わず、いくらかかるか考えたこともなかった。しかし塵も積もれば山となる。わずかな金も投資し続けていけば大きな金額になるのだ。

もしフレンド夫妻がタバコに使った金を、インデックス・ファンドに投資していたらどうなっただろう。今ごろは一〇万ドル近くになっていたはずだ。あるいはその金でタバコ会社の株を買っていたら？　フィリップ・モリスのタバコを四六年間吸い続けるかわりに、フィリップ・モリス社の株を買い、配当も全部再投資していたら？　四六年後には二〇〇万ドルを超える資産になっていたはずだ。しかしフレンド家の誰も「タバコ銭」がそんな資産になり得るとは、夢想だにしなかった。

タバコの習慣を改めるだけでも、フレンド氏の両親は億万長者の仲間入りをしていたはずだ。収入に比べ大きな資産を持つのだからりっぱな蓄財優等生だ。もし誰かが資産の自己増殖メカニズム、複利計算、不労所得のことを教えていたら、彼らはまったく別の人生を送っていたかもしれない。が、誰も教えはしなかった。だからその息子が投資の教育を受けなかったのは当然である。しかし、タバコを吸うな、とは教えている。父親は「タバコを口にするなよ。一度やったらもう止められなくなってしまうからな」とアドバイスした。息子はきちんとこの忠告を守っている。

蓄財劣等生の悪い癖をなくすには

この先何年、フレンド氏は今のライフスタイルを続けることができるだろうか。もし今日仕事をやめたら、何年今の生活水準のまま生活できるだろうか。たった一年しかもたない！　どうりでフレンド氏がせっせと働くわけだ。今のままで快適な老後を迎えるのは不可能だ。もうそろそろ五〇歳になろうというのに、フレンド氏は先のことを考えていない。だが、まったく見込みがないわけではない。フレンド氏だって蓄財優等生になろうと思えばなれる。今からでも手遅れということはない。

私たちの今までの経験では、蓄財劣等生には単刀直入に事実を話すのが一番効果的だ。「フレンドさん、あなたと同い年で同じだけの収入を得ている人と比べると、あなたの資産は半分以下ですよ」こう言うと負けず嫌いのタイプは猛然と奮い立つ。あなたの資産額は同所得・同年齢層の中で下から数えて四分の一のレベルですよ、と話すと、そんな馬鹿なという顔をする人もいる。多くの人が生活を改めたいがどうしたらよいかわからないと言う。二〇年間も劣等生の生活を送ってきたのだから、無理もない。さて、どうすればよいのか。

まず、最初に必要なのは生活改善の堅い決意だ。これがなければ始まらない。次に、専門家の手助けを求めよう。一番よいのは財産設計の手伝いをしてくれる会計士やフィナンシャル・プランナーを雇うことだ。彼らは蓄財劣等生を扱った経験が豊富なはずだ。というより、経験が豊富で劣等生を優等生に変身させた成功体験のある会計士やフィナンシャル・プランナーでなければ困る。

極端なケースでは、公認会計士やフィナンシャル・プランナーが支出管理をすべて行なうこともある。その場合、専門家はまず過去二年間の支出を調べ、費目ごとに表にする。その後、客と相談しながら、会計士は全費目をバッサリと一律一五％減らして予算を立てる。一年か二年たったところで、またバッサリやる。銀行の通帳を預かり、支払いを全部代行する会計士やフィナンシャル・プランナーもいる。一律バッサリのやり方は蓄財劣等生にとっては楽なことではない。だが、それが唯一の方法であることも多い。

所得税こそ最大の敵

私たちの調査では、平均的億万長者の年収は資産額の七％以下であった。言い換えれば、所得税がかかるのは資産の七％以下、正確には六・七％となる。金を使うには、それだけ収入を増やさなければならない。が収入が増えればその分所得税も多くなる。だから億万長者や億万長者予備軍は、次のルールをきちんと守る。

資産を築くには、課税対象となる現金所得を最小限におさえ、含み益（現金を伴わない資産価値増加）を最大限にすべきである。

所得税は家計支出の中で最大の費目である。が、それは現金所得に対してかかるものであり、資産全体にかかるものではない。実際に売却して実現益を出さないかぎり、資産の値上がり分には、税金はかからない。

高い収入を得ていながら資産の低い家庭では、金のかかるライフスタイルを保つために現金収入を最大限にしてしまうきらいがある。もしあなたがこのタイプなら、資産額の六・七％で生活できるかどうか考えてみてほしい。金持ちになるには、我慢が必要なのだ。私たちは八万ドル以下の年収でも二〇〇万ドル、三〇〇万ドルの資産を持つ人々を何人も知っている。

アメリカの一般的な世帯の現金所得は毎年三万五〇〇〇から四万ドルの間で、この金額は純資産の九〇％に相当する。そして資産の一〇％以上に相当する金額を所得税として納入している。一方、私たちが取材した億万長者はというと、所得税として支払うのは資産の二％ほどの金額である。だからこそ、彼らの資産はいよいよ増えていくのだ。

シャロンとバーバラとロス・ペロー

シャロンは医療関係で働く専門技術者で高額所得者である。私たちはつい先頃、彼女にこう聞かれた。「給料がこれだけ高いのに、どうして資産ができないのかしら？」

昨年のシャロンの年収は二二万ドルであった。これはアメリカの全世帯の上位一％に入る（表2-3参照）。シャロンの資産は三七万ドル。所得で見ればアメリカのトップ一％だというのに、資産額ははるかに低い。五一歳で二二万ドルの所得なら、前述の私たちの計算方式（期待資産額＝年間全所得×年齢÷一〇）によれば、シャロンの資産は一一二万二〇〇〇ドルあって然るべきだ。

なぜシャロンは資産を蓄えられないのか。それは課税対象となる所得が高すぎるからだ。昨年、彼女は二二万ドルの所得に対して連邦所得税を六万九四四〇ドル納めた。これは資産額の一八・八％に相当する金額である。

シャロンがもし、年齢と所得から算出される期待資産額一一二万二〇〇〇ドルの資産を持っているとすれば、資産に対する納税額は六・二％相当となる計算だ（69,440 ÷ 1,122,000 ＝ 6.2%）。だが、実際の納税額は資産の一八・八％相当額。これでは、適切な額の三倍の税金を納めている計算になる。

別の考え方をすれば、シャロンの現金所得は資産額三七万ドルの五九・五％相当額である。資産の六割に税金がかかるとしたら、資産家になるのは難しいだろう。シャロンと同年齢・同所得層では、現金所得は資産の一九・六％相当額でしかない。資産の二割に税金がかかるだけなのだ。

一方、バーバラは典型的な蓄財優等生タイプである。彼女の年収はシャロンと同じ二二万ドルほどだが、資産は三五五万ドルもある。したがって所得税のかかるのは資産の六・二％相当額であり、納税額は資産の二％相当額でしかない。一八・八％も払っているシャロンと比較すると、わずか九分の一にすぎない。

億万長者の課税所得額は資産の一割相当額よりずっと少ない。つまり、多額の資産と含み益を持っていても、億万長者は現金をそれほど持っていないということだ。バーバラは年収の二割以上を、将来値上がりが期待できそうな株や債券などに投資している。シャロンの場合、年収の三％以下を流動性の高い銀行預金などに回すのみである。

シャロンはきわめてリスクの高い状況にある。彼女しか稼ぎ手がいないのに投資からあがる収入はほとんどない。もし、リストラで彼女が職を失ったら？　年収二〇万ドル以上の給料を払う会社はそうそうない。かたやバーバラは会社を経営しており、一六〇〇人の顧客を抱えている。これは一六〇〇人から少しずつ給料をもらっているようなもので、シャロンの立場に比べたらリスクははるかに低い。シャロンは今の職を失ったら六カ月ともたないが、バーバラは容易に二〇年以上やっていくことができる。実際、所有する金融資産からあがる不労所得で、今日働くのを辞めても困らない状況だ。

バーバラはアメリカに三五〇万世帯ある億万長者の一員であり、蓄財優等生である。そして、この三五〇万世帯の一割は、一〇〇〇万ドル以上の資産を持つスーパーリッチである。小金持ちとスーパーリッチの違いは何か。資産額が多ければ多いほど、現金収入の占める割合が低くなる。スーパーリッチは現金収入の割合を最小限に抑える術《すべ》をマスターしたからこそ、スーパーリッチになれたのだ。

スーパーリッチはその富を保つだけでなく、毎年増加させていく。ロス・ペローがそのいい例だ。フォーブス誌によればペロー氏の資産は二四億ドルと推定される。「国民に公平な課税を」というワシントンに本部を置く税制改正運動グループは一九九五年のペロー氏の年収を二億三〇〇〇万ドルと推定している。この数字を使えば、ペロー氏の年収は資産の九・六％相当だが、納税額は一九五〇万ドルで所得の八・五％にしかならない。この数字をバーバラ、シャロンたちの数字とじっくり見比べてほしい（表２‐３参照）。

ペロー氏はどうして所得税をこんなに低く抑えられるのか。ある新聞記事を紹介しよう。

ペローは……非課税地方債、節税用不動産、含み益のある株に多額に投資している。だから納税額は異常に低い。

ペロー氏の税率八・五％は全米平均よりもはるかに低い。全米の平均所得は三万二八二三ドル、これに対する連邦所得税は四二四八ドルだから、税率は一二・九％である。ペロー氏は資産でみればウルトラ・スーパーリッチなのに、税率は普通の人よりはるかに低いのだ。

納税額を資産と照らし合わせると、おもしろい結果になる。家の資産価値も含めると全米平均の資産額は三万六六二三ドルになる。所得納税額はその一一・六％にあたる。一方、ウルトラ・スーパーリッチのペロー氏はというと、資産の〇・八％という数字になる。アメリカの平均的世帯は大富豪ペロー氏の一四・五倍以上の割合で納税していることになる。

億万長者は現金収入ではなく、純資産額でものごとを考える。資産形成には所得額はたいして意味を持たない。一〇万ドルから二〇万ドルの収入があれば、それ以上いくら稼ごうがあまり関係ない。それよりも、持っている資産をどう運用するかのほうがずっと重要だ。

国税庁の言い分

ではここで、国税庁で働くボブ・スターン氏になったつもりで考えてみてほしい。ある朝あなたは

表2-3 所得税と資産に関する比較

家計のタイプ	税引前 年間家計所得	家計純資産 （資産額－負債額）	所得の資産に対する比率	連邦所得税額	所得に対する税率	資産に対する税率	蓄財成績のタイプ
高額所得世帯の平均	220,000 ドル	1,122,000 ドル	19.6%	69,440 ドル	31.6%	6.2%	平均
シャロン	220,000	370,000	59.5	69,440	31.6	18.8	蓄財劣等生
バーバラ	220,000	3,550,000	6.2	69,440	31.6	2.0	蓄財優等生
ロス・ペロー	230,000,000	2,400,000,000	9.6	19,500,000	8.5	0.8	蓄財優等生
アメリカの平均世帯	32,823 （平均）	36,623 （中位数）	89.6 （平均）	4,248 （平均）	12.9 （平均）	11.6 （平均）	蓄財劣等生

上司のジョン・ヤング氏に呼ばれ、所得と資産の相関関係について調査をするように、と言われた。

ヤング　ボブ、億万長者の人数が増え続けているらしいね。

スターン　ええ、新聞や雑誌で関連記事をずいぶん読みましたよ。

ヤング　うん、そこでだ。金持ちが増えているのになぜ所得税収は増えないのだろう。

スターン　どこかで読んだのですが、三・五％の富裕層はこの国の資産の半分以上を所有しているのに、所得では三〇％を下回る割合だそうです。

ヤング　聖書の時代ですら、金持ちは資産の一割を納税していたというのに、議会は何をしているんだ。わが国も資産に課税すべきだ。これこそ究極の税制改正だと私は思うね。

スターン　そうですね。でも遅かれ早かれそうなっているじゃないですか。死ねば税金を払うわけですから。逃れられませんよ。

ヤング　相続税は君の専門分野じゃなかったな、ボブ。君の考えはちょっと甘いね。この国の億万長者全員から、死んだときに相続税がとれると考えているんだろう。

スターン　死神リーパー様は私たちの味方ですよ。

ヤング　いや、ちょっと待て。この国の億万長者はたいてい事業を経営しているし、株を買い込んでいる。これをどうするかと言えば、何もしないで持っているだけだ。値上がり株は絶対手放さないからな。

スターン　でも死神リーパー様は？
ヤング　いいか。ボブ。去年、一〇〇万ドル以上の遺産相続が発生したのは、たったの二万五〇〇〇件だった。だが、億万長者は三五〇万人だ。ということは〇・七％が死神リーパー様に召された計算になるが、実際にはこの二倍は死んでいるはずだ。億万長者の奴らが何をするか知っているか？死神が姿を現わす前に変身してしまうんだ。まるで魔法だよ。
スターン　どうするんですか？　突然姿を消すわけにはいかないでしょうに。海外にでも高飛びするんですか。
ヤング　海外組は多くない。が、億万長者の半分は非億万長者ＢＲに変身してしまうんだ。
スターン　ＢＲって何ですか。
ヤング　なに、業界用語だよ。ＢＲはビフォア・リーパー、死神リーパー様到着前、つまり生前だな。ＡＲはアフター・リーパー、死神リーパー様到着後、死後というわけだ。ルーシーという女性の例だが、死ぬ直前には七〇〇万ドルの資産を持っていたが、年金で生活していた。彼女は生きている間に一度も株を売却しなかった。七〇歳と七六歳の誕生日の間の六年間に彼女の資産は倍増した。だが、われわれは所得税でいくら搾り取れたと思う？　ゼロだよ、ゼロ。年金生活者だから、現金収入があったわけじゃないだろ。含み益というヤツはどうも癪に障る。
スターン　ほんとうに。手強い敵ですよ。でも死神リーパー様はルーシーをやっつけたんでしょう。死すれば税を、ですよね。

ヤング　そうは問屋が卸さない。ルーシーは去年死んだが、彼女の資産がいくらになったと思う。たったの二〇万ドルだよ。これじゃ相続税がとれない。また一人、億万長者が相続税を払わずにずらかってしまったわけだ。もう、商売替えをしたいよ。敵は勝ちっ放しだ。

スターーン　でも、彼女のお金はいったいどこへ行ったんですか。

ヤング　彼女は教会、二つの大学、その他の慈善事業に寄付してしまった。それから子供、孫、甥、姪に一万ドルずつ。ルーシーには親戚がごまんといたようだ。

スターーン　それで？　ウチにはいくら入ったんですか。

ヤング　ボブ、私の言うことを聞いてなかったのか。われわれ政府は何にも取れなかったんだよ。信じられるか？　彼女の政府だぞ。この国には正義も何もあったものじゃない。だから資産税が必要だと言っているんだよ。

スターーン　教会、大学、慈善事業に寄付するなんて、なかなか立派な人じゃないですか。

ヤング　ボブ、なんてこと言うんだ。彼女のような人間はわれわれの敵だぞ。アメリカ合衆国は金を必要としている。財政赤字問題を解決し、社会保障を充実するために彼女の金がいるんだ。

スターーン　たぶんルーシーさんは教会や大学や慈善事業も金がいると考えたんじゃないですか。

ヤング　ボブ、君はなんてお坊ちゃんなんだ。この女は素人だよ。金について何がわかっていたというんだ。私たち政府は富の再配分に関してのプロだ。私たちが、資産をどう配分するか決定するべきなんだ。プロなんだよ、私たちは。億万長者が億万長者じゃなくなってしまう前に、何とかして資産に税金をかけなくてはならない。
スターン　新聞によく出てくる有名人はどうなんですか？　高額所得者の有名人は。
ヤング　そうそう、ウチの上得意様ね。稼ぎまくってくれる人はいいね。現金所得が私たちの救いさ。この人たちのことも研究してもらいたい。が、たいした現金収入なしでやっている奴らのことも調べてくれ。禅僧みたいな生活でもしているのかね。どこかおかしいんじゃないか。何百万ドルかの株を売って、豪邸の一つも買ったっていいじゃないか。
スターン　ご自宅の書斎に高額所得のスターの写真を壁に飾っていらっしゃるのは、そういうことだったんですか。
ヤング　そう、そういうこと。大好きだよ、ああいう人たちは。浪費家の最たるもんだ。金を使うには現金収入が必要だ。いいか、野球のスター選手が二〇〇万ドルのボートを買うということはだな、税金を考えれば四〇〇万ドルの現金所得が必要なんだ。いわば、彼らとわれわれは合弁事業を組んでいるようなもんだ。そう、いわば事業のパートナーなんだよ。
スターン　野球選手ですって？　彼らが若者のいいお手本だとでも？
ヤング　そのとおり。高額所得者で浪費家だろ。われわれは若者にガッポリ稼いで金を使うことを教えなくちゃいかん。現金所得のことを若者の頭にしっかり植え付けるんだ。浪費家は真の愛国者だ。だからウェブスターの辞書に出ている愛国者の定義をそこの壁に貼っているんだ。ちょっと読んでみたまえ、ボブ。

スターン　愛国者……祖国を愛し、祖国の政府と国益を守るのに熱心な人。

ヤング　ボブ。政府と国益だよ。一〇万ドル、二〇万ドル、一〇〇万ドルと大きく稼ぎ、全部使うのが真の愛国者というものだ。彼らの記念メダルを発行してもいいくらいだ。納税・浪費メダルとか言ってさ。彼らが、メダルをもらえるように頑張れよと子供たちを教育してくれればわれわれは万万歳だ。そうだ、ボブ。高級車、ヨット、大邸宅、高級スーツ、宝石なんかを売る会社にクリスマスカードを送ったらどうだろう。彼らも一種の愛国者だからね。消費を奨励して、われわれがおまんまの食い上げにならないようにしてくれているだろ。さて、今日はもうそろそろ帰るとするか。明日から浪費メダリストのことをもっと研究してくれ。金を使わない奴らのことを調べ上げるのも忘れないように。

役人の書いた論文を読めば、政府が、金持ちになる方法を知っていることがよくわかる。政府機関で働くエコノミストたちはしばしば金持ち（彼らの用語では「上位資産家」）の調査を行なっている。国税庁が四半期ごとに発表する所得統計報告書は実に興味深い。所得に関する統計がふんだんに載っていて、しかも所得のみならず上位資産家のデータも充実しているので、研究者には非常にありがたい。自力で調査をしなければならない私たちにとってはうらやましい限りだ。ともあれ、この報告書は「金持ちになる法則」を理解するのに最高の資料だ。

アメリカ財務省の租税調査室課長補佐C・ユージン・ストイオリ氏は、すぐれた研究者でもある。

彼は「現金所得と資産の関係」という論文の中で、私たちと同様の調査を行なっている。調査の結果、多額の資産を築く人は現金・課税対象所得を最小限に抑え、課税対象とならない含み益や非課税所得を最大限にするよう努力していることが明らかにされている。

ストイオリ氏はその調査の中で、上位資産家の生前の確定申告と、死後の遺産納税額を比較している。同時に、全国の相続税高額納税者の生前の確定申告を調べて、所得と資産の関係を調査した。投資物件・証券の売却による実現益と実際の市場価値の関係を見てみると非常におもしろい。

国税庁にも賢い人がいるらしい。この調査で、彼らは対象顧客の研究を行ない、何とかして顧客から金を巻き上げようとしている。資産はあるのに現金所得の少ない人がどのくらいいるのかを把握しようとしている。同族経営の会社の株からは現金所得があがることが少ないので、ストイオリ氏は遺産の六五％以上が同族会社の株で相続された例を選んで、特に詳細にわたって分析している。

以下はその結果である。

◆同族経営会社の株を売却して得た実現益は、資産評価額の一・一五％でしかない。遺産相続者は評価額を低めに申告する傾向があるので、この数字でも多めに出ていると見るべきである。

◆給料その他の所得をすべて合わせても、現金所得は同族会社の資産価値の三・六六％に過ぎない。

つまり、二〇〇万ドルの資産価値の会社オーナーなら、その三・六六％に当たる七万三二〇〇ドルしか年収を得ていないということだ。七万三二〇〇ドルで生活し、最低一五％を貯蓄・投資するのは容易なことではない。だが、そもそも金持ちになるというのは容易なことではないのだ。

働かずにすむ日は来るか？

高所得・低資産の会社役員、ロドニー氏に尋ねてみた。

税制上有利になるのが明らかだったのに、なぜ会社の持株会に入らなかったんですか？

彼の会社にはマッチング持株プランという制度がある。この制度では、毎年収入の六％までは、給料の代わりに会社の株を購入することが可能だ。これでまず課税対象になる所得金額が低くなる。また、会社は社員が購入するのと同額の株数をその社員に分け与えてくれるので、二倍の株を手に入れることができる。

ロドニー氏は、残念ながらその制度を利用するだけの金銭的余裕がなかったという。毎月の給料は、四二〇〇ドルの住宅ローンの返済、二台の車のリース代、子供の学費、会員制クラブの会費、別荘の経費、そして税金で消えていってしまう。

皮肉なことに、ロドニー氏は「ゆくゆくは経済的に自立して、お金の心配のない生活をしたい」と願っている。しかし蓄財劣等生の常で、現実的につきつめて考えていない。ロドニー氏はすでにチャンスを逃してしまったとも言える。税制上有利なこの制度を、入社直後から限度額ギリギリまで利用していたら、今頃はゆうゆう億万長者の仲間入りを果たしていたはずだ。だが彼は、稼いでは使うサイクルにはまってしまっている。

私たちは多数の高所得・低資産の人々を取材してきた。相手が高齢者のときにはやるせない気分になることがよくある。六七歳の心臓専門医は、

年金ねぇ。年金に加入しなかったので、もらえないのですよ。

と言った。生涯賃金が何百万ドルにもなるというのに、彼の資産は三〇万ドルにもならない。彼がこう尋ねたのも無理はない。

働かないですむ日が私にはやってくるのでしょうかね？

蓄財劣等生の未亡人のケースも同情を禁じ得ない。一度も外で働いたことのない未亡人は多い。この女性もずっと専業主婦だった。彼女の夫は高所得・低資産タイプで、生命保険にまったく入っていなかった。

夫はいつもお金のことは心配しないでいいと言っていました。「僕がいつもそばにいるのだから」って。どうしたらいいんでしょう。教えてください。

これは辛い状況だ。教育のある高額所得者が、お金のことになるとどうしてこうも初心《うぶ》になってしまうのだろう。高学歴、高所得イコール経済的自立とはかぎらない。経済的に自立するには、計画性と自己犠牲が必要なのだ。

もしあなたが経済的に自立したいと願うのなら、明日の自立に備えて今日の消費を犠牲にするよう計画を立てるべきだ。一ドルお金を使うということは、税務署に貢ぐ分よけいに稼がなければいけないということを忘れてはならない。たとえば、六万八〇〇〇ドルのボートを買うには、一〇万ドル稼がなくてはならない。億万長者はこういう計算のしかたをする。だからあまりボートを持っている人がいないのだ。あなたは引退して船上生活者になる？　それとも三〇〇万ドルの年金で生活したいと思うか？　両方する余裕はあるだろうか？

それでも高級住宅街に住みますか？

さきほど、財務省のストイオリ氏の調査結果を紹介したが、なぜ私たちの調査と調査結果が違うのかと読者のみなさんは疑問に思われたかもしれない。私たちの調査では、億万長者は純資産の六・

七％の現金収入を得るという結果だったが、確定申告と相続税のデータに基づく国税庁の調査では、その数字は三・六六％だった。なぜこんなに開きがあるのか、そしてそれは何を意味しているのだろうか。

私たちのサンプル抽出法は国税庁のやり方とは違う。私たちは高級住宅街の家庭からサンプルを抽出しているが、国税庁の場合は全国の全所帯を対象としている。億万長者の半分はいわゆる高級住宅街に住んでいない。そこで私たちは農場経営者、競売人など高級住宅街に住まない裕福な人々も別途調査してはいる。なぜ高級住宅街に住む億万長者の現金所得は資産との比率が六・七％で、全国調査の三・六六％よりも高い数字として出るのか。それは、ステイタスの高い地域に住むのは金がかかるということだ。逆に言えば、ステイタスの高い高級住宅街に住まないほうが金は貯まる、ということである。しかし高級住宅街に住んでいても、億万長者の現金所得は資産の六・七％に過ぎない。億万長者でない人々は資産の四〇％相当額を現金所得として稼ぎ出さなければならない。そう考えると、高級住宅街に住む喜びを得るのがいかに大変なことなのかがわかる。

ひょっとしてあなたは、ステイタスの高い住宅地に住むことと、現在および将来の所得を引き替えにしてしまっていないか？　だから金が貯まらないのではないだろうか？　もしそうなら、たとえ一〇万ドル稼いでも金は貯まらない。三〇万ドルの家に住むおとなりさんは資産ができた後に初めてその高級住宅街の家を買った。ところが、あなたは資産ができるだろうと期待して家を買ってしまった。これでは一生資産ができないことだろう。

出費に見合う金を稼ぎ出そうと懸命で、投資に回すお金の余裕がないというのでは行き詰まりだ。将来値上がりの期待できる投資物件や証券を買わないで、経済的に自立して老後を心配しないですむようになるのは無理と思ったほうがいい。さて、どうするか。高い税金を払い続けてステイタスの高い生活を選ぶか、それとも住所を変えるか？　決心しやすいように、もう一つ、役立つルールを教えよう。

将来、資産家になりたいと思うなら、住宅ローンは年間の現金所得の二倍以内に抑えること。それ以上の高い家は絶対に買ってはダメ。

あまり金のかからない地域に住めば、支出が減り、投資に回す金が増える。家も安くてすむから固定資産税が少なくなる。ご近所の人が高級車を乗り回すことも少ないだろう。となりの億万長者の一人、ジョーンズさんの資産くらい簡単に蓄えられるだろう。いや、上回ることだって可能だ。

どちらを取るか、それはあなたが選ぶことだ。が、最近私たちがアドバイスした証券会社の若い営業員、ボブよりは賢い選択をしてもらいたい。三四歳のボブは年収八万四〇〇〇ドルだが三一万ドルの家を買いたいと、私たちのところに相談にきた。彼は頭金に六万ドル支払う予定でいる。将来資産を築いていきたいと言うが、二五万ドルもの住宅ローンを抱えたら難しいだろう。私たちはボブに、家の価格と所得の理想的な比率を教えてあげた。

　そして、私たちは二〇万ドルくらいの家にして住宅ローンを一四万ドルに抑えたら、とアドバイスした。これなら許容範囲だ。だが、証券会社に勤め、大卒の学歴を持っているのだから「トラックの運転手や工事作業員の住むような」ところには住みたくないといって、ボブはこのアドバイスを退けた。

　ボブは気づいていないが、建築現場で働いていても、妻の収入を合わせれば年収八万四〇〇〇ドル以上を稼いでいるカップルはけっこういる。もちろん住宅ローンを受け付ける銀行員は、ボブに二五万ドルの住宅ローンでも問題ないと言うだろう。だが、それは狐に、小屋に鶏が何羽いるのか見てきてくれと頼むようなものだ。

3　時間、エネルギー、金

彼らは、資産形成のために、時間、エネルギー、金を効率よく配分している。

効率は、蓄財に不可欠な要素である。資産を築く人々は資産形成のために、時間、エネルギー、金を効率よく配分している。蓄財優等生も蓄財劣等生も、資産を築きたいと思う気持ちに変わりはない。だが、蓄財のためにどの程度の時間を使うかとなると、二つのグループに大きな相違が出てくる。

蓄財優等生は蓄財劣等生の二倍の時間を資金運用のためにかけている。

資金運用計画と蓄財の間には強い相関関係がある。蓄財劣等生の場合、資金運用の専門家に相談する時間、信頼できる会計士や弁護士、投資顧問を探す時間、資金運用のセミナーに出席する時間などが優等生に比べはるかに少ない。逆に、蓄財優等生はお金の心配をする時間がずっと少ない。劣等生は次の二点を不安に感じている。

◆老後、快適な生活をするだけの資産がない。
◆一生、資産ができないのではないか？

当然の心配だ。それなら、この問題に真っ正面から取り組み、使いすぎを改め、もっと貯蓄にお金を回すようにすればよさそうなものだが、蓄財劣等生は気を揉むだけで、行動に移らない。

では、ここで質問を。次のようなことを心配するのは、どのような人だと思うか？

1　生活水準が大きく下がるかもしれない。
2　家族が買いたいものを自由に買うだけの収入がない。

大学に通う二人の子供を持つ郵便配達人、三人の子供を抱えて離婚した給料の低い男、リストラで職を失った中間管理職……あなたが想像するのは、こんなところだろうか。確かにこういう人たちが、生活のレベルが落ちるとか、家族に必要なものを買ってやれないと心配するのはおおいにありそうなことだ。

だが、このような心配を私たちに打ち明けたのは五〇歳代の医者だった。仮にドクター・サウスと呼ぼう（表3‐1参照）。彼には妻と四人の子供がいる。なぜ生活水準や収入の心配をしなければならないのだろう。不幸なことに事故で怪我をして診療ができなくなったとか？　いやいや、彼はピンピンしている。私たちが取材した時の年収は七〇万ドルだった！　これだけ高い所得を得ているにもかかわらず、彼の資産は目減りしてきている。彼が心配するのも無理からぬことなのだ。

別の医師ドクター・ノースはドクター・サウスと年齢、所得、家族構成ともほぼ同じなのに、心配のタネがずっと少ない。生活水準を下げなければならないとしても気にかけないし、家族を養うだけの収入があるかどうかの心配もしていない。この一見似通った医師二人がどうしてこうも違うのか。二人の家族、二人の時間とエネルギーと金の使い方を比べてみると、多くのことが学びとれる。だがその前に、医者全般の所得と資産形成の傾向を見てみよう。

医者に金持ちは少ない

医者の平均所得は一四万ドルで、全米の世帯平均所得、約三万三〇〇〇ドルの四倍以上ある。特殊分野に特化した専門医であれば平均年収は三〇万ドルを上回る。ドクター・サウスもノースも非常に有能で、経験豊富な専門医であり、昨年の年収は七〇万ドルを超えていた。

これだけの収入があるにもかかわらず、ドクター・サウスはほとんど資産を持っていない。彼は金

表3-1　ドクター・ノースとドクター・サウスの関心事、心配事

＊関心または心配の度合が「高い」「やや高い」「低い」「全くない」の４択から回答

質問項目	ノース（蓄財優等生）	サウス（蓄財劣等生）
Ⅰ　経済状況に関して		
老後、快適な生活をするだけの資産がない	低い	やや高い
家族が買いたいものを自由に買うだけの収入がない	低い	やや高い
引退をしなければならない	低い	低い
仕事を失う／肩書きを失う	全くない	全くない
生活水準が大きく下がる	低い	高い
一生、資産ができない	低い	やや高い
事業に失敗するかもしれない	やや高い	低い
突然死んだら家族が困る	高い	低い
Ⅱ　子供に関して		
成人した子供に経済的援助をしてやらなければならない	低い	やや高い
成人した子供が収入以上に支出する	低い	やや高い
子供の出来が並以下	やや高い	低い
成人した子供が、家に戻って同居するかもしれない	低い	やや高い
息子・娘がふさわしくない相手と結婚するかもしれない	やや高い	やや高い
あなたの資産を自分たちのものと考えている	低い	やや高い
Ⅲ　健康状態に関して		
癌や心臓病にかかるかもしれない	やや高い	低い
視覚・聴覚が衰える	やや高い	全くない
強盗に襲われる／レイプされる／泥棒に入られる	低い	やや高い
エイズに感染する	全くない	低い
Ⅳ　政府に対して		
政府支出・財政赤字が増大する	低い	高い
事業・業界に対する政府規制が強化される	低い	高い
連邦所得税率が上昇する	低い	高い
インフレ率が上昇する	全くない	やや高い
家族が高い相続税を払わなければならない	低い	低い
Ⅴ　家族に関して		
あなたの財産をめぐって子供たちが不和になる	低い	やや高い
あなたの財産を家族が奪い合う	低い	やや高い
一人の子をえこひいきすると非難される	低い	やや高い
Ⅵ　フィナンシャル・アドバイザーについて		
フィナンシャル・アドバイザーに騙される	低い	やや高い
よいアドバイスをもらえない	全くない	やや高い
Ⅶ　両親、子供、孫について		
子供が麻薬を始める	全くない	低い
両親または義理の親が同居する	やや高い	低い
子や孫と一緒に過ごす時間が少ない	低い	低い

を使うことにかけては誰にもひけをとらないが、貯めるとなるとまったく能力がない。一般的に、医者が蓄財に弱い傾向にあることは、私たちの調査にも現われている。高額所得者を職業別に分析すると、蓄財レベルが一番低いのは医者になる。蓄財優等生と蓄財劣等生の比率は、医者だけで見ると一対二となる。

なぜ医者は蓄財が下手なのか。いくつかの理由が考えられるが、第一にあげられるのは学歴だ。驚くかもしれないが、高額所得者（年収一〇万ドル以上）では、学歴と資産レベルは反比例する。高額所得者の蓄財劣等生には大学院、ロースクール、メディカルスクールを卒業した人が多いのに、蓄財優等生でははるかに少ない。私たちの調査によれば億万長者は「会社のオーナー」で「大学中退」「大学卒」「大学に進学しなかった」人々が多数派である。

警告！　大学をやめて会社を始めろと子供に言わないように。ベンチャーの大半は最初の何年かでつぶれてしまう。一〇万ドル以上の収入を得られる会社オーナーはごくわずかでしかない。この少数の人たちが、同所得レベルの人に比べて資産を上手に蓄える傾向にあるということをここでは言っているにすぎない。

「大学中退」「大学卒」「大学に進学していない」人たちは、学歴のある人々よりも社会に出る年齢が早い。医者などの専門職につく人々は在学期間が長く、社会に出るのが遅くなる。学校にいる間に金を貯めるのは難しい。学校に長くいればいるほど、収入を得て資産形成にとりかかるのが遅くなる。

早くから貯蓄を始めれば資産が貯まる確率も高くなるということは広く知られている。専門学校で二年間情報処理の訓練を受けたデンジ氏は二二歳で働きはじめ、のちに自分の事業を起こした。三〇年後の今、彼の加入している年金はかなりの価値になっている。

ドクター・ドークスはデンジ氏と高校で同級生だったが、彼が診療所を開業したのは、デンジ氏が事業を始めて一二年も経った後のことである。ドクター・ドークスはその一二年間勉強を続け、生活費と学費を払うために自分の貯金を使い果たし、両親から金をもらい、それでも足りずに銀行から金を借りた。その間、デンジ氏のほうはというと「大学に行く柄じゃない」と自ら判断し、事業を始めて経済的に自立していった。

大学に行く柄じゃなかった会社オーナーのデンジ氏と、高校の卒業生代表に選ばれたドクター・ドークスを比べてみれば、明らかにデンジ氏が蓄財優等生で、ドクター・ドークスが蓄財劣等生である。おもしろいことに昨年の年収は二人ともほぼ一六万ドルだったが、デンジ氏の資産額はドクター・ドークスの五、六倍もある。しかもデンジ氏には借金がない。

早く社会に出て稼ぎ、貯金を始めること、そうすれば高校でよくできた生徒よりも大きな資産を作ることが可能だ、ということがデンジ氏の例でもわかる。富は盲目だ。学歴を見ない。そうでなければ、蓄財研究の専門家たる私たち著者の立場がない。私たち二人は、合わせて二〇年も普通の人より長く大学にいた。だから金が貯まっていないのだ！

学歴の高い人ほど蓄財に遅れをとるのは、世間体の問題でもある。医者はそれなりの生活をしなければならない。デンジ氏は小さな会社のオーナーで金は持っているが、高級住宅街に住まなくても何とも思われない。庶民的な町に住み、ごく普通の車に乗っていても、奇異に見られることはない。だから彼の家計費はドクター・ドークスに比べはるかに低くてすむ。

表紙を見れば本の中身がわかる、という諺《ことわざ》がある。だから医者、弁護士、公認会計士などはりっぱな家に住み、高価なスーツに身を包み、高級車に乗り、職業にふさわしい暮らしをしなければならない。これらの専門職の人々は、往々にして外見で能力を判断されてしまう。高そうなスーツ、いい車、高級住宅街の住所などで評価が跳ね上がる。小さな家に住み、三年落ちの中古フォード・クラウン・ビクトリアに乗っていたら、仕事ができないと判断されてしまう。資産の大きさで能力を判断する人は皆無と言っていい。顧客や患者に信頼してもらうためには、いかにも成功したという身なりをしなくてはならない、と専門職の人々は言う。

もちろん例外はあるが、大学や大学院に進んだ人々の家計費はどうしても高めになる。医者は特に高い。十分な貯金がなく、金が出ていく一方だと心配するのも医者に多い。

高級住宅街に住む医者が不利になる理由は他にもある。こういう地域には、自称「投資の専門家」が飛び込み営業に頻繁にやってくる。この類のセールスは、高級住宅街に住む人は投資する金もふんだんに持っていると思い込んでいる。金のかかるライフスタイルを維持するのに手一杯で、投資に回すお金はあまりないという実状を彼らは知らない。

経験の浅いセールスは、高級住宅街に住む医者の名簿を買い込んだりする。医者は自分がそうだから、投資専門家というからには専門知識を持っているに違いないと信じる傾向がある。押しの強い証券営業のかっこうの餌食になってしまうのも無理はない。飛び込みセールスの口車に乗って投資をして、痛い目にあった経験のある医者はゴマンといる。ひどくやられて、二度と株には手を出さないという人も少なくない。株式市場の伸びを考えるとたいへん残念なことだ。株を買わない分、彼らは金を使ってしまう。一般に考えられている以上に、次のようなケースはよくある。メディカル・エコノミックス誌の記事を引用しよう。

　ある形成外科医はボートを三艘、車を五台持っているのに年金には入っていない。資産運用計画など、もちろんない。この外科医は「株で大やけどを負ったことのない人なんて誰もいない。みんなそれで財産を失うのさ。少なくとも僕はお金を使って楽しんでいるからね」と言う。
　それから、いやいや、と言うように手を横に振りながらこう言った。「お金というのはね、一番簡単に手に入るものなんだよ、君」

　医者が利己的でないことも理由の一つだろう。慈善事業などに多額の寄付をするのは医者に多い。別の理由として、医者の遺産相続額が、兄弟の中で一番少ない傾向にあることも付け加えられる。学費が少なくてすんだ他の兄弟に、遺産が多く配分されるためだ。年老いた両親に「私たちが死んだ後、恵まれない兄弟の面倒を見てちょうだい」と言われるのも医者に多い。これに関しては第六章でまた詳しく述べよう。

医者は長い時間を患者と過ごす。一日一〇時間以上働き、ほとんどの時間とエネルギー、英知を患者に注いでしまうから、自分の懐具合まで気が回らないとも言える。長い時間働けば収入は増える。家計予算だ、資産運用計画だと時間を使うより、その分働いたほうが収入が増えるんだから、そんな無駄なことをしなくたっていいじゃないか、という医者は多い。高収入を得ている蓄財劣等生は、みんなこう考える。

ところが、蓄財優等生はまったく逆な考え方をする。金は決して無駄にしてはいけないもの。生活設計を立て、予算を立てて、必要以上にお金を使わない。たとえ収入が多くても、そうすべきだというように考える。高額所得者といえども、収入より少ない金額で生活しなければ経済的に自立できない。そして、老後の心配に時間とエネルギーを使うことになってしまう。

家計予算はとても大切

支出の計画・管理は蓄財に不可欠である。だからドクター・ノースのような蓄財優等生は、時間をかけて予算を立てる。ドクター・サウスはといえば、あるだけの金を使ってしまう。私たちは二人の医師に次の質問をぶつけてみた。

質問　あなたの家庭では年間予算を立て、それに従って行動しますか？

ドクター・サウス　いいえ。
ドクター・ノース　ええ、もちろんですよ！

家計予算を立てずに暮らすのは、事業計画、事業目的、会社の方針を決めずに会社を経営するようなものだ。ノース家では税引前所得の少なくとも三分の一を投資に回すようにしている。私たちが取材した年の前年には、所得の四〇％近くを投資していた。ノース家の生活ぶりは、彼らの所得の三分の一しかないような家庭と同じだから、このような芸当ができるのだ。

一方のサウス家はといえば、彼らの所得の二倍は得ているような家庭と同じ金の使いかたをしている。彼らのローンの利用のしかたは、毎年数百万ドルの収入がある家庭さながら、という乱用ぶりである。サウス家では、収入を全部使い切ってしまうまでブレーキがきかない。

二人の医師に別の質問をしてみた。

1　あなたはあなたの家庭が、毎年衣食住にいくら使っているかご存じですか？
2　あなたは貯蓄や資産運用計画に時間をかけますか？
3　あなたは倹約家ですか？

結果は予想どおり。ドクター・サウスは三つともノーと答え、ドクター・ノースはさすがに全部イエスと答えた。ドクター・ノースは締まり屋だ。たとえばスーツはバーゲンか特別価格でなければ買わない。だからといってドクター・ノースがみすぼらしい格好をしているわけではない。安物は買わずに、いいものを買うが、定価で買ったり衝動買いはしない。これは若いときの経験からきていると語ってくれた。

◆私が学校に通っている間、妻は教師をしていました。収入はわずかでしたが、そのころから必ず貯金をすることに決めていました。当時でもなんとか貯金はできたんです。投資するには、まずお金を貯めなくちゃなりませんからね。

◆一一歳のとき近所の八百屋でアルバイトをして、五〇ドル貯金したのが最初です。今はそれにゼロがいくつか増えただけですね。貯蓄のルールも心構えも、当時から変わっていません。

◆投資のチャンスがあったら、それを逃す手はありません。チャンスは活かす。それが私の考えの根底にあります。

ドクター・サウスはまったく逆だ。サウス家では昨年、衣料費に三万ドル使っている（表3－2参照）。アメリカの平均所得三万三〇〇〇ドルに近い金額を、サウス家は着るものに使ってしまっているのだ。

妻や夫が浪費家だったら

高額所得の家族構成は、夫婦と子供という場合が多い。サウス、ノース両家もそうだ。蓄財に関しては配偶者の存在も大きいことに、私たちはだいぶ前から気づいていた。倹約、消費、投資を配偶者がどう考えるかで、その家庭の資産状況は大きく変わってくる。

財布のヒモが堅いのは誰か。ノース家では夫婦ともに堅い。収入よりはるかに低い支出で生活し、二人で年間予算の作成にじっくりと時間をかける。中古の自動車でも文句を言わない。毎年何にいくら使ったかをきちんと把握している。子供が公立の学校に通うことを恥とは思わない。だが倹約しているといっても、三人の子供たちに不自由な思いをさせているわけではない。子供のために用意した学資口座から大学や大学院の学費を払ったし、子供たちが家を買ったときにも援助している。一方、サウス家のほうはというと、子供のための学資口座を用意していないから、教育費はすべて現在の収入から支払うしかない。

まああの収入しかなくても、夫妻ともども締まり屋だったら、蓄財優等生になれる可能性は高い。が、どちらか一方が浪費家であればそれは難しい。夫婦の間で金銭感覚が違うとき、資産を築くのはなかなか困難だ。

最悪のケースは夫婦ともに浪費家の場合だ。サウス家はこのタイプに該当する。おもしろいことにドクター・サウスは、家では自分が「締まり屋」だと言う。たしかに妻と一緒に買い物に出かけて、

表3-2　ノース家とサウス家の消費習慣の比較

支出費目	年間支出額（単位：ドル）	
	ノース家	サウス家
衣服	8,700	30,000
車	12,000	72,200
住宅ローン	14,600	107,000
会員制クラブ年会費／飲食費	8,000	47,900
	蓄財優等生	蓄財劣等生

妻が使いすぎると文句を言うかもしれないが、彼ほどの収入の全額を使い切るのに妻一人では無理だろう。夫婦ともに派手に使っているはずだ。資産が増えないのは二人の責任である。

ドクター・サウスの蓄財努力を見てみよう。彼が家庭で責任を持つ分野は三つ。まず生活の糧を得ること。一家の稼ぎ手として、彼が普通の人よりずっと優れていることには異論がない。彼の所得はアメリカで上位〇・五％に入るだろう。他に、車を買うことと貯蓄や投資に関する判断をすることも彼の分担となっている。が、彼は家計予算を立てていないし、妻もやっていない。

サウス夫人は家族の衣類を管理しているが、昨年は家族全員の衣料費に三万ドル使っている。会員制クラブの年会費や飲食費その他に四万ドル以上も支払っているが、大半は彼女の支出である。サウス夫婦は年間返済額一〇万七〇〇〇ドルの住宅ローンを借りている。住宅ローンの金額が大きければ節税できるとは言うものの、この調子で使っていたら、お金の心配なしに引退生活を送るのは無理というものだろう。

豪邸や高級車は贅沢品で、金をかけすぎれば蓄財にマイナスであることは確かだが、少なくとも不動産は価値が目減りすることはあまりない。車にしても、ある程度の価値は残るし、売却することができる。家や車よりももっと始末に悪いものがある。

サウス家では昨年衣服に三万ドル使ったが、現在その価値はいくらになっているだろう。昨年の七〇〇〇ドルの休暇旅行は？　会員制クラブで使った四万ドルの費用は？　高級レストラン、メイドサービス、家庭教師、植木屋、インテリア・コーディネーター、保険などに支払った費用は？

サウス家では、家族が話し合ってお金を使う仕組みができていない。家族が勝手に使っている。ノース家は違う。夫婦で予算を決め、何かを買うときには互いに相談しあう。サウス家のやり方を見てから、ノース家の方法と比べて見よう。

サウス夫人はたいてい自分一人で買い物をする。合計三万ドルの衣服を買った時にも、誰にも相談していない。自分で決め、自分のクレジットカードで支払う。ドクター・サウスも同様である。

サウス夫人はニーマンマーカス、サックス・フィフス・アベニュー、ロード・アンド・テイラーなど高級デパートの上得意で、それぞれの店のクレジットカードを持っている。マスターカード（ゴールド）、ビザ（ゴールド）も持っている。ドクター・サウスはアメリカン・エキスプレスのプラチナカードも持っている。

サウス夫妻は、相手が何をどのくらい買っているのか、お互いにあまり知らない。洋服、ギフト、交際費などともなると皆目わからない。二人とも店員や証券会社社員、車の営業部員、銀行の貸付係などに勧められると断れないタイプだ。もしあなたが店員、営業部員なら、こういう人たちに、新製品・新サービスのお知らせや、最新流行のファッションや車の情報をせっせと流すだろう。

サウス夫人はなぜそんなに金を使うのか。それは、夫がどんどん使えと言うからだ。これは蓄財劣等生によく見受けられる現象だ。高額所得の両親はドクター・サウスを甘やかして育てた。今度はドクター・サウスが妻を甘やかしている。妻が欲しいというものは、いくらでも買い与える。サウス夫妻には金遣いの荒い友だちが多いが、二人の金の使い方は、その中でも異常だということに気づいていない。彼らと同じレベルの収入でそれほど浪費する人は他にいない、ということを誰からも言われたことがない。不幸なことに、サウス夫妻は蓄財優等生のことを知らずに今日まで来てしまった。

ノース家の金の使い方はまったく違う。夫婦とも勤倹節約の家庭で育った。二人は金の使い方をよく相談し、予算を立てて支出管理をする。サウス家と違い、ノース家は高級デパートのクレジットカードを一枚も持っていない。サウス家の資産は四〇万ドル。ノース家は七五〇万ドル。一八倍の資産があるのに、ノース家にはニーマンマーカス、サックス・フィフス・アベニュー、ロード・アンド・テイラーのカードが一枚もない。ときどき特別なときに高級デパートに出かけるだけだ。支払いはすべてビザ（ゴールド）カードで済ませるから、二人が使ったお金は全部一枚の月次報告書に出てくる。毎月予算と突き合わせて調整し、年末には費目別の出費を合計する。この数字を使って翌年の予算を立てる。重要なのは、計画、予算、消費のすべてを夫婦が共同して行なう点である。サウス家と違い、ノース家ではクレジットカード以外の支払いも二人の共同名義の銀行口座で済ませる。

予算を立ててもいいが、こんな手続きは面倒だ、という人のためには、家計の予算や支出計画の手助けをする公認会計士もいる。たとえばアーサー・ギフォード氏は数百人の高額所得者を顧客に持つ。彼の顧客の大半は、独立して事務所を構える専門職か、中小企業のオーナーだが、蓄財優等生も劣等生も両方いる。

ギフォード氏に、彼の予算・支出計画システムを利用するのはどういう人たちかを聞いてみた。答えは予想どおりだった。

何にいくら使ったかをきちんと知っておきたいとおっしゃるのは、大きな資産をお持ちのクライアントだけですね。

まったくギフォード氏の言うとおりだ。資産のある蓄財優等生はなかなか財布のヒモをゆるめないはずだ、と思うかもしれないが、優等生は値段に厳しいとは言うものの、家計の支出管理に役立つようなサービスには細かいことを言わずに金を払うものなのだ。

あなたは昨年何にいくら使ったかを把握しているだろうか？ もし、知らなければ出費をコントロールするのは難しいし、出費を抑えずに金を貯めることも困難だ。まずは、毎月何にいくら使ったかを正確に記録する努力から始めよう。会計士に家計費目のまとめ方を教わり、独自の家計簿やシステムを作ってもらうのも一つの手だ。それから予算を立てる。毎年所得の一五％を貯蓄に回すことを目標にしてみよう。この「一五％ルール」はギフォード氏が顧客に勧めている、金持ちになるための手法だ。

二人の医師が車を買うとき

サウス家では、いろいろなところでノース家よりも金を多く使っている。私たちが取材した年の前年、サウス家は車に七万二二〇〇ドル使った。ノース家の一万二〇〇〇ドルの六倍の金額だ。ドクター・サウスは、その翌年には六万五〇〇〇ドルのポルシェを購入している。ドクター・サウスは高級車に関しては玄人はだしの知識を持っている。家計予算を立てたり、資産運用計画を立てるのにはほとんど時間を使わないが、こと車を買うとなると、まったく別人のようになる。

ここにも、一つの法則性があると言っていいだろう。

高級車や高価な服などの贅沢品に使う時間と、資産運用計画に使う時間は反比例する。

ドクター・サウスのような高額所得の蓄財劣等生は、贅沢な車や服に多額の金を使う。買い物には、金だけでなく時間もかかる。計画を立て、買い物に出かける時間も必要だし、アクセサリーなども数が多くなれば手入れに時間がかかる。しかし、時間とエネルギーと金には限りがある。高額所得者も例外ではない。ドクター・ノースのような蓄財優等生は、資産運用方法を考えたり、投資している物件や株の管理をする時間を捻出して、資産を増やそうと努力する（後出の表３‐６を参照）。

ところが、ドクター・サウスのような蓄財劣等生は、贅沢なライフスタイルのために時間を使う。何十万ドルもの高い所得を得ていながら、それを上回る支出をすることもある。高いとは言え限りのある収入で、どうやりくりするのか。熱心にお買い得品を探すのだ。

サウス家のやり方

ドクター・サウスの車の買い方を見たら、彼が締まり屋だと思うかもしれない。ドクター・サウスのように派手に金を使うタイプは、原価か原価に近い値段で買っているからね、と言って批判をかわそうとする。彼が熱心に掘り出しものを探すのは事実だ。が、六万五〇〇〇ドルの輸入車はほんとうにお買い得だろうか。ドクター・サウスは「ディーラーの仕入れ値ぎりぎり」の値段で購入した。だが、そのために使った時間と労力はどうか。一般に高額所得者は一週間に四〇時間以上働く。働かない時間をどう使うかは、その人が何を求めているかで決まってくる。

高額所得の蓄財劣等生は何時間もマーケットの研究に時間を割く。マーケットと言っても、株式市《ストック・マー》場《ケット》ではない。車の大手ディーラーの名前は言えても、トップクラスの投資アドバイザーの名前は知らない。彼らは買い物のしかた、お金の使い方は知っていても、投資のしかたは知らない。どのディーラーにどんな車があるか、価格はどうか、などはよく知っているくせに、株の値段となるとほとんど何の知識もない。

ドクター・サウスの車の買い方を他の億万長者と比べてみよう。アメリカの億万長者は四つか五つのテクニックを使って車を安く買おうとするが、ドクター・サウスはディーラーと交渉するのに少なくとも九つの戦術・戦略を駆使する。

車を買うためにドクター・サウスが仕入れる知識は、残念ながらキャピタルゲインも配当も生まないし、仕事の能率をあげるわけでもない。彼は六〇〇キロ圏内のポルシェ・ディーラーをみんな知っている。車両本体だけでなくオプションやアクセサリーの仕入れ値もほとんど嗅ぎだしているし、各モデルの特性もよく知っている。これだけの情報を仕入れるのには、ずいぶんと時間がかかっているはずだ。

ドクター・サウスの車の買い方は独特だ。まず、どの車を買うかを決めて、それにあったアクセサリー類を決める。それから情報収集と交渉に乗り出す。「最高の掘り出し品」に出会うまで何カ月もかけることもある。まず最初にディーラーの仕入れ値を探り出す。それからその車を扱うありとあらゆるディーラーに電話して、見積価格を聞いていく。ポルシェを買うとなると、家から遠く離れた安い車専門のディーラーでも気にせずに電話をする。第一回の電話で安い値段を提示したディーラーの名前を残して、後のディーラーはリストから消していく。

そして、リストに残ったディーラーに再び電話をする。今度はよそのディーラーの値段をほのめかして、コスト割れで売らないかと迫る。最新モデルの新車にしか興味はないのだが、交渉のテクニックとして、リースから払い下げられた車がないかと尋ねてみたりする。

月末になるとドクター・サウスは安い値段を提示したディーラーに再び電話して、最終的な見積もりを出すように言う。月末だと、販売ノルマや諸経費の支払いなどのプレッシャーがあるからという読みだ。前回は、月末に電話をかけまくったあげく、町から離れたディーラーからポルシェを買った。ドクター・サウスの車の買い方は、「一文惜しみの百知らず」でしかない。多大な時間と労力をかけてディーラーの仕入れ値ギリギリで買ったのだから、賢い買い物をしたと本人は思っている。だが、そもそもそれだけの値段を支払う価値があるかどうかをまず考えるべきだ。バカ高い車を仕入れ値と言われている値段で買うために時間と労力とお金をかけているようでは、資産を貯めるのは難しいと言わざるを得ない。

億万長者で六万五〇〇〇ドル以上の車を買ったことのある人はごくわずかである。次章に詳しく書くが、過半数の億万長者は車に三万ドル以上払ったことがない。それにドクター・サウスは億万長者ではない。億万長者は六万五〇〇〇ドルの車を買おうと思えば買えるだけの資産を持っているが、買おうとはしない。だからこそ、億万長者になれたのだ！

超高級車を買えば資産形成に大きな影響が出るのは当たり前だ。私たちが取材した年、ドクター・

サウスは消費税、保険などすべて合計すると、車に七万ドル以上出費していた。かたや年金はというと、たったの五七〇〇ドルしかかけていない！　つまり所得の一二五分の一しか、引退後の生活のために使っていないということだ。最高の条件で車を買おうとして使った時間も非生産的である。ポルシェを買うために彼が費やした時間は、車や市場を調べ、ディーラーと交渉した時間その他を合計すると六〇時間ではすまない。もちろん、年金に加入するにはそんな時間もエネルギーもかからない。資産を作りたいとドクター・サウスは言うが、それは口先に過ぎないことがよくわかる。彼が投資で大きな損を出したのも納得がいく。ほとんど知識のないものに投資すれば、損が出るのも当然だろう。

ノース家のやり方

ドクター・ノースは、車に関してはそう詳しくない。私たちは今乗っている車をどのようにして買ったか、尋ねてみた。ドクター・サウスは最新モデルを買っていたが、億万長者で最新モデルを買うのは四分の一以下である。まあ、ドクター・サウスは億万長者ではないが。

ドクター・ノースは、今乗っている車を買ったのは六年前だと誇らしげに話してくれた。新車を買って六年間乗り回しているわけではない。六年前に、三年経った中古のメルセデス・ベンツ３００を三万五〇〇〇ドルで購入している。

ドクター・ノースはその車を大いに気に入っている。値段も手頃だったし、ディーゼルなので燃費もいい。何十万キロ走ってもオーバーホールの必要はない。そのうえ、スタイルが時代遅れになることもない。

このベンツを買うのにドクター・ノースはどのくらいの時間とエネルギーをかけただろう。まず、彼は「古い車」をそろそろ買い替えようか、と考えた。まあ二〇年も乗ったのだから。ヨーロッパの高級車は三年経つと値段が大幅に下がると聞いていたので、三年くらい経ったベンツならお買い得だろうと考えた。

近くのディーラーに立ち寄り、買おうと考えているモデルの売り出し時の値段を教えてもらい、三年落ちの中古が一番の値打ち品であることを確認した。それから彼はいくつかのディーラーに電話をした。新聞の中古車の広告もチェックしたが、結局は地元のディーラーから、走行距離の少ないモデルを買うことにした。

車ですか？　クオリティのためにはそれなりのお金を払っています。リースや自動車ローンは使いません。今までに車を二台買っています。両方ともメルセデス・ベンツです。最初の車は開業したてのときに買って二〇年乗りました。それからこの前、三年落ちの中古を買いました。ディーラーに行ったら新車を売りつけようとするんですよ。新車は中古より二万ドルも高かった。そこで考えたんです。「新車を持つプライド」に二万ドルかける価値があるだろうか、ってね。どうせ車はそんなに違わないんだから、あとはプライドの問題だけでしょ。プライドのために二万ドル払うことはない、というのが私の結論でした。

ドクター・ノースは車を買うのに数時間しか使っていない。最低でも六〇時間はかかっているドクター・サウスの大々的な自動車購入作戦と比較してほしい。ドクター・ノースは何年も同じ車に乗るつもりでいるから、購入にかけた時間を一年あたりで考えると、一時間もかけていない計算になる。ドクター・サウスの場合は、毎年新車に買い換えるから一年間に六〇時間の一大プロジェクトとなってしまう。

蓄財劣等生は心配だらけ

あなたが一番心配に思っていることは何だろう？　蓄財に役立つ種類のものか、あるいは妨げになることだろうか。蓄財優等生と蓄財劣等生ではどう違うだろう。一言でいうと、蓄財劣等生は優等生よりも多くの心配のタネを抱えている。また違った種類のことを心配する。

心配ごとにくよくよ時間をかければ、問題解決に使える時間が少なくなってしまう。さらに、心配ごとのために出費が増えるようなら、あなたは間違いなく蓄財劣等生だ。

心配や不安は劣等生になる原因であると同時に、結果でもある。よい暮らしをしたい、だから収入を増やしたいと考える人は資産家になれない。ドクター・サウスが資産家になれない理由の一因はそこにある。ドクター・ノースは生活水準にそれほどウエイトを置かない。だから資産を築くことができたのだ。

ドクター・サウスは表3‐1の三一項目の質問のうち一九の事柄に不安を持っていると答えた。ドクター・ノースは七つを選んだのみである。心配事が少なければ、その分、時間とエネルギーを資産を増やす方向に振り向けられると考えていい。二人の医師の心配事を分析していってみよう。

蓄財劣等生と蓄財優等生の子供たち

サウス家には子供が四人いて、そのうち二人はすでに社会人である。ドクター・サウスは子供の将来に大きな不安を抱いている。それももっともなことだ。蓄財劣等生の子供もまた劣等生になりがちだ。金のことを考えず、計画も予算も立てずに、物欲のおもむくままに金を使う家庭に育てば、けじめのない、金を浪費するライフスタイルに慣れきった子供になるのは当たり前だ。問題はそのような生活を送るだけの収入を次の世代が稼ぎ出せるか、という点だ。

ドクター・サウスの両親も蓄財劣等生で、彼を甘やかして育てた。その結果、彼は両親を上回る劣等生となってしまった。メディカルスクールに通っているときにも彼は中・上流クラスのライフスタイルを変えていない。両親が家を買い与え、生活費を支払い、毎年多額のお金を与えたので、生活水準を落とす必要がなかったのだ。幸い、彼はその後も同じ生活を続けるだけの収入を得ているが、彼の子供たちはどうだろう。自力で同じ贅沢な生活を続けるのは非常に難しいと言っていい。贅沢三昧は第三世代で幕を閉じようとしている。私たちの取材に答えて、ドクター・サウスも、自分の何分の一かの所得でも稼ぎ出すのは容易ではない、子供たちには無理だろうと認めている。

対照的に、ドクター・ノースの子供たちは自立した生活を送っている。ものを無駄にせず、計画的に金を使い、欲望をコントロールして生活する環境で育てられたためである。ノース家では、前述のとおり、彼らの所得の三分の一の収入しか得ていない層と同じような生活をしている。一般に、所得水準よりも低いレベルで生活すれば、金銭感覚のしっかりした、他人に頼らずに生活できる子供が育つ。蓄財優等生は優等生の子供を再生産するのだ。

ドクター・サウスの資産はドクター・ノースの資産より段違いに低いから、子供が成人してから面倒を見てやる資力も少ない。ところが皮肉なことに、経済的に親を頼らざるを得ない子供を抱えているのはドクター・サウスのほうなのだ。

わたしたちの予想どおり、ドクター・サウスは子供のことで一番心を痛めている。彼は、次の二点を心配している。

1　子供たちが、親の資産を自分のものと考えている

2　子供たちが成人してからも金銭的援助をしてやる必要がある

ドクター・サウスのような資産状況で、子供とその家族までも援助しなければならないのはきついだろう。第五章と第六章で、親の経済的援助について詳しく述べるが、ここでは一つだけ重要なポイ

ントを指摘しておこう。蓄財劣等生の子供を持てば、その親が資産を持てる確率はぐんと低くなる！いつまでも親が金の面倒を見てくれるなどという考えをウチの子供たちはどこで拾ってきたのか、とドクター・サウスはこぼす。彼は自分の両親がしてくれたような援助を、子供たちにはしてやれないのではないか、と心配している。それだけではない。彼は子供たちが兄弟仲良くやっていけないのではないかと心配している。それもこれも、子供たちが親の金を当てにしているからだ。ドクター・ノースはこのような心配をしていない。

二人の医師に家庭の不和について聞いたところ、ドクター・サウスは、さらに次の点も懸念していた。

3　家族や子供たちが遺産をめぐって争うのではないか

4　一人の子をえこひいきすると非難されるのではないか

ドクター・サウスの心配は現実のものとなるだろうか。ドクター・サウスのような親を持つ三〇代の息子や娘にしてみれば、何が心配といって、親からもらってきた金がストップすることだろう。三〇代の蓄財劣等生の大半は、パパやママと一緒に住んでいたときのような生活を送ることができない。たとえ、たいした家でなくても、親の援助なしには買えない子も多い。「お金持ちの子供」が四〇代後半、ときには五〇代前半になるまで親のスネをかじり続けるのは珍しくない。親の金を奪い合って

表3-3　ノース家とサウス家の所得と資産の比較

家　庭	年間総所得	所得税	対所得税率	総資産額	対資産税率
ノース家	730,000ドル	277,000ドル	38%	7,500,000ドル	4%
サウス家	715,000ドル	300,000ドル	42%	400,000ドル	75%

兄弟が仲違いするのもよくある話だ。

ドクター・サウスは自分のことだけでなく、子供たちの問題まで心配している。彼がいなくなった後に、彼の金を頼りにしている子供たちはどうなるだろうか。将来の不安、心配はさぞかし深刻なことだろう。兄弟仲良く助け合っていけるだろうか。ドクター・サウスはこういうことを、近ごろとみに考えるようになってきた。

ドクター・ノースのほうはそれほど心配事を持っていない。子供たちは簡素な生活に慣れているから、親の世話になることはないだろう。

政府に対する二つの見方

蓄財優等生にしろ劣等生にしろ、高額所得者は、政府の動きに重大な関心を払っている。政府の動きは外的要因であり、個々人がコントロールできるものではない。ドクター・サウスは政府に関連して四つの不安をあげたが、ドクター・ノースのほうは気にかけていない。この四つの点を一つずつチェックしていこう。

1　所得税のアップ

二人とも政府は高額所得者への課税を強めるだろうと考えている。が、ドクター・ノースよりもドクター・サウスがこの点を心配している。贅沢なライフスタイルを保つためには、手取り所得を最大限に保っておかなければならない。増税になれば手元に残る金が減り、彼の生活は脅かされてしまう。

一方ドクター・ノースは増税をさほど気にかけていない。昨年のドクター・ノースの納税額は二七万七〇〇〇ドルだった（表3‐3参照）。高額に見えるかもしれないが、ドクター・ノースは所得税を現金所得との比較ではなく、資産と比べて考えるので、びっくりするほどの金額とは思っていない。

もし、もちろんたとえばの話だが、政府が税率を二倍にしたら？　ドクター・ノースの納税額は資産の八％相当額になるが、ドクター・サウスの場合には資産の一・五倍の金額になってしまう！　ドクター・サウスのほうが増税を恐れているのはもっともなことだ。

2　政府支出の増大と財政赤字の膨張

ドクター・サウスはこの問題も非常に気にしている。政府支出が増えるということは増税を意味する。ドクター・ノースはこの問題をそれほど気にかけていない。

3　インフレ率の上昇

政府支出が増大して財政赤字が膨らめば、インフレが促進されるだろうとドクター・サウスは気にしている。蓄財劣等生の常で、家、車、洋服などを次々と買い換えるからだ。逆にドクター・ノースは、インフレによって資産価値の上がる投資物件もあるから、としてあまり気にしていない。

4 政府規制の強化

政府は、医者に矛先を向けて規制強化をしているのではないか、と感じている医者が多い。ドクター・ノースもサウスも、規制が強まれば、社会主義的医療制度が導入される可能性が高くなり、診療費収入に大きな影響が出てくるだろうと考える。ドクター・サウスはこの点を深刻に考えているがドクター・ノースはそれほどでもない。

なぜ二人はこうも違った見方をするのだろう。

政府の動きは、高い所得の大半を消費してしまう人々にとって、重大な脅威となる。「金持ち」を攻撃すれば政治的にプラスになる場合が多い。高額所得者と資産家の違いがわかる政治家はほとんどいない。それに資産家に的を絞るのは難しいので、「金持ち」という場合、どうしても高額所得者のほうがターゲットになってしまう。ドクター・サウスが心配するのも無理からぬところである。

蓄財優等生の億万長者には自分で会社を経営している人が多い。そのほうがサラリーマンよりも何かとコントロールがきくためである。近頃は仕事のできる社員でもリストラ、合理化の洗礼を受ける可能性が出てきた。高給取りであっても、サラリーマンが億万長者になるのはさらに難しくなってきている。

自営業者に比べ、会社勤めの蓄財劣等生は外的な要因に影響を受けやすい。高額所得を得ていて億万長者でない蓄財劣等生の三六％は職を失うことに不安感を抱いているが、蓄財優等生ではその比率が一九％でしかない（表3－4参照）。高給取りは、漠然とした不安を抱いているにもかかわらず、消費志向の強い生活を改めようとはしない。

あなたの資産目標は？

蓄財優等生も劣等生も高額所得者は、資産に関して同じ目標を持っている。両グループとも四分の三以上の人が次のことを目標にしていると答えた。

◆引退するまでに十分な資産を作ること。
◆資産を増やすこと。
◆値上がりの期待できる資産で財産を増やすこと。
◆元手を減らさずに財産を増やすこと。

しかし目標を持っているからといって、実際に努力しているとは限らない。誰だって金持ちにはな

表3-4　蓄財優等生と蓄財劣等生の関心事、心配事

＊質問項目は表3-1と同じ。数字は関心または心配の度合が「高い」「やや高い」と回答した割合

質問項目	＊1 蓄財優等生 （母数＝155）	＊2 蓄財劣等生 （母数＝205）	回答の 隔たり
Ⅰ　経済状況に関して			
老後、快適な生活をするだけの資産がない	43%	60%	大
家族が買いたいものを自由に買うだけの収入がない	31	37	小
引退をしなければならない	20	18	小
仕事を失う／肩書きを失う	19	36	大
生活水準が大きく下がる	44	44	小
一生、資産ができない	32	42	大
事業に失敗するかもしれない	38	32	小
突然死んだら家族が困る	22	32	大
Ⅱ　子供に関して			
成人した子供に経済的援助をしてやらなければならない	23	17	小
成人した子供が収入以上に支出する	39	25	大
子供の出来が並以下	34	30	小
成人した子供が、家に戻って同居するかもしれない	13	11	小
息子・娘がふさわしくない相手と結婚するかもしれない	36	34	小
あなたの資産を自分たちのものと考えている	20	18	小
Ⅲ　健康状態に関して			
癌や心臓病にかかるかもしれない	61	58	小
視覚・聴覚が衰える	47	40	小
強盗に襲われる／レイプされる／泥棒に入られる	38	45	小
エイズに感染する	13	11	小
Ⅳ　政府に対して			
政府支出・財政赤字が増大する	88	78	大
事業・業界に対する政府規制が強化される	82	76	小
連邦所得税率が上昇する	80	79	小
インフレ率が上昇する	64	52	小
家族が高い相続税を払わなければならない	65	41	大
Ⅴ　家族に関して			
あなたの財産をめぐって子供たちが不和になる	10	11	小
あなたの財産を家族が奪い合う	17	11	小
一人の子をえこひいきすると非難される	7	8	小
Ⅵ　フィナンシャル・アドバイザーについて			
フィナンシャル・アドバイザーに騙される	36	30	小
よいアドバイスをもらえない	40	33	小
Ⅶ　両親、子供、孫について			
子供が麻薬を始める	47	59	大
両親または義理の親が同居する	12	19	大
子や孫と一緒に過ごす時間が少ない	44	56	大

＊1　ここでの蓄財優等生の平均年間所得は151,656ドル、平均資産は2,350,000ドル、平均年齢は52歳。

＊2　ここでの蓄財劣等生の平均年間所得は167,348ドル、平均資産は448,618ドル、平均年齢は48歳。

りたい。だが実際にそのために時間、エネルギー、金を使っている人となると数はぐんと減ってしまう。

金持ちほど投資に時間をかける

以下の項目に大半の蓄財優等生はイエスと答え、劣等生はノーと答えた。

◆資産計画に多くの時間を割いているか?
◆資産運用の時間は十分か?
◆他のことに優先して資産管理に時間を割くか?

逆に蓄財劣等生は、以下の項目にイエスと答える。

◆投資のために十分な時間をかけていない。
◆忙しくてお金のことに時間を割けない。

実際、蓄財優等生と劣等生が投資にかける時間にはかなりの開きがある。所得の多寡にかかわらず、資産額と資産計画にかける時間の間にはきれいな相関関係が見られる。中レベルの所得を得ている八五四人に尋ねた結果でも、資産計画にかける時間と資産の額は正比例している（表3－5参照）。

なぜ多くの人は資産運用に時間をかけないのだろう。それは次のように考えるからだということが調査でわかった。

◆週に二〇時間も、投資だなんだとやっている暇はない。
◆使える時間はすべて仕事に使っている。
◆こんなに稼いでいるのに、稼げば稼ぐほど金が貯まらなくなる気がする。
◆成果が出るほどじっくりやる時間がない。
◆とうてい無理だ。

蓄財優等生だって週に二〇時間も使っているわけではない。表3－5でわかるように、それほど資産運用に時間をかけてはいない。平均的な収入で資産を上手に貯めている層のデータを見ても、資産運用に月八・四時間、年間にして一〇〇・八時間しか使っていない。一年は八七六〇時間だから約一・一五％の配分である。

蓄財劣等生のほうは平均月四・六時間、年にして五五・二時間を使っている。一〇〇・八対五五・二だから、優等生は劣等生の一・八三倍の時間をかけている計算になる。言い方を換えれば、優等生は使える時間の一・一五％、劣等生は〇・六三％を配分している。

表3-5　平均的な蓄財優等生と蓄財劣等生の資産運用計画に対する比較および諸データ

資産運用にかける平均時間	蓄財優等生（母数＝205）	蓄財劣等生（母数＝215）
月次	8.4 時間	4.6 時間
年間	100.8 時間	55.2 時間
●諸データ		
平均年齢	54.4 歳	56.0 歳
平均年間所得	51,500 ドル	48,900 ドル
平均資産	629,400 ドル	105,700 ドル
100 万ドル以上の資産を持つ比率	59.6％	0.0％
期待資産額	280,200 ドル	273,800 ドル
対資産年間所得	8.2％	46.3％
自営業者の割合	59.1％	24.7％

＊　期待資産額＝年間所得×年齢÷10

それでは、資産運用のために使う時間を二倍にすれば優等生になれるかといえば、そう単純にはいかない。資産運用計画以外にも、やらなくてはいけないことが他にある。大半の優等生は、自分で手順を決めて計画を立てている。週ごと、月ごと、年ごとにきちんと投資計画を立てる。また、劣等生よりも早い時期から資産計画を始めている。

蓄財劣等生のやり方は、太りすぎの人が理想体重に落とそうと、思いつきで絶食するのと似ている。絶食の後、体重は戻るか、さらに増えてしまうものだ。劣等生は、年初に張り切って投資目標を立てる。数日間の間にかなり無茶な計画を作り上げて、何にいくら投資するかきっちり決めたり、支出をバッサリと一律大幅カットしたりする。この手の「ショック療法」にはライフスタイルの大変革が必要になるから、だいたいうまくいくはずがない。自分の計画に嫌気がさして、劣等生は挫折してしまう。きちんと計画を立て、お金を使わずにもっと貯蓄しようという誓いは、こうやってもろくも破れていくのだ。

専門家が作成した計画なら一夜にして優等生になれると考える人もいるが、たとえ完璧な計画でも実行しなければ意味がない。誰かが代わりに減量してくれると期待するのは無理な話だ。

優等生のやり方に学ぶところは多い。優等生にしても、毎月ほんのちょっとの時間、わずか八時間を資産計画に使うだけだ。仕事のかたわら、無理なく資産計画を立てることも可能だとわかれば、劣等生も少しは努力するようになるかもしれない。蓄財優等生はゆっくり、少しずつ資産を築いていく。別に禅僧のような生活をしなくても、仕事・計画・投資・消費を上手にバランスよくこなしていけば、資産は築けるのだ。

あなたの時間はあなたのもの

仕事も重要な要因だ。平均的所得者にアンケートをとった結果、蓄財優等生の中で自営業者が占める割合は五九・一%、劣等生では二四・七%だった（表3－5参照）。自営業者は会社勤めの人に比べ、明らかに資産運用に時間を多く使う。そして、仕事と投資を一緒に考える。が、会社員は資産計画と仕事とを切り離して考える傾向がある。なぜか。

自営業者は、いいときがいつも続くとは考えない。ある程度の年齢の自営業者なら、景気のよいときも悪いときも経験してきているはずだ。だから収入が減るときに備えて、貯蓄投資の計画を立てる。

年金計画も自分で立てる。彼らにとって頼る相手は自分しかいないのだ。考えてみれば、自制心が強く、自己管理の上手な自営業者が、経済的な成功を手にするのは当然と言えよう。

自営業者は長時間よく働く。一日平均一〇時間から一四時間は働く。会社勤めの人が独立をためらうのはこのためだ。楽な仕事をしたい、だから人に雇われているのだ。だが、所得がそう多くなくても会社員だって長い時間よく働く。一〇万ドル前後の年収の会社員だったら、時間とエネルギーの大半は仕事に向けられているはずだ。それなのに、自分でどんな仕事をするか決めることができない。職場で資産運用のために時間を使うわけにもいかない。だが、自営業者、それも高額所得の自営業者の場合、経済的に自立することも仕事の目的の一つである。会社員の場合、経済状況は雇い主に左右されるところが大きい。だから資産を貯めようとして貯蓄投資計画を立てるといっても、なかなか思いどおりにはならない。

蓄財劣等生が蓄財優等生よりも投資計画に使う時間が少ないのは、投資貯蓄のしかたが違うせいも大きいだろう。劣等生は流動性の高いもの、つまり銀行の定期預金、ＭＭＦ（マネー・マーケット・ファンド）、短期財務省証券などを投資と考える。劣等生では資産の少なくとも二割をこれらの現預金で持つ人が多く、優等生の二倍ほどいる。これらの現預金には政府保証がついている。金が入用になればすぐ現金に換えられるものばかりだ。そして時間をかけずに投資できるものばかりだ。

蓄財優等生は、現金収入を生み出さないが、将来資産価値のあがる可能性のあるものに投資する傾向がある。彼らが投資するのは、非上場会社の株、不動産、上場株、あるいは年金など税金の支払いが繰り延べできる性格のものである。このような投資をするには、じっくり考える時間が必要だ。そして、このような投資こそが資産の礎《いしずえ》となる。それにひきかえ、劣等生は自動車など時間が経つにつれ価値の下がるものにばかり金を投じるのである。

億万長者はじっくり型

私たちが調査した億万長者の九五％が株を所有しており、大半の人が資産の二〇％以上を上場株に投資している。だが、頻繁に株を売ったり買ったりしているわけではない。株式市況の上げ下げを毎日追っているわけではない。証券会社に毎朝電話して、ロンドン市場の様子を聞く人はほとんどいない。新聞の記事を読んで株を売買することもない。

億万長者はどのくらいの頻度で株の売り買いをするのだろう。私たちが調査した億万長者の中で、何日かおきに取引するのは一％未満に過ぎない。一週間単位でようやく一％に届く。何カ月に一度という人が七％。一年未満で株を動かすのは全体の九％にも満たない。つまり頻繁に取引をするのは一割に満たない。二割は一、二年保有し、二五％は二年から四年保有する。四年から六年が一三％。三割以上の人が六年以上株を持ち続ける。私たちが取材した億万長者の四二％は過去一年間株を動かさなかったと答えている。

株を頻繁に取引する億万長者を見つけるのは至難の技である。取引手数料が大きく入るから証券会社の営業員の格好のターゲットだろうが、億万長者の中ではごくごく少数派である。頻繁に取引するのは、億万長者でない人のほうが多い。なぜといって、毎日、毎週、毎月、株を買っては売り、売っては買うのは非常に金のかかることだからだ。

頻繁に取引する人は、投資研究にかける時間よりも、取引自体に時間をかける場合が多い。億万長者は銘柄を絞り、時間とエネルギーを集中して、じっくり研究する。

証券ブローカーの資産運用、蓄財の方法を見てみると、実におもしろい。他の業界に比べ、個人経営の証券ブローカーの収入はずっと高いし、投資に必要な各種の調査データも簡単に入手できる立場にある。自分のコミッション分だけ安く売買できる。これだけ条件が揃っているのに、この高額所得の投資専門家たちが、資産家であることはごく稀《まれ》だ。

私たちは何人もの証券ブローカーに理由を聞いてみた。たぶん、次の答えがその理由を一番よく物語っているだろう。

株をずっと持ち続ければ金持ちになれることは、わかってるんだが……だけどついつい動かしてしまうんですよ。なにしろ、株価の上がり下がりをモニターでずっと見ていますから。

こうコメントしてくれた証券ブローカーは二〇万ドルを超える年収を得ている。彼はしょっちゅう売り買いしてしまい、株がじっくり育つまで待ちきれない。短期のキャピタルゲインは課税対象所得である。こういうタイプの証券ブローカーを億万長者は使わない。億万長者は、じっくり研究して株

表3-6　時間配分の比較

1カ月あたりの平均時間	ドクター・ノース	蓄財優等生の平均（母数＝155）	ドクター・サウス	蓄財劣等生の平均（母数＝205）
今後の資産運用計画に使う時間	10.0	10.0	3.0	5.5
現在投資中の物件・証券の管理に使う時間	20.0	8.1	1.0	4.2
エクササイズに使う時間	30.0	16.3	10.0	16.7

（単位：時間）

を購入し、長く持ち続けることを勧めるタイプを好む。

さあ、ここでドクター・ノースとサウスのケースに戻ろう。

投資は自分の判断で

ドクター・ノースは月に一〇時間、年にして一二〇時間かけて、次は何に投資をしようかと研究し考える（表3‐6参照）。ドクター・サウスの場合は月に三時間、年に四〇時間以下である。

投資したものを管理するのに使う時間はというと、ドクター・ノースは月に二〇時間だが、ドクター・サウスは月に一時間のみ。これもドクター・サウスの資産額が少ない一因である。

ドクター・ノースは焦点を絞って、もっぱら農場に出資したり、医薬業界の株に投資する。

メディカルスクールで一緒だった友人が命を救った患

者が、一流の農場や果樹園に投資していて、彼にも強く勧めたんだそうです。それで彼も投資してみたところ、そこの農場経営者はみんなとても実直だと言うので、私も会ってみるとそのとおり。それ以来、定期的に投資しているんですよ。

株はもっぱら医薬業界、医療機器業界です。この業界は私自身よく知っているし、研究しているところですから。ウォーレン・バフェットだって自分が一番よく理解している会社に投資していますよね。投資するにも元手が必要ですが、私の場合、利益分配制度で二〇〇万ドル以上の資金がありますので。

ドクター・サウスの家庭では、彼が投資判断をする。証券会社四社に口座を開いて取引をしているが、投資残高を全部合計しても二〇万ドルにならない。そんな少額でなぜ四社も、と普通は思うが、彼はそうすれば自分で投資の判断をしなくてもすむと勘違いしている。だが、いわゆる「専門家のアドバイス」を聞かなかったら「ほんものの」金持ちになれたのに、と自分でも認めている。ひどいアドバイスだったからといって安くついたわけではない。お粗末な成果しかあげていないのに、二〇万ドルの投資に、彼は年間三万五〇〇〇ドルもの手数料を支払っている。かたやドクター・ノースは、取引手数料も投資アドバイスも、昨年は一セントも払っていない。彼は自分で投資判断をするし、株はめったに売らない。農場や果樹園には証券会社などを通さず直接投資しているので手数料がかからない。

ほとんどの蓄財劣等生が一度は経験するように、ドクター・サウスも証券セールスのアドバイスに従ってやけどしたことがある。今週の推奨株とか言いながらしつこく勧誘する飛び込み営業の口車に乗ってしまったのだ。ドクター・サウスは値が上がったあとで買いに入ったり、売り急いだりする。ドクター・サウスと違い、大概の蓄財優等生は投資判断を人任せにしない。投資機会の研究に、時間とエネルギーをかける。証券員に相談することはあっても最終判断は自分でする。

ドクター・サウスは証券セールスが勧める「今月の推奨銘柄」を頻繁に売ったり買ったりして、多額の取引手数料を取られている。もし「推奨銘柄」が運良く値上がりしたとしても、売却益にはキャピタルゲイン税がかかってしまう。年金は税制上優遇されていて、キャピタルゲインは非課税となるので年金に加入していれば有利となるが、残念ながらドクター・サウスは年金にはあまり熱心ではない。私たちが取材したとき、彼の年金は四万ドルしかなかった。

投資アドバイザーの選び方

あなたはどうやって投資アドバイザーを選ぶだろう？　地元の新聞の広告欄で募集して、送られてきた資料をきちんと検討する？　それとも税理士や弁護士などに紹介してもらう？　そんなたいへんなこと、いちいちやってられない、と言う人が多いのは残念なことだ。

知恵と時間とエネルギーをかければかけるほど、よい投資アドバイザーに出会う確率は高くなる。まだ納得できないという人には、こんなことを考えてもらいたい。

就職活動にあなたがどのくらいの時間を使ったか、思い出してほしい。ＧＭ、ＩＢＭ、マイクロソフトに突然電話をして、職を探すだろうか？

ハーイ、僕は今最高のお買い得社員です。どこの部署に配属になっても、その部の生産性向上のお役に立つのは間違いなし。頭はいいし、仕事の手際もいい。前向きな態度、協調性あり。身なりもきちんとしています。何でもこなすし、思いやりもある。さて、いつから出社すればいいですか？

こんな電話で採用してもらえる確率はゼロ。それなのに投資アドバイザーとなると飛び込みセールスで選んでしまうのはどうしてなのだろう。人を採用するのに不慣れなせいもあるかもしれない。あなたが思ったほど金持ちになれないのは、やり方が悪いせいではないだろうか。会社が社員を採用するときには、履歴書を検討し、面接を重ねたうえではじめて雇い入れるだろう。それなのに、投資アドバイザーとなると能力を検討もせずに取引を始めてしまう。

この点を指摘すると、「でも、何も社員を採用するわけじゃないからなあ。電話をかけてきたヤツと株の取引をするだけなんですよ」と言う人が多い。私たちは決まってこう答える。「家計も会社も同じです。優良企業は優秀な人材を雇い、優良な仕入先と取引しているから成功しているのです。そうでなければ会社はうまくいきません。電話で勧誘してくる投資アドバイザーを求職者だと考えてください。そして有能な人事部長だったらどのような採用基準で評価するか、考えてみてください。やり手の購買部長だったら取引業者を選ぶとき何を基準にし、どのような実績を重視するだろう、辣腕の財務部長だったらこの人から投資情報や投資物件を買うだろうか、と考えてみてください」

きちんとした会社だったら、投資アドバイザーを決めたり、投資情報の提供先を選ぶにあたって、まず以下のような方法で情報を入手するだろう。

①応募用紙に詳細に記入してもらう
②応募者が業務に必要な能力知識を持ち合わせていることを証明する書類一式を提出させる
③大学の卒業証明書を提出させる
④紹介状を何通か提出させる
⑤何度も面接する
⑥信用調査をかける

投資アドバイザーの質は、蓄財に多大な直接的インパクトを与える。自営業者にとって、仕入先を検討したり求職者を評価する作業は日常茶飯事なので、経験はたっぷりある。自営業者が他の人々よりも上手に資産を貯めている理由の一つはここにもある。

マーティン方式

数年前、私たちはマーティン氏に取材する機会を得た。彼は非常に優れた投資家で、独力で億万長者になった人である。五〇〇万ドル以上の資産を持つ八人の億万長者に集まってもらい、彼らの意見を聞いたときに、私たちはマーティン氏と出会った。一代で五〇〇万ドルの資産を築くのは並大抵のことではない。その中でもマーティン氏はきわめてまれなケースである。彼はサラリーマンで、年俸は七万五〇〇〇ドルにも達していないのだ！　そんな給料でどうやって巨額の富を築いたのだろう、と不思議に思うだろう。彼は株で資産を築いたのだった。私たちが取材した中で彼ほど優れた投資家はいない。投資情報をふんだんに持っていること、頭の回転が非常に早いということは、ちょっと話をしただけでもよくわかった。彼はまた投資アドバイザーを判断する能力にも優れている。

マーティン氏は投資関連の雑誌を何冊も定期購読している。顧客名簿を証券会社に売る雑誌社もあるので、何千人という証券会社のセールスが彼の住所や電話番号を知っているに違いない。毎週少なくとも三人から四人のセールスが飛び込みで営業をかけてくる。マーティン氏は「マーティン方式」を秘書に指示して対応している。

私はビジネスマンですから多くの人と会いますし、その人たちがどんな人たちか常に考えてつきあっています。証券会社からの電話は多いですよ。「ウォールストリートで長年の経験があります。私のお客様はみなさん大儲けなさっていらっしゃいます」とか言ってくるんです。

私はこう言ってやるんですよ。「何か耳寄りな話でもあるのかい？」そうすると、「もちろん！　ポートフォリオの一部を入れ替えなさるんだったら、ピッタリのいいアイデアがあるんですよ。私は最低二〇万ドルの大口のお客さまに限らせていただいていますが」とか答えてきます。そこで、私はこうたたみかけるんです。「そう、じゃあ、ほんとうにいいに違いない。それでは、君の過去何年間かの確定申告の写しと、過去三年間、君が個人で投資した株のリストを見せてくれないか。私以上に株で儲けているようだったら、君にお願いするよ。僕の住所を教えようか」

普通は「いや、それはお見せするわけにはいきません」と答えますね。「そうか、じゃ、君は信用できんな」と言ってやるんです。これで、奴らを撃退できます。うまくいきますよ。いつもこの手です。もし本当に写しを持ってきたら、ちゃんと対応しますがね。

飛び込みセールスから山のような書類を受け取ったら、たまらないだろうと思うかもしれない。しかし、何十年と株式投資をしていて、数え切れないほどの電話セールスを受けてきているのに、マーティン氏に書類を送りつけてきたのは、なんとゼロ！　確定申告書と保有株のリストを提出したセールスは今まで誰もいない。

マーティン氏は続ける。「彼らが本当に優秀だったら、私のところに電話なんかしてくるもんですか」そりゃ、そうだ。しかし誰もがマーティン氏のように能力を持ち合わせているわけではない。ふつうの人は、投資アドバイザーのアドバイスを聞いたほうがまだマシだろう。たとえ、それが飛び込みセールスであったとしても、素人の高額所得の蓄財劣等生よりは投資に対する知識をある程度持っているはずだから。

株が値上がりするかどうかは、投資アドバイザーの選びかたでずいぶん違ってくる。マーティン氏はどうやって選んだか。蓄財優等生がよく利用する手は、人脈を頼ることだ。マーティン氏も例外ではない。会社に入って間もなく、彼は税理士に優秀な投資アドバイザーを紹介してくれと頼んだ。また税理士の顧客で上手に投資をしている人からも、アドバイザーを紹介してもらってほしいと頼んだ。こうやって選んだ何人かのアドバイザーとマーティン氏はずっとつきあっている。彼は投資するときに、弁護士や税理士のアドバイスもよく参考にする。

マーティン氏は、税理士がよいと認め、またその顧客が優秀だと言った投資アドバイザーは、投資に関して信頼できる相手だろうと考えた。彼の期待したとおり、紹介を受けた投資アドバイザーはマーティン氏を大事に扱ってくれる。仕事の枠を越えて、親身にアドバイスをしてくれたり、タイムリーな予想をしてくれる。なぜ？　そうしなければ彼らがやっていけなくなるからだ。もし、ひどい応対をしたり、いい加減なアドバイスをしたら、マーティン氏は間違いなく紹介してくれた税理士に苦情を持ち込むだろう。税理士はマーティン氏の仕事を失いたくないから、そのようなアドバイザーとはその後つきあわなくなる。こんな形で客を失うのはアドバイザーにとっても打撃だ。だから優秀な投資アドバイザーは、紹介を受けた客には特に気をつけて丁寧な対応をする。

投資アドバイザーを選ぶときには、信頼できる税理士の紹介を受けるか、税理士の顧客で長期間上手な運用をしている人の紹介を受けること。もし専任の税理士がまだ決まっていないのなら、早急に見つけることだ。

専任の税理士を持つことはいろいろな面で資産形成にプラスに働く。税金に限らず投資のアドバイスもしてくれるからだ。よい税理士を見つけるには、蓄財優等生タイプの友人や会社の仲間に尋ねてみればいい。あるいは大学の商学部に電話して、会計学の教授に優秀で税理士事務所を開業している教え子を紹介してもらうのも手だ。あるいは大手会計事務所の地元の支店と取引するのもよい方法だろう。大手でも個人客を相手にしているところは多い。大手の会計事務所はどこも人事採用に厳しい基準を設けている。私たち自身は、二つの基準で選んだ。第一に会計学の教授に推薦されていること、そして第二に大学卒業後、大手の会計事務所に一度就職してから、独立して事務所を開業していること。優秀な会計士はこのパターンをとることが多いというのが私たちの経験である。

蓄財の手助けが上手な税理士とそうでない人がいる。何人かと会ってみて、蓄財優等生タイプの客を多く顧客に持っている人を選べばいいだろう。

4　車であなたの価値が決まるわけではない

彼らは、お金の心配をしないですむことのほうが、世間体を取り繕うよりもずっと大切だと考える。

W・W・アラン氏は製造業の会社を二社経営して、一代で数百万ドルの資産を築き上げた。米国中西部の中流階級の住宅街に妻と住んでいる。どちらかというと小さめの間取りの家は購入してからもう四〇年も経つ。彼は結婚してからこの方、車はゼネラル・モーターズの大型セダンと決めている。ステイタス・シンボルになるような車は考えたこともない。彼の会社は収益率が高い。多額の収益は事業に再投資されたり、不動産や優良株に投資されている。家庭でも、無駄のない簡素な生活を送っている。アラン氏は蓄財「超」優等生とでも言おうか。彼の資産は、所得と年齢から割り出される期待資産額の一〇倍以上もある。

アラン氏は今までに何十人もの起業家の手助けをしてきた。先輩として助言を与えたり、資金援助をして倒産寸前の会社を救済したりしている。彼はカウボーイハットだけで牛を持たない、見かけを気にするタイプには、絶対に金を貸さない方針を貫いてきた。見かけ倒しで借金を返済する能力がないと決めつけている。「彼らは金を使うことしか頭にない。金を稼ぐ前に金が入るだろうと思って金を使ってしまう」タイプだからだ。

アラン氏も、また彼が援助した人々も、金持ちを装う生活をすることが人生の目的だとは考えていない。「だから金持ちになれたんだ」と語るアラン氏は、次のような信念を持っている。

経済的にしっかりした基盤を持とうと考えているなら、きっと実現できる。だが、よい暮らしをするためにお金が欲しいと思っているのなら、一生、金は貯まらない。

いつまでたっても金が貯まらない人は、そもそも人生に対する考え方が違っている。金の貯まらない人に人生の目標を尋ねると、仕事やキャリアだと言う。だが、なぜ汗水垂らして働くのか、なぜ今の職業を選んだのかと尋ねていくと、アラン氏とはまったく違う答えが出てくる。蓄財劣等生、特に高額所得を得る劣等生は、使う金が欲しいから働く。次から次へと贅沢な生活を追いかけていくために働く。経済的に自立するために働くのではないのだ。

蓄財優等生と蓄財劣等生では、どちらのほうが仕事を楽しみ、満足感を得ているだろう？　私たちの調査によれば、蓄財優等生は働くことに喜びを感じているのに対し、蓄財劣等生は金のかかる生活を支えるために働かざるを得ないと感じている。こういう考え方をアラン氏は嫌う。アラン氏は何度も繰り返して言った。

金が人間の価値を変える訳じゃない。所得の額なんて通信簿みたいなもんで、ちゃんとやっているかどうかを見る一つの指標でしかないんだ。

ロールスロイスはやめてくれ！

アラン氏は蓄財劣等生の問題点を実によく知っている。物が人を変えてしまう、ということを知っている。一つでもステイタス・シンボルになるような品物を手に入れると、それに合わせて次から次へと物を買い足さなくてはならなくなってしまう。そしてまたたく間に、ライフスタイルが変わってしまうのだ。ステイタス・シンボルになる物と金のかかるライフスタイルは、切っても切れない関係にある。アラン氏はそれを見抜いている。簡素で効率のよいライフスタイルを変えたくないから、アラン氏はその手のものを何も持たないようにしている。

財産を作るということは、ライフスタイルを変えることじゃないんだ。金が貯まったからといって、私は自分のライフスタイルを変える気など、さらさらないね。

最近、アラン氏の価値観を試すような事件が起きた。彼に事業を助けてもらった人々が、アラン氏の誕生日になにか特別なことをしようと、すごい誕生日プレゼントを企画したのだ。きっと喜んでもらえるだろう、と彼らは思った。だが、ステイタス・シンボルになるような贈り物が、受け取る側の価値観やライフスタイルとマッチするとは必ずしも限らない。このような贈り物は、贈られたほうで「調和がとれるように」もっとお金を使わなくてはならない、というプレッシャーを受けることを覚えておこう。

ある金持ちの親が、子供に高級住宅街の一軒家を買い与えた。さてそれは、誉められたことだろうか？「裕福なご近所」というのは「金をよく使う」ご近所だ、ということをまず考えてほしい。それだけではない。高い固定資産税を払わなくてはならず、それなりのインテリアを整えなければならない。ご近所に合わせて、子供を授業料の高い私立の学校に通わせなければならなくなるし、四万ドルもする4WD高級車サバーバンが必要になる。いったん、高級住宅街に住み出すと、稼いでは使う、使っては稼ぐというライフスタイルにはまってしまう。パパ、ママ、ありがとう！

蓄財「超」優等生のアラン氏はこう話してくれた。

最近おもしろいことがあってね。ひょんなことから、何人かの親しい仕事仲間がびっくりプレゼントを用意してくれていることを知ったんだ。なんと、ロールスロイスだよ！　私のために特別注文してくれていたんだ。私の好みの色を指定して、内装も特注してね。気がついてすぐ問い合わせたら、納入までにまだ五カ月かかるんだと。私が気づく四カ月も前に注文してくれていたのにさ。

ロールスロイスをくれるって言うのに、要らないって切り出すのは勇気がいったよ。

そんなすばらしいプレゼントを、アラン氏はどうして断ったのか。

ロールスロイスを欲しいと思ったこともないし、ロールスロイスにふさわしいライフスタイルに切り替えるつもりもなかったからね。ロールスロイスともなれば、魚釣りにいって、とれた魚をポーンと後ろの座席に放っておくわけにはいかないだろう。今の車なら、どうってことないけどさ。君も今度湖に行かないかい？　毎週末行くんだよ。最高の釣り場なんだ。釣りのボートも置いてあるからさ。

アラン氏は血のついたままの魚を、四年間乗り回した国産大衆車の後部座席に放り投げる。だが、ロールスロイスを運転して湖に行ったら、そんなことはできない。あまりにも場違いだ。アラン氏自身も落ち着かないだろう。ということは、魚釣りをやめてライフスタイルを変えるか、プレゼントを断るかのどちらかの選択になる。

アラン氏の立場に立ってもう少し考えてみよう。アラン氏のオフィスは工場の建物の中にある。そこは古い工業地域の一画で、ロールスロイスを乗り付けるような環境ではない。かといって車を二台持つのは面倒だ。効率的でない。それに高級車を乗り回したら、工員たちは彼に距離を置くようになるだろう。おれたちの給料を低く抑えているからあんな高い車を買えるんだ、と考えるかもしれない。

ロールスロイスじゃ、行きつけの汚いレストランに乗りつけるわけにもいかない。いやいや、ロールスロイスはごめんだ。そう思ってね、電話をしたんだ。「いやぁ、言いづらいんだが、いらないよ」ってね。私にとって車はあまり重要じゃないんだ。ロールスロイスに乗るよりも、もっと楽しいこと、おもしろいことが世の中にはあるんだ。

アラン氏は、ステイタスを表わすものが、妨害物とまでは言わなくても、やっかいなお荷物になりうることを知っている。人生はそれでなくてもたいへんなのに、なぜこれ以上お荷物を背負い込まなくちゃいけないんだ、というわけだ。

億万長者の車の買い方

億万長者の車の購入方法をみてみよう。八一％は車を買い切り、残りはリースする。新車を買うのは二三・五％に過ぎない（表４‐１参照）。過去二年間に車を買った人はあまりいない。四年以上車を買っていない人の割合は二五・二％にものぼる。

いくらぐらいの車を買うか？　統計分布上、一番多いのは二万四八〇〇ドルである（表４‐２参照）。一万九五〇〇ドル以下が三〇％もいることに注目してもらいたい。

全米の新車平均購入価格は二万一〇〇〇ドルである。これは億万長者の二万四八〇〇ドルと大差ない。億万長者の全員が新車を買うわけではなく、三七％は中古車を買っている。以前買ったものより安い値段の車を買ったという人も多数いる。

今まで買った中で一番高い車は？　億万長者の半分は二万九〇〇〇ドル以上の車を買ったことがないと答え、五人に一人は一万九九五〇ドル以下の車しか買ったことがないと答えている。実に、億万長者の八割は四万一三〇〇ドル以下の車しか買ったことがない。

私たちが調査した億万長者のうち、遺産相続で億万長者入りした人が一四％いる。この人々を除くと数字は大きく変わってくる。遺産相続組が買った一番高い車は平均で三万六〇〇〇ドルに跳ね上がるが、一代で億万長者になった人々は二万七〇〇〇ドル。相続組より九〇〇〇ドルも低い。一代で億万長者になった人々が買った一番高い車の七八％の金額で、普通のアメリカ人は新車を買っている計算だ。

別の観点から見てみよう。平均的な億万長者は、一番高い車に二万九〇〇〇ドル使っている。これは彼らの資産の一％以下の金額である。普通のアメリカ人は億万長者の二％以下の資産しか持ってい

表4-1　億万長者と自動車の所有年数

所有年数	億万長者の分布（%）
1年未満	23.5
1年	22.8
2年	16.1
3年	12.4
4年	6.3
5年	6.6
6年以上	12.3

＊　億万長者の81%が車を購入しており、残りの19%がリースしている。

表4-2　億万長者が所有する車の購入価格

現在乗っている車の購入価格	その金額より		今までに一番高かった車の購入価格	その金額より	
	安い＊1	高い＊2		安い	高い
13,500ドル	10%	90%	17,900ドル	10%	90%
17,500	20	80	19,950	20	80
19,500	30	70	23,900	30	70
22,300	40	60	26,800	40	60
24,800	50	50	29,000	50	50
27,500	60	40	31,900	60	40
29,200	70	30	35,500	70	30
34,200	80	20	41,300	80	20
44,900	90	10	54,850	90	10
57,500	95	5	69,600	95	5

＊1　「安い」とは左の値段より安いものを買った人の割合。
＊2　「高い」とは左の値段より高いものを買った人の割合。

ない。億万長者が支払った二万九〇〇〇ドルの二％で車を買おうとすれば、五八〇ドルになってしまう計算だ。普通のアメリカ人は資産の少なくとも三〇％相当額を車に使う。しかも新車の値段は、億万長者の一番高い車の七二％もの金額だ。なぜ普通の人がなかなか億万長者になれないのか、このデータでもよくわかるだろう。

億万長者で車をリースするのは少数派で、二割に満たない。リースの場合、五〇％は三万一六八〇ドル相当の車、八〇％は四万四五〇〇ドル以下の車をリースする。よく「リースのほうがいいだろうか」と尋ねる人がいるが、私たちはいつも次のように答えるようにしている。

現在、億万長者の八割は車を購入しています。もし億万長者の五割がリースするようになったら、リースのほうがいい、とお勧めするでしょう。

億万長者が好む車種

億万長者が運転する車をブランド別にみてみよう。アメリカの自動車会社が喜びそうな話だが、五七・七％は国産車に乗っている。日本車は二三・五％、ヨーロッパの車は一八・八％である。億万長者に人気のあるメーカーを人気順に並べてみると次のようになる。

1 **フォード**（九・四％） 人気のモデルはF150ピックアップトラック、RVのエクスプローラーなどである。RVは富裕層の間で人気が出てきた。億万長者の一〇人に三人はF150トラックを、四人に一人はフォード・エクスプローラーを運転する。F150トラックは全米でも売れ行きナンバーワンの車だ。トラックの運転手と億万長者にも共通点があるというわけだ。

2 **キャデラック**（八・八％） 六割はドゥビル／フリートウッド・ブロアム。

3 **リンカーン**（七・八％） 約半分がリンカーン・タウンカー。

4 **ジープ、レクサス、メルセデス・ベンツ**（各六・四％） ジープを選ぶ億万長者の大半がグランド・チェロキーのRVモデルに乗る。ブランド別ではなくモデル別でいけば、グランド・チェロキーは億万長者に一番よく売れている車である。レクサスの三分の二はLS400モデル。メルセデス・ベンツで人気のモデルはSクラスである。

5 **オールズモビル**（五・九％） オールズモビル98の人気が高い。

6 **シボレー**（五・六％） 一〇種類のモデルがあげられた。一番人気のあるのはRVのサバーバンとブレーザー。

7 **トヨタ**（五・一％） カムリが過半数。

8 **ビュイック**（四・三％） ルセーバー、パークアベニューが人気を集める。

9 **日産、ボルボ**（各二・九％） 日産で一番人気のあるのはRVのパスファインダー、ボルボでは200シリーズ。

10 クライスラー、ジャガー（各二・七％）

他にはダッジ、ＢＭＷ、マツダ、サーブ、インフィニティ、マーキュリー、アキュラ（ホンダの米国での高級ブランド）、ホンダ、ＧＭＣ、フォルクスワーゲン、ランドローバー、スバル、ポンティアック、アウディ、いすゞ、プリマス、三菱があげられた。会社別ではゼネラル・モーターズがトップで、億万長者の二六・七％が所有する。次はフォードで一九・一％、そしてクライスラー一一・八％と続く。つまり億万長者の大半はいわゆるデトロイト車を運転している。アメリカ全体でみてもデトロイト車が多い。それではフォード、キャデラック、ジープなどを運転しているとなり近所の人が、億万長者かどうかをどうやって見分けられるだろう。残念ながら、見分けはつかない。車では億万長者かどうかの判断はつかないのだ。

富裕層は国産車を買う傾向にある。特にビュイック、キャデラック、シボレー、クライスラー、フォード、リンカーン、オールズモビルが人気を伸ばしている。この傾向はクライスラー、フォード、ゼネラル・モーターズのＲＶが人気を集めている結果と思われる。だが、億万長者はデトロイト車の何に魅力を感じているのか。一五年以上前の話だが、これが一番わかりやすいので紹介しよう。

一〇人の億万長者に取材した後、私たちは駐車場に歩いていって驚いた。一人として例外なくビュイック、フォード、オールズモビルなどの大型デトロイト車に乗っていたのだ。私たちは顔を見合わせてこう言ったものだ。「この人たちはステイタスや世間体なんか気にしていないんだ。きっと車を買うときにはポンドあたりの値段を比較して買うんだよ！」

実際にそうなのだ。億万長者は、一ポンド（〇・四五キロ）あたりの値段が安い大型車を買う傾向にある。すべての新車のポンドあたりの平均価格は六・八六ドルだが、４ドア大型セダンのビュイックは六ドル以下になる。シボレー・カプリスはポンドあたり五・二七ドル、フォード・クラウン・ビクトリアは五・五ドル、リンカーン・タウンカーは一〇ドル以下、キャデラック・フリートウッドは八・二六ドル、フォード・エクスプローラーは五・九八ドルだ。モデル別では、億万長者の間で一番人気のあるジープ・グランド・チェロキーは七・〇九ドルである。

ポンドあたりの値段で輸入車を比べてみよう。ＢＭＷ７４０セダンは一五ドル、メルセデス・ベンツ５００ＳＬが二二ドル以上、レクサスＬＳ４００は一四ドル以上となる。フェラーリＦ４０は、なんとポンドあたり一七五ドルもする！（ポンドあたりの車の値段の表は巻末の付録にある）

金持ちの多くは、ステイタスの高い車でなくても喜んで運転している。彼らは実質的な価値のほうを重視する。もちろん億万長者の中には、超高級車に途方もない金をかける人もいる。が、あくまで少数派である。たとえば昨年アメリカでメルセデス・ベンツが七万台売れている。昨年の全米自動車売上台数は一四〇〇万台だから、これは〇・五％に相当する。億万長者は三五〇万世帯。ということは金持ちの大半は高級輸入車に乗っていないということだ。実際、高級輸入車を乗り回す人の三分の二は、億万長者ではない。

国産車は年輩の億万長者に好まれてきた。若い億万長者の間でもこの傾向は強まるだろうと思われる。というのも新たに億万長者入りするのは起業家だからだ。起業家は値段に細かい。起業家で成功した人は費用対効果でものごとを判断する。車に多額の金を使えば事業の収益性に影響が現われ、ひいては資産に影響するだろう、と考える。その結果高い車を買うよりも、その金を広告に回したり、新しい機器を買うほうが賢明だと結論するのである。

四種類の購買スタイル

億万長者はどのような手順で車を買うのだろう。わたしたちはさまざまな角度から多くの人に調査をしてみた。その結果、金持ちの間でもずいぶん差があることがわかった。そしてこの調査から、蓄財に通じる購買思考・行動に関する非常に有意義な情報を得ることができたのである。

億万長者の購買行動には四パターンある。これは二つの要因で決まる。一つは特定のディーラーを決めるかどうかである。買うときはいつも同じディーラーに行く富裕層は、四五・七％いる。

それ以外の五四・三％は、ディーラーよりも値段を重視する。このタイプは納得する値段で買えるまで、何カ月もかけて探すことをいとわない。

第二は、新車か中古かである。富裕層の六三・四％は新車を選ぶ。残り三六・六％は中古に固執する。この二つの要因を組み合わせると、億万長者の車の買い方の四パターンが出来上がる（表４－３参照）。

タイプ１　新車――特定のディーラーから買う（二八・六％）
タイプ２　新車――ディーラーにこだわらない（三四・八％）
タイプ３　中古――特定のディーラーから買う（一七・一％）
タイプ４　中古――ディーラーにこだわらない（一九・五％）

タイプ１　新車――特定のディーラーから買う（二八・六％）

このタイプは、新車を必ず決まったディーラーから買う。富裕層はメーカーや車種などの好みを決めていることが多いから、どの車を買うと決めた段階で、どこのディーラーにするかが決まってしまう。このタイプはメリットがあるから決まったディーラーから買うのであって、単にディーラーが気に入っているから、というわけではない。また、ひいきのディーラーに出向いたら後は言いなり、というわけでは決してない。それどころか、このタイプでも、値段は非常に重要な要素だ。ディーラーを決めている人は面倒くさがりやだと思うかもしれないが、怠け者の金持ちめ、と思ったら大間違いだ。

非常に単純なことだが、このタイプはディーラーを選んだり車種を選ぶ手間を最小限にしたいと考える。彼らは高収入を得るために長時間、一心不乱に働く。だからディーラーを何社も訪ねたり、中古の掘り出し物を探す時間を、仕事にあてたほうがずっと金になると考える。また決まったディーラ

表4-3 億万長者の車の買い方

		ディーラーに対する態度		
		特定のディーラーから買う	ディーラーにこだわらない	
車の種類	新車	**タイプ1** 新車を特定のディーラーから買う = 28.6% ・特定のディーラーから買う人に占める割合 = 62.5 ・新車を買う人に占める割合 = 45.1%	**タイプ2** 新車をディーラーにこだわらず買う = 34.8% ・ディーラーにこだわらない人に占める割合 = 64.1% ・新車を買う人に占める割合 = 54.9%	**新車を買う人** 計63.4%
	中古車	**タイプ3** 中古車を特定のディーラーから買う = 17.1% ・特定のディーラーから買う人に占める割合 = 37.5% ・中古車を買う人に占める割合 = 46.8%	**タイプ4（中古車ハンター）** 中古車をディーラーにこだわらず買う = 19.5% ・ディーラーにこだわらない人に占める割合 = 35.9% ・中古車を買う人に占める割合 = 53.2%	**中古車を買う人** 計36.6%
		特定のディーラーから買う人＝計 45.7%	ディーラーにこだわらず買う人＝計 54.3%	

ーとつきあっていれば、車や値段も含めて、総合的に一番いい条件を得られると考える。

彼らはなぜ中古ではなく、新車を選ぶのか。まずは何と言っても新車が好きだからなのだが、理由はそれだけではない。彼らにとって新車のほうが簡単なのだ。時間も手間もかからない。新車のほうが信頼性が高いし、モデル、色、欲しいアクセサリーなどが容易に入手できる。いろいろ気に入ったものを手に入れたいと思えば、その分よけいに支払わなければならない、と考える。

このグループにあっても値段は重要だ。決まったディーラーに出向く前に、ほぼ半数の四六％がディーラーの仕入れ値を推測しておく。三人に一人は「感触をつかむために」少なくとも二社くらいは回ってみる。雑誌などで値段の相場やディーラーの仕入れ値を研究する人もいる。ディーラーの場所もこのグループには影響する。遠くのディーラーに電話することはあっても、それは地元との値段を比較する目的のためで、遠くのディーラーから繰り返し買うのは一〇人に一人でしかない。

新車を決まったディーラーから買うのには、他にも理由がある。

特定のディーラーから買う人の五人に一人は、そのディーラーが自分の顧客だから買っている。

金持ちの間では人脈作りが活発に行なわれている。自分で事業をしている人々は互恵主義を強く信奉している。たとえば、あなたが舗装工事業者だとしよう。車を買うと決めたとき、まったく知らない人から買うか、それとも最近駐車場の舗装工事を依頼してくれたディーラーから買うか？　答えは明らかだ。

独立して事務所を開業している税理士、弁護士、公認会計士、投資アドバイザー、建築家、医者なども、この種の持ちつ持たれつという関係を大切にする。賢い人ほど、顧客になってくれているディーラーから車を買う。一つのディーラーにも一〇〇社くらいの取引業者はいるだろう。ディーラーのほうでも取引先が多少の便宜を計ってくれるだろうという期待を持ってもおかしくない。顧客を紹介してもらったので、いつもそのディーラーから買うという人も多い。顧客を紹介してもらったお返しに、会社の仲間や友人をそのディーラーに紹介するという人が二五・五％いる。こういう客にはディーラーも大幅に値引きしてお返しをする。

他にも理由がある。二割の人は、親戚や仲のよい友人が経営しているディーラーからいつも買う。経営者と直接交渉すると総合的にいい条件を提供してくれると考える人も多く、三七％は経営者としか交渉をしない。

タイプ2　新車――ディーラーにこだわらない（三四・八％）

このタイプは、何社ものディーラーを見てまわれば安く買えるから、時間とエネルギーをかけるだけの価値があると考える。このグループが一番高い車に支払った金額は、タイプ1よりも九％少ない。

最近買った車の値段でみれば、一四％少ない。

ディーラーを決めている人々は多少高めの車を買う傾向がある。二つのグループが支払う値段の開きは、これで半分くらいは説明がつく。多数のディーラーにあたって新車を買うタイプは、ディーラーによって値段が違う点を重視する。このタイプは交渉にたけており、買い物に出かけ、交渉して値切るのを楽しむ。タイプ1と違って、親戚や友人が経営しているからといって、そこをひいきにすることもないし、ディーラーを他の人に紹介して、お返しに大幅な値引きをしてもらうこともない。ディーラーのオーナーと直接交渉することも、仕事で関係のあるディーラーと取引することもしない。その代わり、彼らは何週間も何カ月もかけて最高の掘り出し物を探し、ディーラーに対して、仕入れ値やコスト割れの値段で売れと交渉する。あるいは、新しいモデルを大幅な値引きで買い、一年か二年後には同じ値段かさらに高い値段で転売する。

入札方式

車を買いに出かけるのは考えるだけでも面倒だ、と言う人にはこんな方法がある。マーク・スチュアート氏は私たちの友人だが、ディーラーを何社も回って車を買ってきた。今年はＳＵＶを買おうと考えたが、この種の車はまだ買ったことがなく、十分な知識を持っていない。だが、ディーラーを回って何時間も費やすのは避けたいと考えて、スチュアート氏は次のようなファクスを六社のフォード・ディーラーの営業課長宛に送った。

三人の営業課長はすぐにファクスを送り返し、非常によい値段を提示してきた。スチュアート氏はそのうちの一社から車を購入した。彼は陸軍で購買部の責任者だった。その経験が、軍を離れてからも役に立っているわけだ。あなたもファクスを持っているのなら、一度お試しあれ。

宛先：×××××様（新車担当営業課長殿）
発信元：マーク・スチュアート
FAX：（404）×××－××××
件名：　見積もり依頼の件

私は以下の車を購入しようと考えています。つきましては、御社の見積価格をファクスにてお知らせください。
下取りセールではなく現金購入を希望します。×××郡の消費税がかかります。もし在庫がない場合には、急ぎませんのでお取り寄せ願います。以下が希望の車です。

最新型フォード・エクスプローラー・リミテッド4×4
外　板　色：パール系アイボリー
座席シート：サドルレザー

オプション：サンルーフ、CDプレイヤー、フロント・ナンバープレート枠

見積もりには、各オプションごとに値段を明示し、税金、ナンバープレート、車検その他必要な費用をすべて列挙してください。ご回答はファクスでお願いします。電話はご遠慮ください。ご不明の点がありましたらファクスに書き添えてください。質問があれば私のほうからお電話いたします。以上、よろしくお願いいたします。

タイプ3　中古――特定のディーラーから買う（一七・一％）

年間所得が三〇万ドル強、四〇〇万ドルの資産を持つ人がなぜ中古車を買わなければならないのか。もちろん、買う必要はまったくない。

このタイプの億万長者は、新車ではなく中古車を買うことで高い満足を得る。車の値段は最初の二、三年に一番大きく下がる。この減価償却分を最初のオーナーが支払ってくれた、と考えて二、三年経った車を買う。その後二、三年乗っても車の価値はそう大きく下がらないから、何年か後に車を売って車の代金の大半を取り戻そう、と最初から計画的に買う。新車で掘り出しものを探すのは、時間とエネルギーの無駄だと考える。そもそも新車の価格は高めに設定されていると思っているし、ディーラーが仕入れ値をはるかに下回る金額で売るとも思っていない。彼らはお買い得品は中古市場にあると考える。

起業家には、このタイプが一番多い。起業家は車を買うとなると、値段に非常に厳しくなる。彼らは、できるだけ金は値上がりの期待できるものへの投資に回したいと考える。しかしながら、事業に成功した会社オーナーとしては質の高い車を運転する必要もある。この二つの条件を満足させる解決策が、高品質の車であまり年月が経っていない車を中古市場で買うことである。彼らの好む車は、ジープのチェロキー、キャデラックのドゥビル、フォードのF150ピックアップトラックやエクスプローラー、リンカーンのタウンカー、シボレーのカプリスやサバーバン、そしてインフィニティQ45などである。

このグループは、新車を買うタイプよりもずっと少ない金額で車を買う。所得と車の購買価格の比率は、四つのグループ中最低だ。現在彼らが乗っている車は所得の七・六%の値段であり、彼らが今までに買った中で一番高い車でも所得の九・九%でしかない。資産との割合でいけば、現在乗っている車の値段は資産の〇・六八%、一番高い車でも資産の〇・八九%である。

このグループはどのように車を選び、ディーラーを選ぶのだろうか。まず、買おうとする車の新型モデルのディーラーコストを推定する。この情報は中古車を買うときに生きてくる。図書館や本屋に行けば、中古車の小売値や卸値の情報は簡単に入手できるはずだ。親切な税理士ならこういう情報も顧客に教えてくれるだろう。

それからディーラー数社の提示価格を検討する。地元のディーラーがどのくらい熱心に車を売ろうとしているのか判断するためだ。新聞の三行広告に出ている個人売り主の値段もチェックする。個人売り主に電話して、値下げする気があるかどうかを尋ねることもあるが、これは値段の幅を調べるためだ。こうやって収集した情報は、彼がいつも行くディーラーのところで値下げ交渉をするのに使う。普通、ディーラーはひいきにしてくれている客には、よその値段よりも低い値段で売ってくれるものだ。

このグループは同じディーラーを何度も繰り返し使う。繰り返し使えば値段を下げてくれるだろうし、他にもいろいろサービスをしてくれるだろうと期待するからだが、理由はそれだけではない。新車の場合もそうだったが、中古車の場合にも、ディーラーを決めている人の三六%は仕事で関係のあるディーラーから買っている。また客をわざわざ紹介してくれるディーラーを選ぶ。このグループには起業家や、独立開業している専門職、営業関係の人が多いことを思い出してほしい。職業柄、彼らは持ちつ持たれつの互恵関係を大切にする。ほかには、親戚や友人が経営しているからという理由で一つのディーラーと取引をする人が四人に一人いる。ディーラー会社の経営者や、トップ営業員と顔見知りになっておけば、直接有利な交渉ができると考える人もいる。三人に一人は経営者と、二割はトップ営業員と直接交渉する。

タイプ4　中古――ディーラーにこだわらない（一九・五%）

このグループは一番値段にうるさく、労をいとわず掘り出しものを求めてマメに動く。購入価格は、グループの中で一番低い。彼らが現在乗っている車の平均価格は二万二五〇〇ドルで、今まで買った中で一番高い車でも三万ドルはしない。現在乗っている車の値段は資産の〇・七%、一番高い車でもその値段は資産の〇・九%以下である。このグループでは自動車業界に顧客、友人、親戚がいる割合が一番少ない。友だちがいないのに、どうやって掘り出しものを見つけてくるのかといえば、まず最も重要なポイントだが、彼らは新車を買わない。このグループはディーラーにこだわらず、個人から買うこともある。ディーラー、リース会社、金融機関、委託販売会社、競売会社、代理店などから買うこともある。

このグループは非常に気の長い人々だ。最高の条件を見つけるまで何カ月もかける。急いで買うことはない。いつも鵜の目鷹の目で、いい掘り出しものを狙っている。

ある人は、新型のシボレーを求めて七カ月もかけた。しかし第三章に書いたドクター・サウスのように時間を使ったわけではない。彼の通勤途上にはディーラーが三社ある。目についた車があると彼はそのディーラーに電話する。三行広告に掲載している個人の売り手にも電話をする。こうやっているうちに、彼はディーラーからではとうてい買えないような非常に安い値段で、個人の売り主から車を購入した。彼は売り手にこう話している。

私は特に急いでいませんので。もし値下げすることがあったら電話をください。この値段だと、この何週間かの間に見て回ったディーラーの価格と変わりませんから。

彼はどの売り手にも、同じセリフを繰り返す。

彼によれば、一年のうちで交渉しやすい時期があるという。一番いいのは一二月の第三週から翌年の二月までの期間で、この時機にはいい条件を引き出しやすい。冬の間はあまり買い手がいない。クリスマスやなにやらで出費がかさんでいるし、寒いから買うのが億劫《おっくう》になるからだ。だが億万長者でバーゲン価格を追求するタイプは、そんなことではめげない。四社以上から見積もりを出させて、この冬の期間に条件を競わせることくらいお手のものだ。

このグループは二年から四年くらい経った中古で、走行距離の少ないものを選ぶ。彼らが好むのはフォード、メルセデス・ベンツ、キャデラック、レクサス、シボレー、ニッサン、アキュラである。

購買行動が教えてくれること

富裕層の車の買い方を分析すると、いろいろ参考になる事実が浮かび上がってくる。たとえば億万長者の大半は決まったディーラーで買わずに、あちこち見てまわる。五四・三%と四五・七%ではあまり大差ないじゃないか、と思われるかもしれない。が、この数字を額面どおりに考えるのは間違いだ。仕事の互恵関係があって見返りが期待できるからディーラーを決めている人と、親戚や仲のよい友人のディーラーが経営するディーラーを使う人を除く。すると億万長者でディーラーを決めている人とそうでない人の比率は一対二になる。

億万長者ではない一般の人はどうだろう。車を買う人のほとんどは金持ちではないから、時間とエネルギーを使って安く買おうとしていると思うかもしれないが、実際はまったく逆だ。普通の人のほうが、車を見て回り、値切ったり交渉したりする度合いが低い。車の買い方一つとっても、なぜ金持ちが金持ちになり、金持ちでない人はそうでないままかがよくわかる。

積極的に安く車を買おうという人は、他のものも安く買おうとするし、支出計画をきちんと立てる傾向がある。このことを念頭において考えてみよう。今までみてきた四つのタイプのうちどのグループが一番倹約家だろう？

中古車をあちこち見比べて買う中古車ハンター、タイプ4が正解だ。このタイプが一番熱心で、値段に細かい。買うにあたって広範な分野から情報を集め、買い物をする。その結果、確かに他のタイプよりもはるかに安く車を手に入れている。

この中古車ハンターを研究すると、金持ちへの道が見えてくる。彼らの所得と資産の割合は一対一七・二で、他のタイプに比べ、もっとも効率よく資産を築いていることがわかる。調査した億万長者の中で平均所得が一番低いのに、平均三〇〇万ドル以上の資産を持っている。彼らはどうやっているのだろう？　彼らのやり方をもう少し詳しくみてみよう。

中古車ハンターの特徴

資産に開きが出る要因で、まずあげられるのは所得レベルである。高い収入があれば資産は作りやすい。が、このタイプは他のタイプにくらべ平均所得がずっと低いことを思い出してほしい。三分の二は一〇万ドルに届くか届かないかのレベルの収入しか得ていない。

職業も要因の一つだ。起業家が億万長者になる比率が非常に高いことは何度も繰り返し述べてきた。逆に、医者、中間管理職、会社役員、歯科医、税理士、弁護士、エンジニア、建築家、上級公務員、大学教授などの高額所得者では、資産のある人は少ない。もちろん例外もある。これらの職業の中でもディーラーにこだわらず安く買おうという中古車ハンターはいる。

中古車ハンターは億万長者の中でも特異な存在である。倹約度をチェックする七つの指標すべてで高い点をあげている（表４‐４参照）。

彼らは経済的に自立することを非常に重要と考え、倹約に励む。衣服、宝石、車、プールなどステイタスを顕示するものにお金を使う人は、たいした資産を持っていないんだ、と常に自分に言い聞かせて浪費を戒《いまし》める。そして子供たちにも同じことを言い聞かせる。ある時私たちが取材していると、取材先の子供が、「パパ、どうしておうちにはプールがないの」と聞いてきた。パパは「大きなカウボーイハットと牛」と同様の話をした。彼は息子に、プールを買うお金はあるけれどね、プールにお金を使ってしまったら君をコーネル大学に行かせられなくなってしまうよ、と答えた。

その後、この男の子、カールはコーネル大学を卒業している。カールの両親は、プールを買わなかったのだ。カールに子供ができて、その子供からなぜお父さんは倹約家なの、と聞かれたらどう答えるだろう。ものを買うときの心構え、無駄なものにお金を使わない姿勢をうまく説明できるだろうか。

表4-4　車の買い方とライフスタイル

車の買い方／ライフスタイル	新車を特定のディーラーから買う（28.6%）	新車をディーラーにこだわらず買う（34.8%）	中古車を特定のディーラーから買う（17.1%）	中古車をディーラーにこだわらず買う（19.5%）
消費に対する免疫度「高級住宅街に住んでいるからといって、資産を持っているとは限らないと思います」	59ポイント[*1] 評価D（最も低い）	106ポイント 評価B（やや高い）	111ポイント 評価C（やや低い）	136ポイント[*2] 評価A（非常に高い）
本人の倹約度「私はずっと倹約家です」	82ポイント 評価D	108ポイント 評価B	89ポイント 評価C	121ポイント 評価A
両親の倹約度「私の両親は倹約家です（でした）」	91ポイント 評価D	99ポイント 評価C（ほぼ平均）	105ポイント 評価B（ほぼ平均）	111ポイント 評価A
家計予算「私は時間をかけて家計の年間予算を立てています」	95ポイント 評価C（ほぼ平均）	101ポイント 評価B（ほぼ平均）	85ポイント 評価D	118ポイント 評価A
記録の取り方「私は衣食住にいくら使ったか把握しています」	101ポイント 評価B（ほぼ平均）	94ポイント 評価D（ほぼ平均）	96ポイント 評価C（ほぼ平均）	112ポイント 評価A
衣服のバーゲン利用度「私はセールか値下げ品のスーツしか買いません」	69ポイント 評価D	89ポイント 評価C	123ポイント 評価B	145ポイント 評価A
ディスカウントストア利用度「スーツを工場直営店で買うことがよくあります」	62ポイント 評価D	106ポイント 評価C（ほぼ平均）	111ポイント 評価B	136ポイント 評価A

＊1　たとえば、新車を特定のディーラーから買う人は、億万長者全体（100）に比べて消費に対する免疫度が低い（59）。彼らはこの項目で4位（最下位）にある。

＊2　たとえば、中古車をディーラーにこだわらず買う人（中古車ハンター）は、億万長者全体に比べて消費に対する免疫度が高い。彼らはこの項目で1位にランクされる。

表4‐4を見てほしい。中古車ハンターは非常に高い割合で、次の質問項目にイエスと答えている。親が倹約を実践して教育すれば、子供はそこから学び取ってくれることがよく分かる。

◆あなたの両親は倹約家ですか（でしたか）

中古車ハンターの一人がこう話してくれた。彼の両親は農場経営者だった。

ネブラスカに住むうちの家族は、お金の価値を痛いほど理解していました。父はよくこう言ったものです。タネはお金と同じだよ。タネを今食べてもいい。でもね、タネを植えれば三メートルの丈のとうもろこしに育つんだ。無駄にはできないよねって。食べてしまうか、植えるのか。ものが育つのを見ると今でも感動します。

この男性は、ごく普通の三年経った国産の4ドア・セダンに大満足して乗っている。これに乗っていれば、誰も金持ちだとは思わないだろう。泥棒がこの車を追って家にあたりをつけ、盗みに入ることもない。「空港の駐車場にとめていても絶対に盗まれない車！」と彼は言っている。

倹約は資産を作る

中古車ハンターが金持ちになる最大の原因は倹約にある。倹約すれば投資する金ができる。この中古車ハンターは他のタイプと比べて、所得の割に多額の金を投資に回している。年金にも多く回す。そしてこのグループには蓄財優等生の割合も高い。以下の項目にイエスと答える人も多かった。

◆あなたは時間をかけて家計の年間予算を立てていますか?

予算を立てるには、支出の記録が必要だ。中古車ハンターは他のタイプよりも細かいので、次の点にもイエスという人が多い。

◆あなたは衣食住にいくら使ったか把握していますか?

彼らは、洋服もバーゲンで買うことが多い。表４‐４で一四五というのは一番高い点数だ。そして次のことにイエスという人の割合も非常に多い。

◆私はセールか値下げ品のスーツしか買いません。

中古車ハンターは他のタイプより、ディスカウントストアで買い物をする割合が高い。次の質問に多くがイエスと答えた。

◆スーツを工場直営店で買うことがよくあります。

彼らはシアーズでよく買い物をする。彼らが使う金は全体的に低い。第二章で、今までに買った中で一番高い腕時計、スーツ、靴の値段を尋ねた。ここでも彼らは倹約家ぶりを発揮している。他の億万長者が支払った平均価格と比べて、時計は五九％、スーツは八三％、靴は八八％の値段のものしか買っていない。

このグループの過半数は、あまり収入の高くない人々である。所得レベルは資産と比例するはずなのに、おかしいと思うかもしれない。彼らは、収入を増やせなければ守りを固めようと考えて、近所の生活ぶりに振り回されずに生活する。彼らの近所に住む人の七割は、彼ら以上の収入を得ている。それなのに、一〇〇万ドル以上の資産を持つのは五割未満でしかない。

このような億万長者の近所に住む高所得・低資産の人々の最大の誤解は、熱心に働いて収入を増やせば、自動的に金持ちになれると思っている点だ。彼らの攻めの姿勢は正しい。所得からいけば彼らは全米の上位三％や四％にランクし、一見億万長者のように見える。それなのに、資産はほんものの億万長者の足元にも及ばない。それは彼らの守りが甘いせいだ。驚くほどたくさんの億万長者が、こう話してくれた。

アメリカではたくさん稼ぐほうが、財産をつくるよりもずっと楽だ。

それは、アメリカが消費文化の国だからだ。中古車ハンターのおとなりに住む、高額所得者でありながら億万長者でない人々は、とりわけ消費性向の高い人々と言えよう。

四つのケーススタディ

公認会計士J・S氏の場合／特定のディーラーから新車を買うタイプ

J・S氏はある公認会計事務所の、三人いるシニア・パートナーのうちの一人である。この事務所は、小規模だが高い利益をあげていて、経営状態は良好だ。J・S氏は億万長者で、新車を買うのが大好き。中古車を買うことなどハナから考慮しない。中古車に乗るのは誰かの着古した洋服を着るようなものだと考えている。「車を安く買うのに時間を使ってはもったいない」と考えていることもあって、使うディーラーを決めている。そのディーラーはJ・S氏の顧客でもある。

決まったディーラーから車を購入する主な理由は、人脈、すなわち持ちつ持たれつのメリットのためである。が、J・S氏が使っているディーラーは、もともとJ・S氏の顧客ではなかった。彼はずいぶん前から、何十人もの顧客にこのディーラーを紹介してきた。このディーラーは、それまで使っていた会計事務所が誰一人顧客を紹介してくれていないことに気づいて、J・S氏の事務所に切り替えた。

今は、このディーラーとJ・S氏は非常に親しい関係になっている。独立して自分の会社や事務所を持つ人は、仕事の取引関係をプライベートにも有利に使える点が強い。J・S氏の意見なら顧客はよく聞く。彼は顧客からディーラーに詳しい人と思われている。J・S氏は顧客にディーラーを紹介するときに、そのディーラーが彼の顧客であることも正直に話す。J・S氏の紹介でやってくる客には、このディーラーは特別サービスをしたり値引きしたりしてやる。このディーラーがJ・S氏の紹介で販売した車は過去一〇年間に三〇台以上になる。そして、ディーラーがJ・S氏に支払う税務顧問手数料は年間何千ドルにもなる。

自営証券ブローカーT・F氏の場合／中古車を特定のディーラーから買うタイプ

T・F氏は個人で株式の売買を取扱うブローカーで、億万長者である。新型モデルの高級車を中古で買うのが好みだ。同じディーラーから何台か購入した後、T・F氏はこのディーラーの経営者のところに営業に出向いていった。T・F氏は、過去五年間に三台買ったこと、顧客にも紹介していることをそのディーラーに話して、お返しにといってはなんだが、株を買って投資をしないかと切り出した。ディーラーは、株のブローカーが他にも顧客に何人かいて、全部と取引するわけにはいかないと事実をありのままに話してくれた。

そこでT・F氏は、代わりにディーラーがつきあっている業者を五つほど教えてくれないかと頼んだ。

　今年いちばん取引の多かったのはどちらの会社ですか？　たとえばこの建物の屋根を新しくしたのは？　あなたのご紹介を受けて電話をしたと先方に話してもいいですか？

ディーラーは主だった取引先を何社か、T・F氏に紹介した。T・F氏は今もこのディーラーから車を買っているし、友人や知人にも紹介している。そしてディーラーはお返しに、T・F氏に客を紹介している。

著者トム・スタンリーの体験

クリスマスの直前、私は地元の新聞に三行広告を載せ、アキュラ・レジェンドを売りたいと出した。広告を出す前に私は近くのディーラーに電話して、高ければどのくらいで売れるだろうと尋ね、その価格を広告に載せた。私は車の手入れに関しては自信を持っている。「ゴールド・パッケージ」と呼ばれるオプション・セットはもちろんのこと、ほとんどのオプションも装備している。車はいつも屋根つきのガレージに駐車しているし、定期的にディーラーの整備工場で必要なメンテナンスやチューンナップをしてもらっている。エンジン・オイルもモービル・ワンしか使わないくらいの徹底ぶりだ。タイヤはミシュランMXV4で数千キロしか走っていない。しかも、私はこの車を新車で買っている。広告にはこういったことを全部書いておいた。

この車を買いにやってきた人々のことをちょっと紹介しよう。

最初の客　マーケティング次長、女性

彼女はインフィニティQ45でやってきた。その車はまだかなり新しかったので、なぜレジェンドを買いたいのか聞いてみた。彼女は、その車は夫のもので一年ほど前に中古で買ったと答えた。何社かディーラーを回って、中古のレジェンドとインフィニティを見てきたばかりだと彼女は話してくれた。彼女は中古車しか買わない。特にどこのメーカーと決めているわけではないが、アキュラ・レジェンド、インフィニティQ45、レクサス400シリーズに絞って探している。

彼女は半日仕事を休んで、私の家まで車を見に来た。彼女が手にしたアトランタ地域の地図には、いくつかのディーラーの場所と個人の車の売り主の住所に印がついていた。競争相手が他にもいることを、無言のうちにしっかり私に伝えたかったのだろう。

ちょっと話をしただけでも、この女性が中古車の評価に経験と知識があることはよくわかった。彼

女は運転席のドアの小さなへこみもめざとく見つけた。内装、エンジン部分、車のシートメタルをチェックした後、彼女は、なぜ車を売るのかと尋ねた。私は「子供たちが4ドアのセダンはカッコ悪いと言うもんですから。レジェンドは、僕らのような退屈な中年の人向きだって言うんですよ。中古でも四輪駆動のRVとかスポーティな2ドアのほうがずっといいと言われましてね」

彼女はちょっと間をおいて、考えているようだった。今思うと、彼女は別の答えを期待していたのだろう。急にお金が必要になったとか。そうすれば交渉上、彼女はずっと強い立場に立てる。それでも彼女は一応値下げを切り出した。「最低いくらだったら売ることをお考えになります？」私は「もし三〇日待っても売れなかったら、値段を下げることを考えます」と答えた。それからメンテナンスの記録、買ったときについてきたステッカーなど一式をグローブボックスから取り出して彼女に見せた。夫のQ45に乗って去った後、彼女からは音沙汰がない。どこか他で、急いで車を売らなくてはならない人から、新型の中古車を首尾よくいい値段で買うことができたのだろう。

二番目の客　地方金融機関のバイス・プレジデント、男性

この人は地元の金融機関勤務で、しかも自動車リース部門を統括する責任者だった。職業柄、車の価値を評価する能力は高いと考えていいだろう。また、買い切りとリースと、どちらが得かもよく知っているはずだ。新車をリースするのが仕事でありながら、彼は中古車を買うことに決めて探していた。

彼も掘り出し品を狙っていた。品質の高い日本車に関心を持っていたが、一番目の客と同様、とくにメーカーは決めていなかった。彼はメンテナンス記録などの書類をじっくりと読んだ後、一番目の客と同じ質問をした。「失礼にならないところで、どのくらいまで下げていただけるでしょう」私は一番目の客に答えたのと同じことを答えた。彼もそれっきりで、その後連絡がない。

三番目の客　裕福な元会社オーナー、男性

この人がいちばん興味深い客だった。彼は私に電話をしてきて、妻を地元のショッピングセンターに連れていく途中で、もし便利な場所だったら寄りたいと思っているのだが、と言った。私の家の場所はショッピングセンターに行く途中に寄れるところにあった。電話のあとしばらくすると、彼は妻と一緒にBMW5シリーズに乗ってやってきた。その車はショールームから抜け出してきたような、ピカピカのものだった。なぜアキュラを買おうとしているのか尋ねてみると、彼はBMWは妻のものだと答えて、私のアキュラをじっくりと点検した。

彼が点検している間、私は彼の妻と会話を楽しんだ。彼は最近ソフトウエアの会社を売却した、と妻が話してくれた。彼らも億万長者である。彼はその会社のコンサルタントとして残ってはいるが、時間の余裕ができたところだと言う。彼は結婚して三〇年の間、一度も新車を買ったことがない。いつも掘り出しものがないかと探している。質の高い日本車とドイツ車が好みだが、急いで買うつもりはまったくない。典型的な中古車ハンターのタイプだ。車にお金を使いすぎてしまって手元にお金の

余裕のない個人から、安くいいものを買いあげるのを彼は楽しむ。

だから彼は私に、職業は何か、うまくいっているのかと詳しく尋ねたのだろう。私が失業中の元会社役員かなにかと思ったに違いない。平日の昼間、カーキ色のズボンとフランネルのシャツを着て家にいれば、そうとしか考えられない。私は作家で今四冊目の本に取り組んでいるのだ、と話した。私の本の売れ行きはどうか、と聞かれたので「おかげさまで好調です」と答えた。すると彼は眉をひそめた後、こう切り出した。「売値から一五〇〇ドル引くお気持ちはありますか？」私は再び「もし三〇日待っても売れなかったら考えます」と答えた。彼は私のメンテナンスのやり方を、いたく気に入ってくれたようだった。他に売るつもりの車はないかと、私のＺ２８カマロを見ながら言った。あいにくだが、丁重にお断りした。彼からも何の連絡もない。

四番目の客　学校教師、女性

どういうわけか、学校の教師や教授は中古車を選ぶ傾向がある。金曜日の夕方遅く（たぶん電話料金が週末割引の時間帯になるのを待っていたのだろう）に四番目の客から電話がかかってきた。彼女は矢継ぎ早に質問を浴びせかけた。ある程度情報を聞き出すと、彼女はようやく、アトランタから数百キロ離れた綿花農場に囲まれた地域に住んでいると名乗り、地元紙にアキュラ・レジェンドを売りたいと広告を出した人のところに次々と電話をしているところだ、と話してくれた。

次の水曜日にまた電話をすると言って彼女は電話を切った。そして言葉どおり電話をしてきて、私の車には担保権など何もかかっていない旨を、書面にしてファクスしてくれないかと頼んできた。また、車に付いているアクセサリー類の詳しい一覧表も欲しいと言った。私は整備証やアクセサリーの一覧を価格も入れてファクスした。彼女はそれを受け取った後、売りに出ている車を何台か見るためにその金曜日にアトランタに出向くので、車を見せてもらいたいと言ってきた。

金曜日になると、彼女は綿花農場を経営する夫と一緒にやってきた。彼らの車はニッサン・マキシマの新型車で、コンディションはとてもよさそうに見えた。彼らがアキュラの試乗をしたいというので、私は彼らに同乗して二〇分ほど近くを走った。おかげで、その間に私はいろいろと質問することができた。なぜはるばる数百キロも離れた所から見に来たのか。なぜ中古車なのか。農場経営者は一般に倹約家だと言うがほんとうか？

このカップルは新型でクオリティの高い日本車を中古で買って、二、三年ごとに買い換えている。大都市にくると車の値段ははるかに下がるし、車種の品揃えもずっとよいと言う。彼らの家にいちばん近いアキュラ・ディーラーでも二四〇キロも離れている。私の車のようなものを買って、二、三年乗り回してから近所の人に売ると、買値とほぼ同じくらいで売れるのだそうだ。

彼らが倹約家であることは明らかだった。彼らは私の提示価格よりも一〇〇〇ドル少ない金額で書かれた支払い保証小切手を用意していた。テスト運転の後、夫は妻に「値段の交渉をするんだろう？」と言った。すると彼女は「このかたは、別に車を売らなければならないわけじゃないし、車の調子も最高じゃないの」と答えた。夫はうなずいた。彼女は小切手と一〇〇ドル札を一〇枚私に手渡した。必要な書類に全部署名して手続きが終わると、この車を近くのディーラーで買えば、少なくともあと三〇〇〇ドルはする、と彼女は言った。この車で月曜に学校に乗り付けたら、みんなからうらやましがられますよ、と私が言うと、彼女の夫は、この車の値段を知ったら、みんなもっとうらやましがるよと答えた。

彼はおもしろい話をしてくれた。「女房の職場の女性ですがね、彼女は新しいメルセデス・ベンツに乗っているんです。アクセサリーなんかもちゃんとしている車でね。でもそれを六〇カ月のリースにして、毎月六〇〇ドルも払っているんですよ。それだけ払うのにどのくらいの綿花を収穫しなければならないか、想像できますか？」

倹約家の教授、ビル博士の場合

ビル博士は工学部の教授だが、年収は八万ドルを超えたことがない。それでも彼は億万長者になった。特に遺産をもらったわけでもないし、宝くじに当たったわけでも、小さな元手で株を買ってひと財産作り上げたわけでもない。彼の成功の秘訣は、収入よりもはるかに金のかからない暮らしをしてきただけのことである。この教授は典型的な中古車ハンター・タイプだ。倹約はしているが、家族をないがしろにしているわけではない。子供たちが大学に進学する費用は十分過ぎるほどに貯金してある。彼が住むのは中・上流クラスの高級住宅街で、彼の近所の家の八割は三〇万から五〇万ドルする邸宅だ。

ビル博士は、お金に困らない生活をしたいと常に考えていたが、事業を起こしたいとは思わなかった。事業家として成功するには、大きなリスクをとり、何十人、何百人という人を雇用して使いこなさなければならない。ビル博士は生まれついての教授というタイプだ。世の中の大半の人々は起業家タイプではない。が、だからといって大半の人々に億万長者になるチャンスがないかといえば、そんなことは決してない。

私たちの話をきいて、医者、弁護士、会計士などの職業を諦めて起業家になることを勧めていると勘違いする人がいる。とんでもない。本人に能力があり、また本人が希望しているなら別だが、そうでなければそんな必要はまったくない。起業家にならなくても、もしあなたが全米平均の二倍くらいの高い年収、六万五〇〇〇ドルから七万ドルくらいを稼いでいて、中古車ハンターたちのように守りのしっかりとした生活をしていれば、遅かれ早かれ億万長者になることができるはずだ。

ビル博士の近隣の億万長者でない家庭では、家計予算を立てず、支出計画も立てないために、収入のぎりぎりまで制限なしに使ってしまうところが多い。それでいて、ビル博士のように地味な生活をする人のことを、コソコソ陰口をたたくのだ。

ノーマン氏は、ビル博士の近所の四〇万ドルの邸宅に住む。昨年の収入は一五万ドルを超えているが、資産と呼べるのは住宅、自動車、それと会社の年金が少しといったところでしかない。ローンを差し引いた純資産の合計額は二〇万ドルにもならないだろう。ノーマン夫妻はともに五〇歳。中古車ハンターのビル博士夫妻と同い年である。ビル博士の年収はノーマン家の半分。だが資産は九倍以上もある。どうしてこんなことがありうるのだろう？

　ありうるどころの話ではない。当然のことだ。攻めに強くても、守りが弱ければ資産は貯まらない。ノーマン家が例外というわけではなく、ビル博士の住む高級住宅街では、博士のような蓄財優等生家族よりも、浪費家の劣等生タイプのほうが圧倒的に多い。

　ノーマン家のようなタイプでは、中古車は考慮外。考えることすら恥と思う。しかし、ビル博士はクオリティの高い車を中古で買うことがみっともないとは思わない。それどころか、お買い得品をうまく見つけると大きな満足感を得る。新車を買わずに中古車を上手に買ってきたおかげで、子供一人分の大学と大学院の学費くらい捻出できたのではないか、と思っている。

　ビル博士が今乗っているのは三年経った中古のＢＭＷ５シリーズで、ハイテク会社の営業部員、ゲリーから買った。ゲリーは派手な男で、新車の輸入車しか買わない。彼は、自分と同じＢＭＷを中古で買うのは、自分よりも貧しい人だと固く信じている。これが劣等生の劣等生たるゆえんだ。蓄財劣等生は、近所の人よりも自分のほうが金持ちだと考えるし、人は誰でもお金さえあればいちばん高い車を買うものだと思い込んでいる。

　考えようによっては、蓄財劣等生ゲリーはビル博士の自動車購入資金の支払いの援助をしたようなものだ。車の減価償却は最初の三年がいちばん大きい。ゲリーは減価償却分を支払ってから、どこも悪くない車を安い値段で整備証とともに倹約家の億万長者ビル博士にお届けしたようなものだ。ゲリーはサラリーマンだから償却分を所得税から控除できない。それに、ゲリーは自動車業界に友達も親戚もいないし、取引顧客もいない。叔父さんの経営するディーラーで特別割引してもらうこともないし、取引先からお返しに安く売ってもらうこともない。ゲリーの場合、車は純粋に自分が楽しむだけにしか使えない。

ゲリーやノーマン氏は、自分たちが億万長者よりも車に金をかけていることをしっかり頭にたたき込む必要がある。億万長者並みか、それ以上の収入を得ているのに、ゲリーは億万長者の仲間入りをしていない。もしかしたら、見栄を張って会社の社長よりもいい車に乗り、張り合うことで鬱憤《うっぷん》晴らしをしているのかもしれない。だが、ゲリーの会社の社長は億万長者だし、会社の株を持っている。ゲリーと違い、金持ちになるまでは高い車を買わずにその金で会社の株を買い続けてきた。ゲリーは金持ちになるだろうと期待して高い車を買っている。残念ながら、その日は永遠にやって来ないことだろう。

5　親の経済的援助

彼らの親は、社会人となった子供たちに経済的な援助をしていない。

親愛なるスタンリー博士、ダンコ博士

お書きになった億万長者に関する研究調査の記事を拝読いたしました。私の妻は両親から信託財産を受けられるはずなのですが、両親が手続きをしてくれません。義母は書類作成を延ばし延ばしにしており、妻に信託財産を渡す気持ちがないようなのです。

ご調査の中でひょっとしたら妻の家族にも取材なさったかと思い、お便りしました。義母の名前は××××です。あるいは、信託財産にいくらあるのか調べる手だてがあれば教えていただきたく、お願いします。

L・S

この手紙を書いてきた男性ラマーとその妻メアリは、緊急に金を必要としていた。メアリは資産家の娘で、毎年両親から現金で一万五〇〇〇ドルの贈与を受けている。三〇年前に結婚して以来、メアリとラマーは現金以外にもさまざまな形で親の援助を受けてきた。

彼らは今五〇代前半。高級住宅街の瀟洒《しょうしゃ》な邸宅に住んでいる。会員制クラブのメンバーで、テニスやゴルフを趣味とする。高級輸入車に乗り、高価な洋服を着こなし、いくつかの慈善団体の活動に参加している。子供たちが通っている私立学校の寄付金集めも積極的に手伝っている。二人とも年代物のワインやグルメ料理に詳しく、パーティを開くのが好きで、高価な宝石や海外旅行を楽しむ。

近所の人はラマーとメアリが裕福な資産家だと信じている。何千万ドルもの資産を持っているに違いないと思っている人もいる。しかし、それは見かけだけ。彼らは高額所得者ですらない。メアリは専業主婦で、ラマーは地方大学の事務職員。二人は結婚してからこのかた六万ドル以上の年収を得たことがない。それなのに、彼らのライフスタイルはこの収入の二倍もあろうかという派手な暮らしぶりである。

きっと、計画を立て、予算をきちんと作って上手にやりくりしているんだ。そうじゃなければ、こんなに低い収入で贅沢な生活ができるわけはない、と思うかもしれない。いやいや、ラマーもメアリも一度として予算を立てたことがない。毎年彼らは収入以上の金を使っている。メアリが親からもらう金もすべて使い切ってしまう。彼らが贅沢な生活を送れるのは、親のスネをかじっているからに他ならない。成人した後も、子供や孫に多額のお金やプレゼントを与える親がいる。この章では、こうした経済的援助が受け手の生活にどんな影響を与えるかを見ていこう。

経済的援助の落とし穴

子供に経済的援助を与える親は、若い頃に資産を築き、質素で金をあまり使わない生活をしてきた人に多い。ところが子供や孫にプレゼントをするとなると、とたんに歯止めがきかなくなってしまう。子供やその家族を経済的に助けてやらなければ、と半ば義務のように思っている。その結果はどうか。親のスネをかじる子供は、親の世話にならずに自立している同世代、同所得層の人々よりはるかに少ない資産しか築いていない。経済的援助を与えれば与えるほど子供は資産を蓄えず、援助が少なければ少ないほど資産を築くようになる。

支援してやらなければ中・上流の暮らしができなくなってしまうと心配して、親は子に経済的な援助を与える。おかげで、金持ちの親を持つお坊ちゃまやお嬢ちゃまは、あたかも収入がたくさんある中・上流階級の一員のようにふるまう。だが、そのライフスタイルは見せかけでしかない。

このお坊ちゃまやお嬢ちゃまたちは、郊外の高級住宅地のコロニアル風な邸宅から高級輸入車まで、ステイタスを誇示する品物やサービスに囲まれて生活し、金を使うのを何とも思わなくなってしまう。会員制クラブのメンバーになり、子供を私立の学校に通わせる。彼らは親の経済的援助のおかげで、ある一つの法則をしっかり身につけてしまう。それは、自分で稼ぐより他人の金を使うほうがずっと簡単だ、という法則である。

親の世話になる子供はどこにでもいる。アメリカの富裕層の四六％は、成人して独立した子や孫に、毎年少なくとも一万五〇〇〇ドルを与えている。富裕な家庭に育った三五歳以下の子のほぼ半分が、毎年親から経済的援助を受けている。その割合は子供の年齢があがるにつれ減少していく。四〇代半ばから五〇代半ばの年齢では、援助を受ける割合は二割に減る。この数字はお金を受けとる子供たちから聞き出した数字だという点に注意してもらいたい。もらうほうは金額を少なく言う傾向があることを忘れてはならない。与える側にアンケートをとれば、受け取る側が言う数字よりはるかに高い金額になるはずだ。

親が贈与する場合、一度にまとめてあげることもあるし、少しずつ何度か小分けしてあげることもある。たとえば蒐集したコインや切手などは、一度にまとめてあげることが多い。四人に一人は、子や孫にコレクションをあげている。子供が美容整形手術を受けたり、歯列矯正を受けるときに医療費を肩代わりする親も多い。金持ちの四五％はその経験がある。

今後一〇年の間に、一〇〇万ドル以上の純資産を持つ金持ちの数は、人口の伸び率の五倍から七倍の早さで増加するであろう。となれば、金持ちの子や孫の数も増えるし、親から子への経済的援助も大きく増えるだろう。今後一〇年の間に、一〇〇万ドル以上の相続財産を持つ人の数は二四六％も増加するものと推定される。この相続財産を合計すると、一九九〇年の貨幣価値で計算して二兆ドルにもなる！　そして、死亡するまでに、億万長者はこれに匹敵する金額を子や孫に分け与えるものと推定される。

親が肩代わりして支払うことの多い商品やサービスの価格が上昇することも予想される。私立学校の学費、高級輸入車や環境のよい郊外の住宅の価格、美容整形・歯列矯正費、ロースクールの学費などは、一般の物価を上回る率で上昇してきている。

高齢化につれ、相続税を念頭において行動する富裕層が増加してきた。配偶者に先立たれていれば、相続の前に、財産の五五％が税金で持っていかれてしまう。そこで、年を取れば取るほど、金持ちは相続税を軽減するために子供に生前贈与する金額や回数を増やすことになる。

メアリとラマーの場合

メアリとラマーの収入では、二人の子供を私立の学校に通わせる余裕があるはずはない。学費はメアリの両親が全額払っている。これは決して珍しいことではない。私たちの調査では、億万長者の四三％が、孫の私立学校の学費の一部あるいは全額を払っている（表5‐1参照）。これを第三世代教育費援助と呼ぼう。

先日、金持ちのおばあさんに集まってもらい、この種の経済的援助について話し合ってもらった。私たちは子供や孫に援助することを、いいとも悪いとも評価をまじえずに、調査の結果を参加者に発表し、その後質問を受けつけた。三番目に手を上げた女性は、質問の形をとってコメントをした。

ちょっと、失礼じゃありません？　私のお金をどうしようと勝手でしょ。娘のところでは家計が苦しいんですもの。このあたりの公立の学校がどんな状態かご存じですか。なんと言われようと私は孫を私立の学校に通わせますよ。

この女性は明らかに、娘の家族に経済的な援助の手をさしのべることに後ろめたさを感じている。問題は公立学校のレベルではなく、娘の家族が経済的に一人立ちしていないことなのだ。彼女は、娘が稼ぎの悪い男と結婚したことをおもしろく思っていない。娘や孫は、彼女が過ごしてきたような中・上流クラスの生活を送れそうにない。だから彼女は娘一家の生活を助けてやることにしたのだ。彼女は、娘夫婦ではとうてい手の届かないような家を買ってやった。その家は高級住宅街にあるから、近所の人はみんな子供を私立の学校に通わせている。親からの援助なしに、娘一家がこのような金のかかる地域に住むのは不可能だ。娘は母に頼るしかない。彼女はそのような環境に娘一家を住まわせることのマイナス面がどれほど大きいかを理解していない。多少環境が悪くなっても、親の世話にならないほうが娘一家のためだということに気づいていない。

メアリはこの女性の娘に似ている。二人とも親がかりのままだ。経済的援助をさしのべる側は、援助をしてあげれば子供はちゃんと一人立ちして、そのうち面倒をみなくてもよくなるだろうと考える。残念ながら、そうはいかない。メアリは二五年以上もさまざまな形で援助を受けてきた。経済的に、メアリ一家はすっかり母に依存してしまっている。

表5-1　金持ちの親が子・孫に与える経済的援助

経済的援助の種類	質問項目にイエスと回答した割合
1　第三世代教育費援助	
「孫の私立学校の学費を肩代わりしたことがある（している）か？」	43%
2　第二世代経済的援助	
「子の大学院の学費を払ったことがあるか？」	32%
3　住宅購入資金援助	
「子の住宅ローンの支払いを肩代わりしたか？」	17%
「住宅購入時に資金援助をしたか？」	59%
4　資金援助	
「借金（未返済部分）を棒引きしたことがあるか？」	61%
5　賃貸不動産物件の贈与	
「商用不動産を譲渡したことがあるか？」	8%
6　証券贈与	
「上場株を贈与したことがあるか？」	17%
7　私的資産の譲渡	
「同族会社の持分（全部あるいは部分）を贈与したことがあるか？」	15%

＊　この分析の対象となったのは25歳以上の子が1人以上いる億万長者で、222人が回答している。

夫のラマーもまた、親の援助を受けている。結婚直後にラマーは勤めを辞め、大学院に進んだが、学費その他一切の費用は、彼の両親が払っている。これもよく見られるケースで、億万長者の三二％は子供の大学院の学費を支払っている。

ラマーが大学院に入学してすぐ、最初の子供が生まれた。ラマーは大学のそばにアパートを借りていたが、メアリの母親はそのアパートを気に入らなかった。彼女はお掃除サービスを雇い、「すがすがしくするために」定期的に彼らのアパートを掃除させるように手配した。それでも娘一家が住むにふさわしい環境だと満足できずに、彼女はお金を出してあげるから家を買いなさいと言った。ラマーは在学中に大学で事務補佐のアルバイトをして、毎月何百ドルかの収入を得て家計を助けた。その当時もメアリは働いていない。結婚してからずっとメアリは専業主婦を通している。

メアリの母親は娘夫婦の住宅購入にあたり、頭金の大半を支払ってやった。私たちの調査では億万長者の五九％は「子供が家を購入する際に金銭的な援助」をしている。メアリの母親は住宅ローンの支払いの面倒もみた。億万長者の一七％は同様の援助をしている（表5 - 1参照）。メアリの母親は最初、無利子でお金を貸す形にしていたのだが、いつしか、借金というより贈与となってしまった。借金を棒引きするのは経済的援助の形として一般的で、富裕層の六一％がこのような形の「ローン」を子供に与えている。メアリ夫婦がもっと高い家に買い換えたとき、メアリの母親は再び援助した。その後、メアリ夫婦は現在の家に移り住んだ。このときもまた、母からの援助があったことは言うまでもない。

ラマーは四年近く大学院に通い、二つの学位を取得した。ラマーは現在大学の事務室長であるが、年収六万ドルそこそこでやりくりするのは難しい。毎年メアリの母から受け取る一万五〇〇〇ドルを足しても、中・上流クラスのライフスタイルを維持していくには十分な金ではない。しかしメアリとラマーはそれほど例外的な存在ではない。三〇万ドル以上する家に住みながら、年収が六万ドル以下の世帯は、全米に三〇％いる。この三〇％の世帯は予算の組み方が上手なわけではない。大半は蓄財劣等生で、親から援助を受けていると思っていい。

メアリに言わせると、ラマーの収入と母からもらうお金で普段の生活をやっていくのはさほど難しくない。だが、車を買うとなると苦しいと言う。メアリもラマーも高級な輸入車を好む。だが予算を立てて買うわけでも、新車の代わりに中古車を買って節約し、家計に与える影響を軽減させるわけでもない。彼らは三年ごとに新車に買い換えている。なぜ三年ごとかというと、メアリの母が三年ごとに自分の持っている株を娘に与えるからなのだ。アメリカの富裕層の一七％も、同様に子供に株を分け与えている。もらった株をそのまま持ち続ける人もいるが、メアリとラマーの場合には、すぐさま売却し、その金で新車を買うのだ。

母が死んだ後、メアリとラマーはどうなるのだろう。言うまでもなく二人もそれを非常に心配している。あいにく私たちは占い師ではないので、メアリの母が信託財産にいくら残しているのかは知らない。幸運を祈るばかりだ。たとえ多額の遺産を相続したとしても、メアリとラマーが使い切るのに大した時間はかからないだろう。彼らはもう遺産を当てにしはじめている。もっと大きな家に移り住み、別荘を買い、海外旅行に出かけるのは時間の問題だ。

何かがおかしい

何もしないで親からの仕送りが届くのをじっと待つような人は、だいたいが生産的とは言いがたい。もらったお金はすぐに身分不相応な暮らしに使ってしまう。メアリとラマーがよい例である。彼らの六万ドルの年収は、あるブルーカラーのカップルが残業をし、汗水垂らしてようやく稼ぎ出すのと同じ金額だ。このカップルは二人ともバスの運転手だが、現実的で、地に足のついた生活をしている。メアリとラマーはおとぎの国に住んでいるようなものだ。中・上流階級を装い、世間体を気にするのが彼らの人生の目的になってしまっている。

金持ちの子供がみんなメアリとラマーのようになってしまうわけでは決してない。統計でみる限り、両親が資産を築けば築くほど、経済力のある子供の育つ確率は高くなる。億万長者の家庭では、メディカルスクール卒の子供のいる確率が一般家庭の五倍にもなる。ロースクールを卒業した子供のいる確率は四倍である。

教育にお金をかけるのは、子供に魚のとり方を教えるようなものだ。だがメアリの母は、娘夫婦に別のことを教え込んでしまった。金を使うことを教え込み、母親は魚の出てくる自動販売機であると覚えさせてしまった。親の経済的援助にもさまざまあって、受け手によい影響を与えるものもある。

学費を出してやったり、事業を起こすときに援助してやることは、親の援助の仕方としては上手に活用される範疇《はんちゅう》に入るだろう。一代で億万長者になった事業家は、そういうことを本能的に知っている。メアリの母と違い、彼らは非上場会社の株を贈与することが多い。これならすぐに売却できないから、株が新しい高級輸入車に化けてしまうことはない。

成人した子供の生産性が低くなってしまう最大の原因は、贅沢な生活のために金をすぐ使ってしまうことを知りながら、親が子に金を与え続けることにある。「臨時の」お小遣いをもらうと、やる気が薄れ、勤労意欲がそがれてしまう。そのうち金をもらうことに慣れてしまい、癖になり、一生親の金を当てにしなければならなくなってしまう。金をもらう側に与える心理的影響ははかり知れない。

経済的援助を受けて生活していると、また別の影響が出てくる。近所の人はメアリとラマーの生活ぶりを見て、そういう生活ができる人々なのだと思ってしまう。たとえば、メアリとラマーは、この数年間、その地域に引っ越してくる人たちを暖かく迎えるための地域活動の委員になっている。二人は、子供たちの通う私立学校の寄付金集めも積極的に行なっている。そういった様子を見て、近隣の人がメアリとラマーをどのように見るかは言うまでもない。最近、ある会社の営業担当副社長がメアリとラマーの近所に引っ越してきた。彼は三五歳で、猛烈に働いて出世し、ラマーの三倍近い給料を稼いでいる。彼には学齢期の子供が三人いる。

彼らを歓迎して家に招き、一〇分と経たないうちにラマーは近所の公立学校の質は悪いので私立学校に行かせるべきだと話しはじめた。引っ越してきたばかりの副社長は熱心に聞き入り、学費はいくらかと尋ねた。ラマーは費用対効果は大きくて、年間の授業料はわずか九〇〇〇ドルだと話した。ラマーは、引っ越してくる人みんなに、よい教育のためなら年間九〇〇〇ドルは安いものだと話している。ラマーはその私立学校を非常に気に入っている。それに何と言っても安上がりだ。なにしろ、学費は一〇〇%、メアリの母が出してくれるのだから。

この営業担当副社長は妻と一緒に近所の公立学校を調べてみた。ラマーから聞かされていたよりも、ずっとよい教育環境だったので、彼らは子供を三人とも公立の学校に行かせることにした。学校の教育水準はかなり高く、彼らはいい判断をしたと満足している。

私立学校の授業料、高級車、海外旅行、すてきな家。これらのものにどのくらいの価値があるとあなたは考えるか。どの程度の価格なら妥当と考えるだろう。ラマーはどんなに高い値段でもまったくお構いなしで、気にかけない。営業担当副社長は正反対だ。ラマーは他人の金を使うのは簡単だと覚え込んでしまった。副社長のほうは、大学の学費以外は一切、親から援助を受けていない。彼は誰に頼ることもなく経済的に自立している。自由にお使いなさい、とお小遣いをもらわなかったおかげだ。今度はいつお母様からお金をもらえるだろう、とラマーとメアリが気を揉んで過ごしている間に、副社長は熱心に働き、上手に貯蓄や投資をして、経済基盤を着々と築いている。

もらう人、もらわない人

「お金をあげることは子供にマイナスになるのだろうか」と思うかもしれない。金銭の贈与がもたらす影響はさまざまで、ここには到底書ききれない。ところで、親からお金をもらうのは「学校を中退した失業者」というイメージが強いかもしれないが、実際には、高い教育を受け、社会的に尊敬される職業についていることが多い。金持ちの子供の職業ベスト・テンは次のとおりである。

1　会社役員
2　起業家
3　中間管理職
4　医師
5　広告・マーケティング・営業職
6　弁護士
7　エンジニア・建築家・科学者
8　会計士
9　大学教授
10　小・中・高校の教師

親からお金の援助を受ける人とそうでない人との間には、はっきりとした違いが見られる。二つのグループの資産と所得を比較してみよう。年齢と職業で、資産も所得も大きく影響されるので、年齢別、職業別に分析してみた。

四〇代初めから五〇代半ばの年齢層を選び出し、職業別に、親から金銭の援助を受けたかどうかで比較した結果が表5 - 2である。

前述の職業ベスト・テンのうち八つの職業で、親から援助を受けている人はそうでない人よりも少ない資産しか持っていないことに注目してほしい。たとえば五〇歳前後の会計士で親から援助を受け

表5-2　金銭贈与を受けた人の資産と所得

職　業	家計資産（%）	順位	年間家計所得（%）	順位
会計士	57 *1	10位	78 *2	7位
弁護士	62	9位	77	8位
広告／営業職	63	8位	104	1位
起業家	64	7位	94	2位
会社役員	65	6位	79	6位
エンジニア／建築家／科学者	76	5位	74	10位
医師	88	4位	75	9位
中間管理職	91	3位	80	5位
大学教授	128	2位	88	4位
小・中・高校教師	185	1位	92	3位
総合	81.1	—	91.1	—

*1　たとえば、親から金銭贈与を受ける会計士を世帯主とする家庭の資産は、同じ会計士で親から贈与を受けていない家庭の資産の57%である。

*2　たとえば、親から金銭贈与を受ける会計士を世帯主とする家庭の所得は、同じ会計士で親から贈与を受けていない家庭の所得の78%である。

ている人は、そうでない人の五七％の資産しか持っていない。年間所得も、援助を受けていない人の七八％の所得しかない。

この年間所得の数字には、親からもらう金額は含まれていない。もらった金には税金がかからない。それを考慮して足し合わせると、親の援助を受けている人の年間所得は平均で、援助を受けない人の所得の九八％と等しくなる。それにもかかわらず、親の援助を受けている人は、受けない人の資産額の五七％しか貯めていない。

これは会計士に限った現象ではない。表5－2を見るとわかるように、会計士以外の七つの職業グループで同様のことが見受けられる。親の援助つきの弁護士の資産は、援助なしの人の六二％、広告・マーケティング・営業職で六三％、起業家で六四％、会社役員で六五％、エンジニア・建築家・科学者で七六％、医師で八八％、中間管理職で九一％である。

援助つきのほうが資産が多いのは、二つの職業グループのみ。援助つきの小・中・高校の教師は、収入で比べてみると援助なしの九二％と低いが、資産では一八五％と勝っている。大学教授の場合、収入は八八％と下回るが、資産では一二八％と上回る。これらの教職者から学ぶところは大きい。親からお金をもらいながらも彼らはしっかりと資産構築を実行している。なぜだろう。それを分析する前に、なぜ他の職業グループが資産を蓄えていないのかを考えてみよう。

1　与えられた金は貯蓄よりも消費に使われる。

子供が家を買うとき、ちゃんとした生活を始められるように、とお金を出してやる金持ちの親は多い。両親は一生に一度のことだから、と考える。「これでもう子供にお金をかけるのはオシマイ」と言うのをよく聞く。与える側の親は、子供が間もなく自力でやっていけるようになると思うのだが、彼らの半分近くは期待を裏切られることになる。

親から贈与を受ける子の場合、一般に所得が低めで、支出の増加に所得の伸びが追いつかないことが多い。高い家はなにかと物入りな高級住宅街にあるから、たとえ住宅ローンを支払う資力があったとしても、それだけでは間に合わない。洋服、庭の手入れ、家の修理修繕、車、家具など、何から何まで、その地域にふさわしくしていなければ、まわりから浮き上がってしまう。固定資産税が高いことも忘れてはならない。

このように、全額にしろ一部にしろ、住宅ローンの頭金を補助してやると、消費に拍車がかかり、その後ずっと親の金に依存するようになってしまう。近所の人で親から金をもらっている人は少ないはずだ。自力でやっている人たちは、自分たちのライフスタイルに満足して、自信をもって生活している。このような環境に置かれると、どうしても引き続き援助を必要とするようになってしまう。極端なケースでは、自立して経済力をつけようと努力せず、どうやったらもっと親から金を引き出せるかに知恵を働かせるようになってしまう。これで所得が少なければ、資産ができるわけはない。

消費を増やしてしまう原因は、住宅ローンの頭金の援助だけではない。金持ちの息子ビルとその妻ヘレンは、細かい手織の九〇〇〇ドルもする絨毯を親からもらった。ビルは地方公務員の土木技師で、年収は五万五〇〇〇ドルを少し切る程度である。彼の両親は、有名大学の大学院を卒業した息子にふさわしい生活をしてほしいと願って、その高価な絨毯をプレゼントした。だが、中古や安物の家具とはどうもそぐわない。そこでビルとヘレンは、クルミ材のダイニングセット、ガラスのシャンデリア、銀食器、ランプなど高価なものを買わざるを得なくなってしまった。九〇〇〇ドルの絨毯をもらったために、それと同額のお金を出費するはめになったのだ。

それからしばらくして、あるときビルは、地元の小学校は自分が通った学校よりレベルが低いとこぼした。母親は、それなら私立学校に通わせる学費を出してあげましょうか、と申し出た。ビルとヘレンは相談の結果、母から学費の三分の二を出してもらい、残りを自分たちが負担して息子と娘を私立学校に通わせることにした。母は好意で一万二〇〇〇ドルの援助を申し出たのだが、結果としてビルとヘレンに毎年六〇〇〇ドル余分な出費を増やしてしまった。

ビルとヘレンは子供を私立学校に通わせることから生じる、その他の費用のことまでは考慮に入れていなかった。学費以外にも学校は頻繁に寄付を依頼してくる。交替で子供たちの送迎をするために、七人乗りのステーションワゴンも買わなくてはならなくなった。本やその他の費用もバカにならない。公立の友だちよりも生活の派手な友だちに囲まれて、子供たちはそれを当然と思うようになってきた。今年の夏、子供たちはヨーロッパに旅行するのを楽しみにしている。教育の一環だし、友だちとのつきあい上、行かせざるを得ない。親の援助を受ける人が子供を私立学校に通わせる割合は、そうでない親に比べてはるかに高い（むろん、私立学校全体でみれば、親の援助を受けていない家庭のほうが多い。親の援助を受けない人のほうが圧倒的多数なためである)。

2 親から経済的援助を受ける人は、自分の財産と親の財産を同一視する傾向がある。

資産運用の仕事をしているトニー・モンタージュはこう話してくれた。

親からお金をもらっている人たちは、親の財産は自分のものだと考えるようですね。使っていい金だ、と思うんですよね。

親の援助を受けているくせに、親の金のおかげで自分たちには経済的ゆとりがあると考えてしまう。金に余裕があると思えば、金を使いがちだ。統計でみると、彼らは、親の援助を受けない、ほんものの金持ちの人と自分たちを同一視している。だから、彼らの所得は親の援助を受けない人の九一%なのに、資産は八一%しか貯まっていないのだろう。

親の援助を受ける側の立場に立って考えてみよう。四八歳のウィリアムは家を出て独立してからずっと、親から毎年一万ドルもらっている。この金額だと贈与税がかからない。仮に、非課税の一万ドルを利息として手に入れるには、いくらぐらいの元手がいるか考えてみよう。利回りを八%と想定すれば、元本は一二万五〇〇〇ドルとなる。ウィリアムが自分の資産レベルを、実際よりも一二万五〇〇〇ドル多い金額で考えたとしてもおかしくない。

こういうたとえ話はわかりやすいかもしれない。八歳の子供が両親の家の前庭で遊んでいる。見知らぬ人であるあなたが、その家に足を踏み入れようとすると、ビリーちゃんだかジェニーちゃんだかは、こう言う。「僕のお庭に入っちゃダメ。ここは僕んちなんだから」ビリーちゃんやジェニーちゃんは両親の家を自分の家だと思っている。八歳のときにはそれでいい。両親と一緒に住んでいるのだから、庭も家も車も、家族の持ち物だと考えてもかまわない。しかし大きくなるとビリーちゃんやジェニーちゃんは親のものと自分のものの区別がつくようになり、独立した大人に育っていく。親は子供たちに自立を教える。

残念なことに、精神的にも経済的にも両親から自立することの重要さを学ばないまま育つ人が増えてきている。ある父親は、息子が自立しているかどうか、トニー・モンタージュのコメントが当てはまるかどうか、試してみた。

感謝祭の日、ジェイムズが訪ねてきた時をとらえ、夕食の後に父親は切り出した。「私たちの持っている土地を地元の私立大学に寄付しようかと思っているんだがね。大学なら有効に役立ててくれるだろうから」

小説風に書けば、ジェイムズの反応はこんな感じか。

金持ちの両親に息子は叫んだ。「土地はお父さんたちだけのものじゃないだろう。僕のものでもあるんだ。大学なんかに指一本触らせるものか！」

ジェイムズの反応は十分予想できるものだった。彼は社会人になってからも両親から金をもらい続けてきている。収入の二割くらいの金を親からもらわなければ、彼の家計は赤字になるだろう。土地を大学に寄付してしまえば、彼の将来の収入が減ってしまう。

ジェイムズは自分では「自立」していると思っている。実際、両親から多額の金をもらう人の三分の二は、「一人立ちしてやっている」と思っている。親のスネをかじっている人たちに取材して「全部自分で稼ぎ出したお金だ」と言うのを聞くたびに、私たちは呆れ返るばかりだ。

3 親から経済的援助を受ける人は借入金に頼る割合が高い。

親から金をもらう人は、自分たちが恵まれていて幸せだと思っている。使える金があるから幸せなのだが、その金がいつも手元にあるとは限らない。金はあっても、今すぐは入ってこない。そこでどうするかと言えば、彼らは借金に頼ることになる。そうすればタナボタが入ってくるまで待つ必要はない。親から金をもらう人は、多額の遺産がそのうち転がり込むことを当てにして生活するきらいがある。

親から援助を受けている人は、援助なしで生活している人の所得の九一%、資産の八一%しかないのに、借金する傾向が強い。この借金は、消費のためであって、投資目的で借りるわけではない。投資目的で借金する場合に限っては援助なしでやっている人のほうが割合が多いが、それ以外では、借入の頻度、支払い利息、個人ローンやクレジットカードの未払金額など、すべて、援助を受けている人の数字のほうが高い。住宅ローンに関しては、両グループとも支払う金額や目的に違いはないが、親の援助を受けているグループは多額の頭金を肩代わりしてもらっている場合が圧倒的に多い。

4　親から経済的援助を受けている人は投資に回す金額が少ない。

親から経済的援助を受けているグループは、そうでない人の六五％の金額しか投資に回していない。この金額でさえも多めに出ていると思われる。消費と貯蓄の実際の金額を計算してもらうと、クレジットで買ったものを忘れて計算したり、見栄を張って水増しして報告することが多いせいだ。

例外は、学校の教師や教授である。彼らは親から経済的な援助を受けても、それまでどおりの質素な生活を変えないことが多いし、受け取った金を貯金したり投資したりすることが他の職業の人よりも多い。教師や教授の話はこの章の後のほうで詳しく触れる。

親の経済的援助に頼る人は、金遣いが荒く、借金に頼り、所得とは不相応な生活をする。だが、彼らが自分たちの欲しいもの、興味のあるものにだけ金を使っているわけではない。彼らは同じ所得層に比べ、ずっと多額の金を寄付している。たとえば、親がかりの人で年収一〇万ドルの層は、所得の六％弱を慈善事業などに寄付している。一般的にはこの年収だと三％しか寄付しない。六％と言えば、年収二〇万ドルから四〇万ドルの層と同じ割合である。親のスネはかじっていても、所得の六％は社会に役立つりっぱなことに使っているわけだ。

りっぱかどうかは別として、彼らが多額の金を使い、投資には金をあまり使わないことは確かだ。たとえ投資のことをよく知っていても、投資するお金がなければどうにもならない。親から経済的援助を受けているある若い教授の話だが、あるとき大学の社会人講座で投資について講義した。彼の聴講生には高学歴の高額所得者が数多くいた。投資情報、上場時の株の評価のしかたなど幅広いトピックを扱い、彼は聴講生から非常に高い評価を得た。彼の専門は金融で、博士号も取得している。講義が終わろうという頃、聴講生の一人がこの教授に質問した。

先生はご自身の投資をどう配分しているか教えていただけますか？　主に何に投資していらっしゃるのですか？

彼の答えに教室中がびっくりした。

いやぁ、実は何にも投資していないんですよ。住宅ローン、車のローン、教育費などで手いっぱいなもので。

後になって、このクラスにいた一人が話してくれた。

私の知り合いで『女性を口説く一〇〇のセリフ』とかいう本を書いたヤツがいるんだが、この男は女性の友だちが一人もいないって言っていた。それと同じだね。

投資アドバイザーを職業にしている人で倹約を勧める人はほとんどいない。彼らは、えてして視野が狭い。投資のコンサルティングを行ない、株や債券などの売買はしても、倹約を勧めたり、予算を立てることの重要性を教えない。生活が派手すぎますよ、とは恥ずかしくて顧客に言えない。あるいはカッコ悪くて、自分が低く見られるのではないかと思うようだ。

彼らを弁護するわけではないが、フィナンシャル・アドバイザーや高額所得者は、所得や年齢に応じてどのくらい資産を持っていなければならないかという期待資産額のことを知らない。またフィナンシャル・アドバイザーで、顧客が毎年親から多額の金をもらっていることを知らされている人は少ない。顧客の所得額だけを見ていれば、

四四歳で年収七万ドルだというのに、あなたは立派な家をお持ちだし、ボートや高級輸入車も持っておいでです。寄付もたくさんしていらっしゃるし、株に投資もしておられる。なかなかいい線いっているんじゃないですか。

と言うだろう。だが、毎年パパとママから税金のかからない一万ドルのお金をもらっていると知った

ら、このフィナンシャル・アドバイザーはなんと言うだろうか。

繰り返し強調しておくが、金持ちの子供のみんながみんな蓄財劣等生になるわけでは決してない。ただ、親が子供の生活の面倒を見れば見るほど、子供が劣等生になる傾向はある。金持ちの両親に育てられても、蓄財優等生に育つ子供はたくさんいる。親が倹約家で自己管理に厳しく、子供たちをきちんとしつけ、親に頼らず一人立ちすることの大切さを教えていれば、子供は蓄財優等生に育つはずだ。

ところが、マスコミは「リンカーン大統領」タイプの話を好んで取り上げる。ブルーカラーの家庭に育った人が成功する話をドラマチックに書き上げて、貧乏でなければ億万長者になれないようなイメージを植え付ける。もしそうなら、アメリカに億万長者が三五〇〇万世帯あってもよさそうなものだが、実際にはその一割しかない。

億万長者の大多数が億万長者の家庭に育っていないことは事実だ。なんといっても億万長者でない人の数は、億万長者人口の三〇倍以上いるのだから。一世代前にはこの数字は七〇倍だった。だから数の上では、億万長者ではない家庭から億万長者が生まれても何の不思議もない。しかし確率でいえば、億万長者が億万長者の子供を生む可能性は高く、億万長者でない家庭から億万長者の子供が生まれる可能性は低い。

ある兄弟の暮らし方

ヘンリーとジョシュは兄弟だが、同じ親から生まれたとは思えないほど似ていない。ヘンリーは四八歳。ジョシュは四六歳。ヘンリーは高校の数学の教師で、ジョシュは小規模の法律事務所のパートナーである。

二人の両親、バールとスーザンは億万長者で、六人の子供がいる。バールとスーザンは建設工事の請負業で成功し、富を築いた。二人は子供たちには甘く、ヘンリー、ジョシュ、もう一人の男の子、それと三人の女の子に、毎年現金で一万ドル与えている。子供が成人してからも与え続けている。毎年贈与していけば遺産が減って相続税が少なくてすむという計算だ。

バールとスーザンは、子供たちが楽に人生のスタートを切れるようにと願って、現金を与えている。それがやがて経済的に自立していく手助けになると思っている。バールとスーザンは、毎年どの子供にも同じ金額を公平に与えているし、家を購入するときにもほぼ同じ金額の金を出している。

このような親の手助けがあれば、経済的に人に頼らずにすむだろうと考えるかもしれない。少なくともバールとスーザンはそう考えた。二人は、大学に行かせてもらって、親からお金の援助をしてもらっていたら、もっと成功することができたのに、といつも思っていた。二人の両親は共に貧しかった。彼らが成功できたのは、両親が金以外のものを与えてくれたからだ。二人はしっかりした家に育ち、自己管理の重要性と、逆境を乗り越える強さを親から学びとった。だからこそ二人は億万長者になれたのだ。不況に入ると弱小なところや効率の悪い会社は建設工事の分野から撤退していった。バールとスーザンは精神的に強靭だったし、自分たちの会社を効率よく低コストで運営してきた。仕事に限らず家庭でも、無駄遣いせず効率よくやってきた。

いまだに、この夫婦は高級車を持っていない。スキー旅行も海外旅行もしたことがない。会員制クラブにも入っていない。だが、大学に進み、海外旅行で見聞を広め、会員制クラブで社会的ステイタスの高い人たちとつきあえば、子供たちは両親以上の成功をしてくれるものと思い込んでいる。

これは、バールとスーザンの勘違いだ。資産家の子供なら黙っていても親と同じように蓄財できるというものではない。子が親を追い抜くことができないと言うつもりはないが、親を越える子は少数派である。金持ちの子が一生の間に一〇〇万ドル以上の富を築く確率は五分の一だ。とはいえ、両親が億万長者でない場合にはそれが三〇分の一の確率になる。

バールとスーザンの六人の子供は、まだ誰も億万長者にはなっていないが、間もなく仲間入りを果たしそうな子は一人いる。ヘンリーとジョシュ以外の弟妹は年がずっと離れている。資産は年齢に影響されるし、若い弟妹は両親からお金の贈与を受けた年数がまだ少ない。

となれば、間もなく億万長者入りするのはジョシュだと思うだろう。普通はそう思う。弁護士の所得は学校教師よりもずっと高い。所得も資産に影響を与える要因である。昨年のヘンリーの年収は、両親からもらったお金を除いても七万一〇〇〇ドルで、一方のジョシュの年収は一二万三〇〇〇ドルだった。この数字を見てもジョシュのほうが着々と資産を築いていると思うだろう。彼の所得は兄の二倍に近い。しかし、蓄財の大原則を思い出してほしい。

収入がいくらであろうと、収入以下で暮らすこと。

ヘンリーの収入は低いが、支出も低い。ところがジョシュは所得を上回る生活をしている。ジョシュは「パパとママがくれる一万ドルを当てにして生活している」と言う。一万ドルを彼の収入一二万三〇〇〇ドルに加えると、彼の所得レベルは全米の上位四％に入る。一〇〇万ドル以上の資産を持つ世帯は全米で三・五％である。ところがジョシュの資産はどんなに多めに見積もっても、一〇〇万ドルには到底届かない。住宅、法律事務所の株、年金その他を掻き集めても五五万三〇〇〇ドルにしかならない。

かたやヘンリーはというと、収入が低いにもかかわらず資産は大きい。低めに見積もっても彼の資産は現在八三万四〇〇〇ドルある。所得が二倍近くある弁護士よりも学校教師のほうがずっと貯め込んでいるなんてことが、どうしてあり得るのか。

簡単に言ってしまえば、ヘンリー夫妻は倹約家で、ジョシュ夫妻はお金をよく使うから、そんなこともあり得るのだ。二人の立場の違いにもよる。一般的に教師は倹約家である。前述のデータを思い出してほしい。両親から金銭的援助を受けている弁護士は、そうでない弁護士に比べお金を使うことが多く、貯金や投資に回すことが少なかった。同年齢層で比べると、親の援助つき弁護士はそうでない弁護士の資産の六二％しか持っておらず、所得は七七％しか得ていない（前掲の表5－2参照）。

教師のほうはどうかと言えば、同年齢層で比べて親の援助つき教師はそうでない教師の一八五％の資産を持ち、九二％の所得を得ている。

両親から経済的援助を受ける教師は、私立学校で教える傾向が強い。私立の給料は公立学校よりも低い。バールとスーザンのような両親は、子供たちに金を与えることで、間接的に私立学校に補助金を出しているようなものだ。親の金があるからヘンリーは給料の低い私立学校でも働く気になる。何千ドルかよけいに稼ぐために公立学校で働く必要がないのだ。私立学校で教えていても、四年落ちの中古のホンダ・アコードや妻のミニバンを運転してもまったく気にならない。

しかしジョシュの場合はそうはいかない。オフィスの駐車場は高そうな外車でいっぱいだ。ジョシュは新規顧客開拓の責任者である。たとえ本人が四年落ちのホンダに乗りたくても、見込み客のほうは彼の車に同乗しようとしないだろう。客は車で判断して、彼の能力に誤った印象を持ってしまうかもしれない。

ジョシュと妻は新型モデルの車を三台持っている。そのうちBMW7シリーズと七人乗りボルボはリースしていて、トヨタ・スープラは購入している。ジョシュは、もっと収入のある人が使うような金額を車にかけている。ジョシュが車にかける金は平均でヘンリーの三倍である。

住宅ローンも、ジョシュはヘンリーの二倍近く払っている。ジョシュが住むのは高級分譲地の大きな邸宅である。ヘンリーは中流クラスの中型の家に住む。ヘンリーのとなり近所には学校教師、中間管理職、公務員、小売店の店長といった人々が住んでいる。ヘンリー一家は地域にうまくとけ込んでいる。ヘンリーは近所の人の四倍から五倍の資産を持っているが、お金の使い方は相変わらず中流クラスそのものである。

ジョシュの本宅（スキーリゾート地に別荘も持っている）のある地域は上流階級に属する。収入の多い医者、会社役員、トップクラスの成績をあげる歩合給の営業マン、弁護士、成功した起業家などが住んでいる。ジョシュはこの地域を気に入っている。顧客や会社の人を招待するのには申し分ない環境だ。だが、ジョシュが気づいていないことが一つある。その地域で彼の所得は上から数えて四分の三には入っているが、資産はほとんど最下位といっていい程度なのだ。

ジョシュ一家は、実際の資産の二倍、三倍、いやそれ以上もあるかのような体裁を取り繕って生活している。ジョシュが例外というわけではない。ジョシュのご近所でも、五人に一人はジョシュと同様、親から金銭的な援助を受けながら金を使い、少額しか貯蓄に回していない。

ジョシュの家ではどうやりくりしているのだろう。予算はどうしているのか。蓄財劣等生がよくやるように、彼はまずお金を使い、余ったら貯蓄に回すようにしている。ということは、年金と会社の利益配分制度によって自動的に貯まっていく金以外には、貯蓄らしい貯蓄がないということだ。彼の資産の三分の二以上は住宅、法律事務所の株、年金であり、投資は皆無に近い。しかし、気分は資産家だ。親から毎年一万ドルもらっているし、ある日もっと多額の遺産が転がり込むはずだと期待している。

ジョシュの子供たちはどうか。父からまとまった金額の贈与を受けることはまずなさそうだ。それにもかかわらず、子供たちは豊かなものに囲まれた生活に慣れきっている。両親の家を出て独立してからも、父と同じような生活をしようとするに違いない。だが、親から多額の援助を受けずにやろうというのは難しいだろう。

ヘンリーの子供たちは、父が相当の資産を持っていると知ったらびっくりするはずだ。ヘンリーと妻は分不相応なことはしない。ヘンリーは教師にふさわしい車に乗り、教師らしい格好をし、教師が行くような店で買い物をする。兄が持っているようなデザイナーズ・ブランドの服など持っていない。家にはプールもサウナもなく、ヨットもない。会員制クラブのメンバーでもない。着るものといえばスーツ二着とブレザー三着を持っているきりだ。

ヘンリーの生活は簡素で金がかからない。彼は世間体を気にしない。スポーツは一日おきのジョギングだ。彼も家族もハイキングやキャンプが好きでテント二つ、寝袋、カヌー二艘（一つは中古）を持っている。ヘンリーの趣味は読書。教会関係の活動にも積極的に参加している。

簡素な生活のおかげで、金が余る。余った金は貯蓄し、投資に回す。ヘンリーが教師になりたての頃、先輩教師が四〇三B据置型年金に加入することを勧めてくれた。それ以来ヘンリーはこの年金に金を入れている。両親から毎年もらう金も、ほとんどを投資に回している。

定年後どちらが快適な暮らしを送れるかは言うまでもない。ヘンリーとジョシュの両親は、孫にもお金をあげはじめた。ということは両親の遺産がほとんど残らない可能性もある。今の調子で使っていけば、ジョシュが快適な老後を期待するのは難しいが、ヘンリーには老後の心配はなさそうだ。年金、据置型年金、それ以外の投資の合計額は、彼が六五歳になるまでにはかなりの金額に膨れ上がっているはずだ。

子供に魚釣りの仕方を教えなさい

両親から金をもらうと子供がどうなるかを話すと、必ずこう聞く人がいる。「それではお金じゃなくて、ものをあげるのはどうでしょう。ものだったら、何をあげるのが一番いいですか？」子供たちに楽な暮らしをさせてやりたいと切に願う親心はよくわかる。だが、私たちは、お子さんたちに倹約のしつけをすることが一番です、と答えるようにしている。倹約の大切さを教え込まないと、子供はお金を使いまくり、親からお小遣いをもらわなければやっていけなくなってしまう。

とは言うものの、何かを与えるとすれば、何がよいのだろう。何を与えれば、子供たちは資産を上手に築くようになるだろうか。資産家は高等教育を高く評価する。私たちは億万長者に次のことをどう思うか聞いてみた。

◆学校や大学で受けた教育は、実際に生活していく上でほとんど役に立っていないと思うか？

イエスと答えたのは一四％。無回答は六％。残り八〇％はそうは思わないと回答した。だからこそ億万長者は子供の教育に多額の金を使うのだろう。億万長者が親から受けた経済的援助の中で、一番多かったのは学費である。

学費以外のものは、ずっと低い割合になる。調査した億万長者の三分の一は最初の家を買うときに援助を受けている。無利子で金を借りたのは五人に一人。住宅ローンの支払いを立て替えてもらった人は三五人に一人でしかない。

教育以外に子供たちにしてやれることは何か。自主性を重んじ、一人で何かをやり遂げるように激励する。責任ある態度を大いに誉め、リーダーシップを発揮したときには喜んであげる。他人に頼らず一人で生きることを子供に教えるべきなのだ。そう、金のかからないことばかりだ。金がかからないばかりか、長い目で見ると、これが子供にとっても親にとっても最善のことなのだ。

親から多額の経済的援助を受けたために子供の資産レベルが低くなった例は枚挙にいとまがない。過去二〇年間に私たちが集めたデータもこれを裏書きする。大学の学費を除けば、両親が裕福だった人も含めて、億万長者の三分の二以上が両親から経済的援助を受けていない。

弱い子供はますます弱くなる

それでは、金持ちはその資産をどうすればよいのか。子供に資産をいつ、どのように分配すればいいのか。詳しくは次章に回すが、ここでは一つだけ取り上げておこう。資産家の家には、ふつう二人以上の子供がいる。兄弟を比べてみると、親から与えられる金額が少ない子供ほど経済的に成功し、たっぷりもらうほうが成功しない場合がほとんどである。

あなたが金持ちの親だとしよう。いちばん上の子は小さいときからしっかりしている。他人に頼らず、ものごとを途中で放り出さず、自制心がある。本能的にあなたはその子の独立心を尊重し、あまり口出ししないようにするだろう。その分、他の子供にああしろ、こうしろと世話を焼くだろう。さあ、その結果はどうなるか。強い子はさらに強くなり、弱い子はさらに弱くなる。

一〇歳の子供が健康診断で医者から痩せすぎだとか太りすぎだと言われたら、親としてはなんとか改善させようとするだろう。運動させ、ビタミン剤を飲ませ、マシントレーニングや野球などのスポーツをさせたりして、積極的に解決方法を探るはずだ。痩せすぎの子に食べるなと言い、太りすぎの子に運動するなという親などいるはずがない。

ところが子供の性格に関しては、強きを助け弱きをくじくことがよくあるのだ。私たちが知っている人の息子は、文字を書く能力と話す能力に問題があると言われた。両親は、まず息子を別の学校に転校させてみた。だが話す能力は改善しなかった。父は子供の代わりに宿題を書いてやるようになった。父親はいまだに、大学二年生になった息子に代わってレポートを書いている。

ある資産家の一二歳の娘は非常に内気で、強く促されなければ誰とも話さない。心配した母は娘の教師に手紙を書き、娘がリラックスできるように座席を後ろに移してくれと頼んだ。母は「先生がたは前のほうに座っている子供に質問をしがちなので」と書き添えた。教師はこの手紙を受け取ってもすぐには席替えをしなかった。母はその日の午後抗議の電話を入れたが、教師はたまたま席をはずしていて、翌日折り返し電話をした。それでも母は軽く見られたように感じて、娘をすぐさま別の学校に移してしまった。

また別のケースだが、ある著名な教授のところに、近所の人が非常に腹を立てながら電話をしてきた。

電話の主　×××教授。ご専門のことなのでぜひ教えていただきたい。どうやったら教授をクビにすることができますか？　いや、その男はご存知ないと思います。州立大学ですからね。

教授　またなんで、クビなんかにしたいのですか？

電話の主　うちの娘を落としたんですよ。授業についていくだけの基礎がうちの娘にはできていないと言うんです。髪を長く伸ばしているヤツでね、スーツを着ているところを見たことがない。とんだ馬鹿野郎だ。もう大学の学部長には話したんだが、どうもはぐらかされている感じでね。アイツをクビにしなくちゃ、腹の虫がおさまらない。

教授　そのコースを取るのをやめればいいじゃないですか。

電話の主　取らないと、娘はサマースクールに行かねばならんのです。

教授　サマースクールがそんなにいやなところとは思えませんが。

電話の主　サマースクールに行けば、私たちと一緒にヨーロッパ旅行に行けなくなるんです。二年前から計画しているんですよ。妻は娘と一緒じゃなきゃ行かないだろうし。ああ、どうしたらいいんだろう。

これらの例では、親が弱い子供をさらに弱くしている。息子がうまく話せないのなら、そのハンディを乗り越えるようにしてやるべきだろう。ある父親は、息子が数学には強いが表現力に乏しいことに気づいた。彼はこの問題に真正面から取り組んだ。彼はＳＡＴ（大学進学適性試験）の参考書に出てくる単語を三つずつ取り上げて、夕食時に言葉を説明させた。毎日夕食を一緒に取りながら、父は息子に教えた。専門の家庭教師も雇った。この努力が実り、息子は入学試験が難しいことで知られるアイビーリーグの大学をトップクラスで卒業している。

「理想的」な環境の結果は？

ますます弱くなるように育てられた子供が大人になると、自分から何かをしようとすることのない、主体性のない人間になってしまう。高い収入を得られるようになることは稀《まれ》である。にもかかわらず、金をたくさん使って両親と一緒に暮らしていた頃と同じような生活をしようとするから、どうしても親の援助が必要になってしまう。もう一度言おう。

経済的援助を与えれば与えるほど子供は資産を蓄えず、援助が少なければ少ないほど資産を築くようになる。

これは統計的に証明された事実である。それなのに、親は自分たちの金を使えば自動的に、子供が上手にお金を貯められるようになると考える。これは大きな間違いだ。自分をコントロールする強い意志、自分から行動を起こす主体性は、車や洋服のように金を出して買うわけにはいかないのだ。

わかりやすい例をあげよう。最近の実例である。ある裕福な夫婦は娘のBPFにはできうる限りのことをしてやりたいと思っている。だからBPF嬢が自分で事業を始めたいと言ったときには、考え得る最高の環境を作ってやった。まず、娘が借金をしないですむように、事業を始めるに必要な資金を全額出した。BPF嬢は一銭も自分の金を出していない。銀行借入の申込すらしていない。

次に、彼らは娘に多額の金を与えた。そうすれば事業が成功し、著名な起業家の仲間入りができると考えたのだ。また、娘が全精力を事業につぎ込めるようにと、娘を同居させた。家賃を払わなくてすむし、食料品の買い出しに出かけなくてよいし、掃除をしなくてすむ。ベッド・メーキングもしなくていい。ここまでくると経済的援助どころか丸抱え援助とよんでいいだろう。

家賃を払わなくてすむ環境は若い起業家にとっていいことだろうか。少なくとも私たちはそうは思わない。会社を与えることもよいことだとは思わない。事業に成功した人は、自分の持っているものをすべて投げ出して成功を手に入れている。成功しなければ食っていけないから成功したのだ。自分の金、自分の製品、自分の評判。安全網はどこにもない。成功しようが失敗しようが、自分以外に頼るものは何もない。

ＢＰＦ嬢の両親は、娘の会社がしばらく利益を出さなくてもやっていけるようにしてやれば、心配のタネがまた一つ減り、成功の可能性が高くなると考えた。これでＢＰＦ嬢はすっかり他人に頼らなければ生きていけない人種になってしまった。両親は娘に毎年六万ドルを現金で与えている。

この「理想的」な環境の結果は？　ＢＰＦ嬢は今三〇代後半だが、いまだに両親の家に同居している。両親が開業資金も運転資金も出しているので、借金はまったくない。昨年彼女の会社は五万ドルの収益をあげた。両親は六万ドルの援助を止めていない。いまだに、いつの日にか彼女が一人立ちしてやっていけるようになると信じているのだ。お気の毒だが、私たちはそう楽観的には考えない。

事業に成功する起業家でＢＰＦ嬢のような人がいるだろうか。以下に箇条書きにしたのは、ＢＰＦ嬢がこの一年にしたことのリストである。事業を始めたばかりの起業家で、同じことをする人がいるとは考えられない。

◆他のディーラーと値段や条件を比較せずに、また値引き交渉もせずに四万五〇〇〇ドルの車を購入した。
◆五〇〇〇ドルの時計一つ、二〇〇〇ドルのスーツ一着、六〇〇ドルの靴一足を購入した。
◆年間の衣料費に二万ドル以上使った。
◆クレジットカードのリボ払い利息に七〇〇〇ドル支払った。
◆会員制クラブの会費と施設使用料に一万ドル以上支払った。

こんな起業家は皆無と言ってよいだろう。ＢＰＦ嬢の会社がうまくいっているとも言いがたい。彼女の会社は他人の金で直接・間接的に助けられている。ＢＰＦ嬢は両親のせいで現実を直視できずにいる。一人でやっていけるのかどうか、わからずじまいでいる。「理想的」な環境のおかげで彼女はどんどん物を買い続け、事業を継子《ままこ》扱いするようになってしまった。

親から援助を受けずに成功して金持ちになった事業家と、ＢＰＦ嬢とでは、どちらが心配ごとは多いだろう。ＢＰＦ嬢は親から援助を受けているのだから、何も心配することがないと思うかもしれない。だが実際には彼女は誰よりも多くの心配を抱え込んでいる。

成功した事業家は第三章にある表３‐４のうち、政府の動向に関連した三点に懸念を示した。政府が事業家や富裕層に不利となる方針や規制を打ち出すのではないかという懸念は持っている。

ところが、ＢＰＦ嬢は一二項目で不安に感じていると答えた。お金の心配をまったくしなくてすむ人が、他の金持ちの事業家の四倍もの心配ごとを抱えているのはなぜか。それは、成功した事業経営者は、心配事を乗り越えてきているからだ。自立しているから、不安に対する抵抗力ができているのだ。他人に頼らずにすむようにと、血のにじむような努力を重ねてきたからこそ、平静な気持ちでいられるのだ。

ＢＰＦ嬢は、独力で成功してきた人々には無縁の次のような点を不安に思っている。

◆両親の遺産に多額の課税がされること。
◆生活水準が下がること。
◆事業に失敗すること。
◆老後を心配しないですむだけの経済力を持たないこと。
◆兄弟から、両親の金や遺産を取りすぎだと非難されること。

逆境に強いのは、ＢＰＦ嬢ではない。主体的に考え行動することを両親から教えられた人々だ。彼らは他人の懐具合を気にしない。遺産がいくらあるかを気にするよりも、事業が成功するかどうかに気を使う。収入を下回る金で普段から生活していれば、生活水準を落とすことも気にならない。ＢＰＦ嬢の両親は娘が「一生心配しないですむように」と思っていたのに、彼らがしたことはまったく逆の結果を生んでしまった。子供が経済的に困らないようにかばおうとするのは人情だが、庇護を与えれば子供は常に将来の不安を抱くことになってしまうのだ。

経済的援助よりも勇気を

あなたの署名にはどのくらいの価値があるだろう？　もちろん使い方による。一つの署名を元手にして事業を成功させた男がいる。ポール・オーファラ、あだ名はキンコー。

父に連帯保証人の署名をしてもらい、五〇〇〇ドルの借金をした。一九六九年のことだ。その金で小さなガレージを借りて、キンコーは何人かの友人と事業を始めた。一日の売上は二〇〇〇ドルほどだった。

今やキンコーの事業は、年商六億ドルを超えるビジネスに育っている。もし、キンコーの両親がBPF嬢の両親のようなことをしていたら、彼は今日の成功を手にしていただろうか。キンコーは事業の成功に不可欠な、勇気を持っていた。金銭的リスクをとるのは勇気がある証拠である。BPF嬢は金銭的リスクをまったくとっていない。

ウェブスターの辞書には、勇気とは「反対、逆境、困難に立ち向かう精神的強さ」と定義されている。それは難関や危険に直面してもひるまない強い気力を意味する。勇気は生まれつきのものではなく、努力で身につけることができる。しかし、リスク、困難、危険がすべて取り除かれてしまった環境で、勇気を身につけるのは不可能だ。ＢＰＦ嬢が勇気を持たず、家を出て経済的援助を断ち切り、自分で事業を行なうことができないのは、この理由に他ならない。

仕事の成果がそのまま報酬に跳ね返ってくるような形で働くのは勇気のいることだ。資産を築いた人たちは、その勇気を持っていた。その大半は事業家か歩合制で働く人々である。両親が裕福であったかどうかとは無関係に、彼らは独力で富を手に入れている。リスクをとって事業を起こし、チャンスをものにしていく勇気を持ち合わせていたのである。

起業家として大成功を収めたマクドナルドの創始者レイ・クロックは、自らも優れた営業員でもあった。彼はマクドナルドのフランチャイズ希望者や役員を選ぶときに、勇気を重視した。クロックは飛び込みで売り込みにくる人にもお座なりな対応をせず、秘書に「どんな人であれ、門前払いしてはいけない」と指示を出していた。仕事の成果だけで評価される仕事につくのは勇気のいることだと考えていたためである。彼が最初にフランチャイズ契約をしたのは、カリフォルニアの郊外に住むサンフォードとベティのアゲート夫妻で、クロックは彼らにフランチャイズ権を九五〇ドルで与えた。クロックが最初にベティと会ったのは、彼女がシカゴの金融街で飛び込みセールスをしているときだった。クロックの秘書は「なんでまたユダヤ人が、カトリックの聖書なんか売り歩いているの？」と尋ねた。彼女は「生活のためです」と答えた。クロックはこのようなことができる人なら、フランチャイズ権を与えても成功するに違いないと考えた。

ＢＰＦ嬢は今までに一度たりとも飛び込みセールスをしたことがない。彼女の会社の商品を買ってくれるのは、友だちか、両親や親戚の取引先だけだ。彼らに売り込みをするのは飛び込みセールスとは言えない。

子供に勇気を持たせるにはどうしたらよいのかと尋ねられると、私たちは、売り込みが必要なことをさせてみなさいと答えるようにしている。たとえば学校のクラス委員に立候補するよう励ましてみよう。選挙で選ばれるには、自分を売り込まなければならない。ガールスカウトでクッキーを売ることだって効果がある。物を売るのは、客観的な第三者から評価されるよい機会である。

偉大な勇気ある女性

ファクス送信用紙
送付先：ウィリアム・D・ダンコ博士、ニューヨーク州オルバニー市
送信元：トマス・J・スタンリー博士、ジョージア州アトランタ市
件名：偉大な勇気ある女性
月日：九月三日、午前

今朝五時半にどこにいたと思う？　早朝割引サービスの飛行機に乗っていたんだぜ。飛行機は一〇〇人乗りくらいの大きさだったが、今朝搭乗していたのは二〇人もいたかな。座席に座ったとたん、

機内アナウンスがあり、目的地に霧が出ているので「出発に多少の遅延がございます」という放送があったんだ。私が立ち上がると前の座席の女性（ローラと呼んでおこう）も立ち上がったので、このフライトに乗るために朝早く起きたのになんてこった、と話しかけたんだ。すると彼女は、私なんか昨晩からずっと飛行機に乗りっぱなしよ、と言うじゃないか。

ローラになぜ徹夜で旅行するのか聞いたら、そのほうが安上がりだからというのさ。でも、話を聞いてみると、彼女は相当の金持ちで割引料金で乗る必要なんかは全然ないんだ。金があるのに非常に倹約家というわけさ。ローラは不動産業界の会議に出席する途中だった。「不動産トップセールス」の表彰を受けるのよ、と話してくれた。なぜ不動産の仕事をするようになったのか聞いてみた。ローラは「生活のため」と簡単に答えた。

ローラが、ある朝起きて台所にいくと、キッチンテーブルに夫のメモが残っていた。

ローラへ、
僕は秘書と恋に落ちてしまった。弁護士が近々君に連絡をとるだろう。子供たちをよろしく。

三人の幼い子供を抱えた専業主婦のローラにとっては、どんなにショックだっただろう。ローラは高校教師の職には戻らないと決めた。また金持ちの両親に頼ることもやめようと心に誓った。ローラは自立心と自制心の大切さを教えられて育っている。彼女は英文学の修士号を持っていたので、その学歴でなにかできることがあるだろうかと考えた。だが、似たような学歴の人はわんさといる。教師や編集者、著述業で子供たちを養うのは無理だろうと考え、ローラは近所の会社を何社かまわって就職活動をした後、不動産の営業をすることに決めた。最初の四カ月で、ローラは英語を教えていたときの年収を上回る金を稼ぎだした。

ローラの成功の秘訣は何かと君が尋ねるだろうと思って、先回りして聞いてみたよ。

その気になれば人間って何でもできるものですね。背水の陣でのぞむと、驚くほどたくさんの人と会って営業することができるんですもの。

若いうちからローラは営業に必要な素養を培《つちか》っていた。学生時代、夏休みには何社かの会社に頼み込んで働かせてもらった。学期中にもさまざまなアルバイトをした。ローラは仕事を探すのが上手で、友だちに職を紹介したりもしていた。彼女は人材紹介業でも成功していたに違いない。友人が生徒会の会長に立候補したときには選挙対策委員長を買ってでて、見事当選させている。

とんだ男と結婚したおかげで、もっといい暮らしができるようになったというのは皮肉なもんだ。夫の不倫で彼女の全才能が開花したんだからね。夫よりもビジネスの才能がずっとあったのが、今ようやく日の目を見たということか。今では前の夫よりもはるかに裕福になっている。彼女の成功のもう一つの要因は誠実さだ。彼女の夫にはそれがなかった。

セールスとして優秀な成績をあげた後、ローラは独立して自分で不動産会社を始めた。事業が大成功を収めているのに、彼女はいまだに深夜便や早朝便の飛行機を利用している。彼女を見ただけではどこにそんな勇気とスタミナがあるんだろうと思うよ。身長はせいぜい一五〇センチ、体重は四〇キロあるかないかの華奢な体格でね。だがいつも僕たちが話しているように、大事なのは見かけじゃないものね。大事なのは、自分で自分をコントロールする強い意志、勇気、固い決意だ。それが人を経済的にも成功に導くということだね。

6 男女平等・家庭版

彼らの子供たちは、経済的に自立している。

子供のいる資産家は、相続税を軽減するために、死ぬ前に子供に分配して遺産を減らしておこうと考える。だが、どのように分け与えるかは難しい問題だ。

子供が幼いうちは、分配が問題になるとは考えてもみない。みんな平等に分ければいいと単純に考える。子供が四人いれば「みんな二五％ずつ公平に分けるつもりです」と言うだろう。

ところが子供が大きくなると、そう簡単にはいかなくなる。金を必要とする度合いが子供によって違うことがわかってくるのだ。誰に多めに与え、誰の分を少なめにするか。それは個々人が判断するしかないが、次の調査結果は参考になるだろう。

◆親は存命中に、働いていない娘や「一時的に」失業中の息子に経済的援助を与える傾向が強い。またこのような娘や息子は、遺産も大きな割合を受け取る傾向がある。

◆経済的に成功している子供が受け取る経済的援助や遺産は少なくなる傾向がある。
◆非常に成功した子供は親から何ももらわないことが多い。前章でみたように、だからこそ彼らが金持ちになれたとも言える。

専業主婦──あなたはタイプAあるいはタイプB？

遺産の分配額は、子供の職業（あるいは社会的地位）や性別によって変わってくる。私たちの調査によれば、遺産や経済的援助を受ける確率もその額も、専業主婦は群を抜いて多い（表6-1、表6-2参照）。平均すると専業主婦が相続する遺産の額は、他の子供の約三倍にもなる。また両親から毎年受ける金銭的援助の額も大きい。

資産家の娘で専業主婦になった女性には二通りのタイプがある。タイプAとタイプBと呼ぶことにしよう。働いていない女性も「自分のお小遣い」が必要だ、女性のほうが経済的に不利だ、義理の息子が妻子をどこまで養えるか怪しいものだ、と親は考える。そのおかげで専業主婦は恩恵にあずかるのだが、その度合いはタイプAとタイプBで違ってくる。

タイプAは、高額所得者で社会的に成功した男と結婚して、年老いた両親、身体が不自由になった両親の世話を見ることが多い。働いている兄弟がいやがる親の面倒を見てくれたお礼の意味で、遺産や経済的援助をもらうことも多い。タイプAの女性は高い教育を受けており、単独であるいは誰かと

表6-1　遺産を受ける確率：富裕層の子息の職業別比較

遺産を受ける確率

かなり高い	普通	かなり低い
専業主婦	エンジニア	医師
失業中	建築家	会社役員
小・中・高校教師	科学者	起業家
大学教授	広告	
職人	営業職	
ブルーカラー	弁護士	
	会計士	
	中間管理職	

表6-2　贈与を受ける確率：富裕層の子息の職業別比較

贈与を受ける確率

かなり高い	普通	かなり低い
専業主婦	職人	エンジニア
失業中	ブルーカラー	建築家
弁護士	起業家	科学者
小・中・高校教師	中間管理職	広告
大学教授	会社役員	営業職
		医師
		会計士

共同で、親の遺言執行を行なう場合がよくある。地域の教育活動、慈善事業のボランティア活動などでリーダーシップをとるのもこのタイプである。

タイプAは親から対等の仲間、友だちのように思われる。頭が良く、リーダーシップ力があるので、遺産、引退計画、事業の売却の相談、弁護士の選択など、家庭内の相談をよく受ける。タイプAは相続税に詳しく、生前に財産を分け与えて遺産を減らし税金を軽減しておいたほうがよいと、両親にアドバイスしたりする。タイプAは結婚すると、両親から多額のお小遣いをもらうようになり、家の購入を援助してもらったり、投資用不動産物件を買うときにも援助してもらったりする。

タイプAの娘は、両親だけでなく他の兄弟にとっても非常にありがたい存在である。年老いた両親の身体の世話だけでなく、精神的な支えにもなって、大きな負担を背負い込んでくれるからだ。

タイプBは、体だけ大人になった子供のようで、経済的援助だけでなく精神的な支えも必要とするタイプだ。他人に頼ることが多く、自分で進んで何かをしようとしない。タイプBはあまり稼ぎのよくない男と結婚することが多い。またタイプAよりも学歴が低い傾向にある。親は、タイプBの娘一家がなんとか中流クラスの生活くらいはできるように、と金銭的な援助をする。娘は両親の近くに住み、母親が買い物にいくときには一緒についていく。中年になっても親から洋服代をもらう娘は珍しくはない。タイプBの娘の遺産相続分については遺言で特別な配慮をする親が多い。「ほんとうにお金を必要としている」と思うから、タイプBの娘には小遣いをあげたり、遺産を多めに与えたりする。タイプBは親の面倒をみるのではなく、逆に親に面倒をみてもらうタイプだ。

タイプBの娘夫婦はお金の管理が下手で有効に使えない、とわかっているので、親はまとまった額の現金を与えない。娘の夫が「仕事を変わる途中」(つまり失業中)の時とか、子供が産まれたときなど、必要に応じてお金をあげる。急に金が入用になって困っているときに金を出してやることも多い。現金だけでなく、洋服代や学費を代わって払ってやることもある。タイプBは結果として親の遺産を多く受け取る。親はタイプBの娘の子供には特に心を砕いて、遺言の中で特別な配慮をする。タイプBはいつまでたっても経済的に一人立ちできないことが多い。五〇代半ばになっても親から仕送りを受ける娘もざらにいる。

タイプBの夫が、義理の親の会社で働くこともよくある。その場合、義理の息子だからというだけで、通常よりも高い給料をもらうことになる。定職についていても、かけもちで親の会社で働いたりアルバイトをしたり、あるいは雑用をして、普通ではもらえないような額の金をもらうことも珍しくない。

専業主婦ではなく働いている娘の場合には、もらうお小遣いや遺産が少なくなる。だが、たとえいい仕事についていても、娘は経済的に成功した兄弟より遺産を多く受け取る傾向にある。前述のように資産家の親は、女性が「自分のお金」を持っているべきだと強く感じている。また義理の息子が娘を守ってくれるとは一〇〇%信じていない。この点、彼らの勘は当たっている。私たちの調査では、金持ちの娘の四割が一度は離婚を経験している。

金持ちの親から娘へのメッセージ

金持ちの親は、男女間で収入に大きな開きがあることを百も承知だ。だから彼らは独自に「女性の地位向上運動」を始める。次のデータを考えてみよう。

◆アメリカの労働人口の四六%は女性であるにもかかわらず、一〇万ドル以上の年収を得る女性は二割もいない。一九八〇年、一〇万ドル以上の所得のある女性は四万人を切っていた。一九九五年に、この数字は四〇万人に増えた。一〇倍の増加である。二〇〇〇年までにはその数字は六〇万人以上になるだろう。しかし一九九五年のデータでも、一〇万ドルの高所得を得る女性は男性の二割に過ぎない。

◆メディカルスクール、ロースクール、ビジネススクールなど、いわゆる専門職のための大学院を卒業する女性の割合は急速に増加している。一九七〇年にはメディカルスクールの卒業生のうち女性はわずか八・四%だったのに、一九九五年には四〇%が女性であった。ロースクールでは六%が四五%近くに増加している。しかし学歴が高くなっても、それで自動的に給料があがるわけではない。「一九九五年の今日、メディカルスクール、ロースクール、ビジネススクールを卒業した人々の間ですら男女の給料格差がある」という調査が最近発表された。これによれば、一九九五年時点で、専門職につく女性の収入は、同じ職につく男性の四九・二%でしかない。

◆給料の高い職業で、男女差はどのくらいあるか。表6‐3を参照してもらいたい。高給を得られる職業上位二〇種の二〇種すべてで、女性の給料は男性よりも段違いに低い。たとえば女性の内科医は男性の五二%、女性の歯科医は男性の五七・四%、女性の足病専門医は五五%、女性の弁護士は五七・五%でしかない。

◆一九八〇年に一〇万ドル以上の収入のあった女性のうち、四五%は働いていない。つまり、仕事で一〇万ドル以上の所得を得たのは五五%ということだ。この比率は一九八〇年から今日までたいして変わっていない。二〇〇五年になってもさほど変動しないものと予想される。男性の場合、働いて一〇万ドル以上の収入を得る人の割合は八割に近い。残りの二割のほとんどが六〇歳以上で、引退している男性である。

◆不労所得で一〇万ドル以上の収入を得た女性の大半は、親、祖父母、夫の遺産相続か贈与を受けており、利子、配当、キャピタルゲイン、家賃収入などの形によるものがほとんどである。

◆中小企業のオーナーの三分の一は女性だが、そのうち三分の二は年収五万ドル以下しか得ていない。

◆会社を辞める割合は女性のほうが四倍も高い。

この客観的な数字は、実状をよく物語ってくれる。高い収入を得るのに女性であることがハンディキャップであることは間違いない。社会環境ということも大きな原因だが、それだけでは女性が高額所得者になりにくいという説明にはならない。実際、所得番付でトップ一%のグループにも、女性が

表6-3　高給職種上位20種における男女比較

職　業	平均年収	男性の所得	女性の所得	性別による格差	女性の所得が男性所得に占める割合
内科医	120,867ドル	132,166ドル	68,749ドル	63,417ドル	52.0%
足病専門医	90,083	94,180	51,777	42,403	55.0
弁護士	86,459	94,920	54,536	40,384	57.5
歯科医	85,084	88,639	50,919	37,720	57.4
医学部の教授	82,766	91,236	48,801	42,435	53.5
法学部の教授	76,732	85,376	51,727	33,649	60.6
金融・証券の営業職	67,313	78,097	37,695	40,402	48.3
その他の開業医	66,546	76,139	33,718	42,421	44.3
検眼士	62,556	64,988	42,659	22,329	65.6
保険計理人	61,409	71,028	40,219	30,809	56.6
裁判官	60,728	65,277	43,452	21,825	66.6
航空機パイロット	57,383	58,123	32,958	25,165	56.7
獣医	56,451	62,018	35,959	26,059	58.0
石油技師	55,788	56,653	43,663	12,990	77.1
経営アナリスト	54,436	62,588	36,574	26,014	58.4
経済学部の教授	52,862	57,220	38,884	18,336	68.0
固定給の一般事務管理職	52,187	61,152	30,378	30,774	49.7
物理学者および天文学者	52,159	53,970	38,316	15,654	71.0
マーケティング、広告、広報担当管理職	51,879	58,668	35,227	23,441	60.0
原子力関係のエンジニア	50,492	51,313	36,513	14,800	71.2

出典：富裕市場協会データベース1996年および1990年アメリカ職業国勢調査

二割いるのだから。では、他にはどのような理由が考えられるだろう。娘には親が援助する割合が高いと述べたが、実はそれが大きな原因となっているのではないだろうか。

金持ちの娘には、外で働かない女性が多い。過去二〇年間のデータを見てみると、金持ちの家庭では、妻が専業主婦で子供が何人か、という家族構成が八割にものぼる。このような家庭に育った娘は「お母さんも仕事をしなかったんだから、私も働かなくたっていいんじゃないかしら」と考えるだろう。これに反論するのは容易ではない。なにしろ、このような家族構成の金持ちの家はうまくいっている場合が多く、離婚率も通常の半分以下である。

「父親が外で働いて、母親が家庭全般の面倒を見る」システムを娘が見習うケースは非常に多い。金持ちの間では、外で働くな、自分のキャリアを持つな、経済的にも精神的にもあまり自立してしまうな、と娘に教え、無意識のうちに、娘が他人に「依存」するような教育が行なわれている。親は言葉に出さずに、こんなメッセージを娘に吹き込むのだ。

心配しなくてもいいよ。君がいやなら仕事をしなくたっていいんだ。お金のことなら心配いらないさ。僕たちが面倒を見てあげるからね。君が働いてよいお給料をもらうようになれば、パパたちからお小遣いをもらえなくなるし、遺産ももらえなくなるんだよ。

弱い人と強い人

アンとベス――ヒモつきの代償

アンは三五歳。億万長者、ロバートとルースのジョーンズ夫妻の末娘だ。ジョーンズ氏は流通関係の会社をいくつか経営している。ジョーンズ夫人は典型的な専業主婦だ。大学を出ていないし、外で働いた経験もない。彼女は地域の慈善事業などに積極的で、子供が小さいときにはＰＴＡの役員をしていた。

アンはざっくばらんに両親のことを語ってくれた。

　両親からお金を引き出すのはとっても簡単よ。「家を買うの」とか、「子供を私立学校に行かせたいわ」とか言えばね。でもそうするとヒモつきになってしまう。姉のベス（三七歳）にはそれが痛いほどわかっているはずなのにねぇ。自分の生活というものがないんですもの。お金を恵んでもらうのも、タダじゃすまないわ。そう、お母様の言いなりになるという代償がついてまわるのよ。

アンは早いうちから、金をもらえばその代償がついてまわるということを学んだ。結婚に際し、アン夫婦は親から遠く離れた土地で職を探し、親の影響を受けないようにした。

二人目の子供が産まれたときに、アンは働くのをあきらめた。だが、姉のベスのように親から経済的援助を受けるのは断った。姉を見ていて、お金をもらえば失うものが大きいことを、いやというほどわかっていたからだ。

アンはベスの家族が「生活保護」で暮らしているようなものだ、と話す。ジョーンズ夫妻は、ベスが家を買うときに多額の頭金を払ってやった。毎年数千ドルを、家計の足しに、と与えている。クリスマスには二万ドルを現金でプレゼントする。ベスは両親から三キロのところに住んでいる（親が子供をコントロールする確実な方法は近くに住まわせることだ）。ベスの家だか両親の家だかわからない状態だ、とアンは言う。呼ばれようが呼ばれまいが、母はいつもベスの家にいる。家を買うときには、ベスよりも母のほうがずっと熱心だった。

ベスは大学在学中に結婚し、子供を産んだ。結婚してから三年間は、ベスの夫が大学を卒業できるように、二人はベスの両親の家に同居した。その三年間、彼はアルバイトさえしなかった。

ベスの夫は大学卒業後、地元の会社で事務職についたが、二年も経たないうちに合理化でクビになってしまった。そこで彼は義理の父の会社に総務部副部長として雇い入れてもらった。アンによれば、総務部副部長という肩書きは彼のために新たに作られたもので、それ以前は総務課長と呼ばれていたポジションである。義兄の給料は異常に高く、諸手当もいろいろついている、とアンは言う。

このような状況で、自分に自信を持つのは難しい。アンの両親、特に父親ロバートはベスの夫をまったく評価していない。社会的、経済的、知的のいずれにおいても、ベスの夫はベスに劣ると思っている。しかしアンの夫に対しては敬意をもって接する、とアンは言う。アンの夫は有名大学を卒業し、二四歳のときに優秀な成績で修士号を取得している。ロバートとルースは友人に「うちのアンの亭主」をよく自慢する。

結婚の前に、アンの夫が初めて家を訪れて泊まっていったとき、ロバートとルースは最上級の歓待をした。両親は彼の学歴にいたく感心した。当時両親の家に居候をしていたベスの夫は、まるでウエイターのようだったとアンは言う。ロバートは義理の息子に、飲み物とスナックを持ってくるようにと命令した。カクテルを何杯かあけた後に、ロバートは義理の息子を「間抜け」と呼びはじめた。アンと婚約者は少なからずショックを受けた。このショックは、二人に消えることのない傷を残した。アンは、両親から「間抜け」呼ばわりされることは決してないようにしよう、と心に誓った。この決意は今も続いている。両親はアンに、お金をあげるから受け取ってちょうだい、としつこく言ってくるが、アンは拒み続けている。ロバートとルースは、ベスの夫にはしょっちゅう雑用を頼んでいる。長女の婿というよりも、便利屋、お抱え運転手のような扱いだ。

なぜベスの夫はこんな待遇に耐えているのか。それは、そのように飼い慣らされてしまったからなのだ。彼もベスも、両親と同じように金のかかる生活を送ることに慣れ切ってしまっている。そのような生活を続けるには、両親の管理下にいるしかない。ロバートとルースは口にこそ出さないが、態度でこう言っているようなものだ。

ベス、おまえたち夫婦は今のような生活をするだけの金を稼いでないじゃないか。おまえたちは経済的には半人前だ。私たちの特別な援助がなかったら、やっていけないだろうが。

ベス夫婦が援助なしではやっていけないというのは事実だ。しかし、今までの経緯を振り返ってみれば、ロバートとルースがそう仕向けてしまったように第三者の目には映ることだろう。頼みもしないのに多額の金をせっせと与えたために、ほんの数年のうちにベスも夫もやる気を失い、経済的に一人立ちする自信を失い、自立心を失ってしまった。この夫婦が二人だけでどこまでやれるのか誰にもわからない。二人は自分たちの力を試すチャンスを一度も与えられないまま、今日まで来てしまったのだ。

賢い両親の役目は、弱い子を強くすることだ。ロバートとルースはその正反対のことをしてしまった。弱い子をさらに弱くなるように育ててしまい、今もさらに弱くしつづけている。ベスとその夫が彼らに寄りかかっているのは、他ならぬ自分たちのせいだということに、彼らはまったく気づいていない。アンはそのような両親に腹を立て、苦々しく思っている。姉と義兄が経済的にも精神的にも両親に依存しているのは、両親の責任だと考えている。姉夫婦の生き方は、アンにとってよい反面教師になっている。

アンは、両親が姉の子供たちをかまいすぎだと気にしている。両親はまた同じ過ちを繰り返すだろう。子供に干渉しすぎず、一人立ちできるように育てればいいのに、とアンは思う。だが、両親の場合はもうすでに手遅れだ。彼らが今から変わることを期待するほうが無理というものだ。だからアンは自分の家族の生活に一切口出しさせていない。

シンデレラになったサラ

サラは五〇代後半の会社役員。両親は資産家だった。彼女がまだ小さい頃に父は事業を起こし、成功した。私たちの取材にサラは「お父ちゃま」や妹のことをオープンに話してくれた。

サラの父親は頑固な男だった。サラは、彼の女性観を受け入れることができなかった。女性は美術か何かを勉強して、結婚して、子供を産むもので、外で仕事をすべきではないと、父は信じていた。女性は夫に従い、夫を助けるべきで、キャリアを持つなどとんでもないと思っていた。

一〇代の頃、サラは父といろいろなことで議論をするのが好きだった。しかし、女性の問題になると、決まってサラの将来の話に発展し、口論で終わった。大学の学費を出してやらないぞ、嫁入り支度もしてやらないぞ、と父はしばしばサラを脅した。

サラは脅しに屈しなかった。サラは家を出た。言葉どおり、父は金の援助をすべて断ち切ったが、両親から経済的にも精神的にも自立したいというサラの気持ちを変えることはできなかった。サラは大きな出版社に勤め、校正の仕事を始めた。出版界でキャリアを磨き、管理職になり、キャリアが安定して初めて、彼女は結婚して家庭を持った。

妹のアリスはサラと正反対だった。サラと違ってアリスは典型的なタイプBの専業主婦で、父の思いどおりに育った。誰から見ても彼女は「お父ちゃまっ子」だった。アリスは彼女よりも家柄の低い地元の男と結婚した。この男は収入が少ないのに、派手に金を使うきらいがあった。収入の少ない夫に代わって、父は、アリスとその三人の子供に、自分なりに手助けをしはじめた。父はお気に入りの娘が中・上流クラスにふさわしい家に住めるようにと、家を買ってやり、必要な家具なども買い与えた。「お気に入り」は、毎年多額の現金や株を父からもらった。

ふんだんにお金をもらっていたのにもかかわらず「お気に入り」の娘はほとんど貯蓄らしい貯蓄をしなかった。彼らの家計運営の方法は非常にシンプルだ。お金は気にせずに、どんどん使おう。収入や「お父ちゃま」からもらうお金がなくなっても、足りない分はまた「お父ちゃま」が払ってくれる。

会社役員の大半は親の援助を受けていない（表6 - 4参照）。サラも父からは一切援助してもらえなかった。言うとおりにしなかった罰、というわけだ。

父が亡くなると、毎年もらう金はなくなったが、アリスは遺産の大部分をもらい受けた。死ぬ直前に「妹よりもずっと少ない金しかやらないぞ」と言われ、わずかの金額にしろ遺産をもらったことにサラは驚いた。自立した娘がタイプBの妹ほど遺産を必要としていないことを、父はよく知っていた。

父のお気に入りだったアリスとその夫は、間もなく父の遺産を使い果たしてしまった。その直後にアリスは死んだ。アリスの子供たちが中・上流クラスの生活を送るだけの金を、アリスの夫は稼いでいない。子供たちの大学の学費を始め、さまざまな面倒を見てやっているのは、遺産をほとんどもらわず、援助も受けず、継子《ままこ》扱いされていた伯母のサラであった。父が妹だけにお金をあげても、サラはアリスにいやな態度を見せたことがなかった。サラは、アリスや子供たちの誕生日には必ずプレゼントを贈っていたし、クリスマスにもプレゼントを贈っていた。サラは、自立した、愛情深い、真の成功を手にした女性である。

サラは自分一人の力で億万長者になった。サラは自分の家族の生活費も支払っている。彼女は今、妹の子供やこれから産まれてくる孫のために信託口座を設ける手続きをとっているところだ。そうしなければまずいだろう、と考えている。アリスの娘たちときたら、お金のことは何もわかっていないんですもの、とサラは言う。それは無理もない。娘たちがお手本としてきたのは、蓄財劣等生の彼女たちの両親なのだから。

サラは蓄財優等生である。今も倹約家で、むやみにお金を使わない。彼女の資産は、会社役員としての年収からしても、かなりの高額になる。サラはこう語った。

　私がどのくらい貯めているかを知ったら、普通の人はびっくりするでしょうね。どうすればやっていけるのか、私はコツを身につけているのよ。

サラは、金を貯めるのが下手で無駄遣いばかりする親を持ったアリスの子供に援助の手をさしのべている。

同じ両親のもとで生まれ育っているのに、子供の間でなぜこうも金銭感覚が違ってくるのだろう、

親との関係	受け取る時期	贈与・遺産のタイプ
他の子供よりも親に近い関係は、特に見られない。 どちらかというと関係も住居も距離を置くことが多い。	贈与される場合には、早い時期が多い。 中高年になってから贈与を受けることは稀である。	遺産は金銭や金融資産の場合が多い。 最初の住宅購入時に、親が用意した学資用口座の残金を支払いにあてることが多い。
医者は経済的にも心情的にも親に頼る度合いがもっとも少ない。	若い時期に金銭の贈与を受けることが多い。 中高年になってから贈与を受けることは稀である。	学資や開業資金として金銭を贈与されることが多い。 遺産は不動産や物品よりも金銭や金融資産の場合が多い。
起業家は通常、非常に独立心が旺盛なタイプである。経済的にも心情的にも親に頼る度合いは少ない。 高齢の親は、起業家の子供に強く愛情を感じることが多い。	若い時期に金銭の贈与を受けることが多い。	起業家は他の子供よりも大学や大学院に行く年数が少ないので、学資用口座に残高が残ることが多い。贈与される金銭・証券は、この残高から出ることが多い。開業資金のために貸した金を棒引にするという形の金銭贈与も多い。

表6-4　子供の職業と金銭贈与・遺産の関係

	贈与・遺産を受け取る確率	贈与・遺産を与える理由
会社役員	他の子供よりも受け取る確率が低い。 毎年現金を贈与される確率は他の子供に比べ、はるかに低い。	若くして役員になる人は、他の子供よりも早く成熟するので、親は多額の経済的援助をしなくても大丈夫だと判断する。 中高年で役員になった子供には、経済的援助の必要がないと親は考える。
医者	医者は他の子供に比べ、遺産を受け取る確率がもっとも低い。	親は、医者になった子供が経済的援助をほとんど必要としないと考える。つまり、医者は「もう十分お金持ち」だから、それ以上の資産を必要としないと考える。
起業家	他の子供よりも受け取る確率が低い。 起業家で家業を引き継ぐ者はほとんどいない。大半は自分で事業を始める。	親は開業資金を贈与することが多い。事業に成功した後で金銭贈与を受けることは少ない。 起業家タイプは他の職業に比べ、所得が高く資産が大きい傾向にある。 親の事業や家業を引き継ぐ場合、長期間「事業買収の支払い」を収入の少ない兄弟姉妹に支払うよう要求されることが多い。

と不思議に思うかもしれない。生まれたときから多少の違いはあったのかもしれないが、たいていは両親の接する態度で子供が変わっていくのだと私たちは考える。

彼女たちの父親は、サラには金を貯めるように、妹には金を使うように仕向けた。強い娘はさらに強く、弱い娘はさらに弱くなるよう育ててしまった。サラは再び戻らない覚悟で家を出た。経済的な援助を一切受けなかったから、自分で「魚をとる」方法を身につけるしかなかったのだ。そしてサラは実に上手に魚のとり方を学んでいった。その間、妹はどんどん父の金を当てにするように育ってしまった。

サラは両親を愛していた。ことに父を愛していた。彼は一人で事業を始め、豊かな生活を手に入れるために、多くのものを犠牲にし、よく働いてきた。娘たちがこんなに苦労して働かなくてもすむように、一人でやっていくリスクをとらなくてもすむようにしてやろうと、堅く心に誓っていた。だが、わき目もふらずに働き、リスクをとり、犠牲をものともしなかったからこそ、事業に成功し、金持ちになれたのだ。どういうわけか、彼は自分がどうやって金持ちになったのかを忘れてしまった。

子供にお金をあげて何が悪い、と言う親は多い。自制心があり、他人に頼らずに生活の糧を稼げるところまで子供が育っていれば、何も悪いことはない。サラがよい例だ。自分の選んだ道で他人に負けない実力を身につけた後に経済的援助を受けたとしても、サラは影響を受けなかっただろう。自分の金にしろ他人の金にしろ、サラはお金をきちんと扱えるまでに成熟しているし、強靭な精神を持ち合わせている。

他人の経済的援助に頼らざるをえず、自らなすすべのない人生は悲劇だ。サラ伯母さんの厚意がなかったら、姪たちは途方にくれていたことだろう。サラは父よりも賢いことに、姪たちに信託口座を開こうとしている。長期的には、毎年金をあげるよりもこのやり方のほうがずっと役に立つだろう。信託の一部は教育費に使うように指定されている。残りは姪たちが大人になり、自分一人できちんとした生活ができるだけの収入を得るまでは、支払われないようにされている。サラはこれ以上「弱い妹」を増やすつもりはない。サラは姪を客観的にしっかり見ている。一〇代になってしまった姪たちが今の生活を変えるのは非常に難しいだろう。サラ伯母さんのように強く自立した女性になれるかどうかはわからない。もう手遅れかもしれない。彼女たちはお金を使い、他人に頼る生活に慣れきってしまっている。幸い、サラはよいお手本だ。姪に感化を及ぼし、彼女たちの生き方や考え方を変えられるかもしれないとサラは考えている。それにサラが姪を思う気持ち、愛情には、お金では計りきれないものがある。

サラが父に望んだものはお金ではなく、父の愛情だった。いい仕事をしているじゃないか、と言ってもらうことだった。父のことを除けば、サラはこれまでの人生で後悔することはあまりなく、過去をくよくよすることがない。父に認められることはなかったが、だからこそ今日の彼女があるのだ。サラの向上心、意欲は、他の人に認めてもらいたいという一心から生まれている。これは、若いときの逆境を乗り越えて何かを成し遂げた、シンデレラのような女性に共通に見受けられる現象である。

失業中の子供

タイプBの専業主婦や失業中の子供は、働いている子供より、両親から金をもらうことが多い。私たちの調査の数字では、両親から援助を受ける頻度も援助額も、かなり少なめに報告されていると思われる。二五歳から三五歳の男性の四人に一人は親と同居しているが、親と同居することで得られるメリットを経済的援助の計算に含めない人がいるからだ。話は逸《そ》れるが、男性が両親と同居する割合は女性の二倍以上であるというのはおもしろい現象である。

失業する人は、一度ならず何度も失業を繰り返す場合が多い。学生が職業であるかのようにずっと学校に通い続ける人もいる。こういう子供たちは他の子供よりもお金を必要としている、と親は考えるので、彼らが遺産を受け取る割合は、定職についている兄弟の二倍にもなる。

このグループは経済的な面だけでなく、精神的にも親に近い。親のそばに住むことが多く、通りを隔てた向かいの家に住んだり、両親と同居したりする。同居している子供、特に失業中の男の子は、家族の便利屋、使い走りのようになることがよく見られる。

失業中の子供の場合、職を失うか、職を離れようというときに初めて親からお金をもらうことが多い。多額の金をもらうと、大学や大学院を卒業してそのまま親の家に戻って同居する子もいる。親に、住居費、食費、衣料費、学費、車の購入資金などを出してもらったり、健康保険や生命保険を払ってもらったりする子もいる。親は、大学の学費用に取り分けていた金の余りをこれらの支出に充《あ》てる場合が多い。進学するのをやめたり中退したりして、不要になった学費を自分たちの金だとして、暮らしを楽しむために使ってしまう子も多くいる。

若い頃失業したことのある人はその後も失業する確率が高い。中年になって失業した子は、親から現金をもらう傾向にある。失業すると、親が援助する金額は大きくなり、頻度も増える。また両親の家などの不動産を相続する確率も他の兄弟より大きくなる。

アンドリューズ氏の遺言計画

あるとき私たちは、さまざまなインタビューをセッティングしている担当者に、三時間のグループ取材に参加できる億万長者で、少なくとも三〇〇万ドル以上の資産を持つ蓄財優等生タイプを八人から一〇人ほど集めてくれるよう依頼した。加えて、年齢は六五歳以上と指定した。謝礼には一人二〇〇ドルを用意した。

取材当日までに協力してくれる億万長者が九人見つかった。だが当日の朝、一人が参加できなくなったが代わりを見つけるよう努力する、と担当者が電話してきた。取材が始まる一時間前に彼は再び電話してきて、六二歳の男性ならいるのだが、と言った。その男性は中小企業のオーナーで高い所得は得ているが、厳密な意味では蓄財優等生タイプではなかった。どうしようか考えた末、私たちは彼にも来てもらうようにした。これが結果的には非常によかった。

代わりにやってきたこの男性、アンドリューズ氏は、他の出席者も資産家であると聞かされていなかった。たぶんそのためだろう、彼は口火を切って「いかに自分が金持ちか」を自慢しはじめた。実際、アンドリューズ氏の所得は高いが、資産は低めだった。彼は絵に描いたような蓄財劣等生であった。両腕にゴールドのブレスレットをはめ、高そうなダイヤ入りの腕時計と指輪をはめていた。彼は最初のうちは自信たっぷりに話していた。だが、ほかの八人の話を聞いていくうちに彼の態度は変わっていった。三時間の間に、自信を失っていくのが私たちには手に取るようにわかった。その日、アンドリューズ氏は生活設計、遺産相続に関して、かけがえのないことを学んだはずだ。

アンドリューズ氏は、現在豊かな生活を送っているし、経済的な目標はすでに達成していると発言した。具体的な目標額を尋ねたところ、彼は正確に答えることができなかった。彼の頭には高い収入を得ることしかなかった。「他のことは何とかなる」と、いつも考えてきた。私たちは、アンドリューズ氏のような蓄財劣等生をいやというほど見てきている。こうした人々は「経済的な目標は何ですか?」と尋ねられると必ずこういう答え方をする。

◆うちの近所には有名人がたくさん住んでいてね。
◆収入? そりゃ多いよ。うちは有名なロックスターの二軒となりなんだ。
◆娘はね、すごい給料を稼ぐ男と結婚したんだよ。

アンドリューズ氏のようなタイプは、所得の多さ、金の使い方、ステイタスを誇示する品物などを自慢したがる。逆に、蓄財優等生は奨学金のことや事業を始めたときのことなど、自分たちの成し遂げたことの話をしたがる。アンドリューズ氏の金銭感覚が他の八人の蓄財優等生と違っていることは、すぐに明らかになった。

彼より年上の人たちは、普通なら聞けないくらい、詳しく経験談を語ってくれた。アンドリューズ氏が最初に発言し、あまりにも突飛なことを話したので、話す気になったのだろう。おかげで私たちは、贈与のしかた、遺言執行人の選び方、遺族間でのもめごと、信託財産、「墓の中から子供や孫をコントロール」することの是非など、貴重な意見を聞くことができた。

私たちは、「まず、ご自身のことをお話しいただけますか？」と切り出した。

九人は簡単に自己紹介をした。たとえば、こんな具合である。

マーティンです。結婚して四一年になります。子供は三人で、一番上が医者、次が弁護士、末の子は会社役員です。孫は全部で七人います。最近事業を売却したので、宗教団体のお手伝いと、若い起業家を助ける活動に忙しくしています。

出席者全員が会社を経営しているか、最近事業を売却して引退したかであった。六二歳のアンドリューズ氏以外は、みな六〇代半ばから七〇代後半である。自己紹介の後に経済的な目標について尋ねたときに、アンドリューズ氏が最初に口を開いた。

自分で会社を経営していますから、毎日がチャレンジです。事業計画を立て、それに従って働きます。だから会社がうまくいっているんでしょうね。

アンドリューズ氏は引き続き、生前贈与や死後の遺産配分などについて語った。

義理の息子の一人は医者で、もう一人は弁護士です。二人ともよく稼いでいますよ。一番高い所得税率を払ってますからね。私の金は当てにしとらんでしょう。

だが、娘たちは金がいるでしょうな。よく使うんですよ。ええ、私が甘やかしたツケが今回ってきたと思ってます。子供にピアノがいるの、と電話で言われたら、ピアノを買ってやりますわな。自転車だ、誕生パーティだ、としょっちゅう言ってきます。まあ、お金を与えるのを楽しんでいると言われても、否定はできませんな。

私の生命保険の受取人は娘たちです。その金で相続税や葬式の費用などを払っても十分残るはずですから。

死んだ後に私の金をどう使おうと彼らの自由です。貯金しようが、サイコロ賭博に使おうが。みんなが幸せならそれでいいんです。

アンドリューズ氏にとって「幸せ」とは使える金がある状態のことだ。彼は娘たちが稼ぎのよい男と結婚したことを誇りに思っている。何度も何度もその点を繰り返している。

アンドリューズ氏のとなりにはラッセル氏が座っていた。彼はたいへんな資産家で、自分が創業した製造業の会社を売却して、今は引退している。アンドリューズ氏が娘を甘やかしてしまったと言った後、ラッセル氏は椅子を前に引き寄せ、次のことを話した。

私には娘が三人います。みんな働いていて、キャリアを築いて幸せにやっています。三人とも遠くに住んでいますが、それぞれの人生を着実に歩んでいますから、将来はまったく心配していません。娘たちも将来を不安には思っている様子はありません。そんな話はしませんからね。まあ、私が死んだ後には相当の金、巨額の金を受け取るでしょうが。

ジョーゼフ氏もうなずいて、話しはじめた。

私のところは娘二人です。一人は大きな企業の副社長で、もう一人は科学者です。自慢の娘でしてね。二人にはかなりの遺産がいくとは思いますが、どちらも私の財産など当てにしていません。

ラッセル氏とジョーゼフ氏のアプローチは正しい。あなたに金があり、子供たちに幸せになってもらいたい、自立した人間になってもらいたいと思うのなら、遺産のことはなるべく口にしないことだ。その後、ある人がアンドリューズ氏に事業の売却をどう計画しているのか尋ねた。事業をどうするつもりなのか。ゆくゆくは売却するのか、それとも子供に継がせるのか。おかげで私たちはたいへん興味深い会話を聞くことができた。アンドリューズ氏は、こう答えた。

事業からあがる金はすべて娘とその子供たちにあげることにしています。私は別に金がなくてもいいが、子供たちはいくらでも金が要りますからね。法律の許す限り、あげるつもりです。事業の将来については、長男のビリーと取り決めをしましてね。毎年一定の金額を払っていけば、最終的には会社がビリーのものになるように手配しました。

何人かがこの計画に疑問を投げかけた。アンドリューズ氏の子供たちの間に不公平が生じる恐れがある。アンドリューズ氏の事業はサービス・物流関係で、アンドリューズ氏個人の経営手腕に依存するところが大きい。息子のビリーがよほどうまく経営しない限り、会社の存続は難しい。一人が尋ねた。

事業を今売りに出せば、高く売れるのではありませんか？

アンドリューズ氏は、そうは思わないと答えた。ではなぜ会社の重鎮となって働いている長男に買い取らせようというのだろう。なぜ贈与してしまわないのか。娘には会社からあがる収益だけでなく、会社を売却して得られる金をすべてあげると言っている。だがビリーには金を払って会社を買わせようとしている。娘たちにはかなりの金を与えているのに、ビリーには何にも与えていない。それは父の目から見て、ビリーが父の援助を必要としていないからだ。彼はかなりの収入をあげているし、「困難に耐えて乗り越えることができる」が、娘たちは自分たちでは中・上流クラスの生活を維持できないと言う。だが、娘の夫たちは高い収入を得ていると、アンドリューズ氏は言ってはいなかったか?

アンドリューズ氏は、義理の息子たちが「ウチの女の子たち」が使うだけのお金を稼ぐのは無理だと思っている。

それに、義理の息子に全幅の信頼をおくわけにはいかんでしょう。離婚の可能性だってあるわけだし。

彼が死んだ後は、アンドリューズ氏の後継者ビリーが娘たちの面倒を見ることになっている。アンドリューズ氏の計画では、彼の死後、ビリーが娘たちにお金を与えつづけてくれるだろう。その金は

「彼の会社」の収益から出るはずだと言う。こんな計画を立てるのはアンドリューズ氏だけと思うかもしれないが、実は会社経営者、起業家、医者にはけっこう同じような人が多くいる（前掲の表6-4参照）。

アンドリューズ氏の計画だと、ビリーが姉妹の金のかかる派手な生活を支えてやることになる。アンドリューズ氏はビリーが父の願いどおりにしてくれるだろうと「かなりの確信」を持っていると言うが、ビリーがどうするかは保証の限りではない。それにビリーの妻はどう思うだろう。ちょっと考えてほしい。夫がその姉妹の高い洋服や高級車、バケーション代を支払うのだ。妻なら誰でも、よその家の前にウチの面倒を見てちょうだい、と思うだろう。遺族間の遺産争いは、配偶者がきっかけになるものだということを覚えておいてほしい。

他の人たちは、アンドリューズ氏の計画を直接批判することはしなかった。意見を言うときにも他の人の顔を見ながら話し、アンドリューズ氏の顔をみて話す人はいなかった。だが誰もが、アンドリューズ氏の計画は最低、と思っているようすが顔に出ていた。

ある年輩の人は、似たような話を持ち出した。

ある人の息子さんの話ですがね、オヤジの後を継ぎたいと思っていたんだが、死ぬまで待てないと思ったんでしょうな。自分で会社を起こしてね、今じゃオヤジさんの会社の競争相手になっていますよ。

アンドリューズ氏は負けずに言った。

うちの息子は、私と競合しない、と一筆入れてくれてますよ。家族じゃないですか。家族にはお互いの信頼が必要なんじゃないですか？　信頼の問題ですよ。

アンドリューズ氏が自分の計画を考え直すかもしれないと思い、他の出席者はしばし口を閉じた。アンドリューズ氏はこの後、子供たちを遺言執行人にしていると話した。ハーベイ氏が手をあげて、発言の許可を求めた。ハーベイ氏は出席者の中の最年長者で、また一番の資産家であった。彼はまず遺族が仲良くやっていくことは大事だと言い、そのためには遺言執行人をどう選択するかが非常に重要だと話した。ハーベイ氏は遺言執行人を何回か務めたことがある。その経験から、遺言執行人と遺族の間に感情の対立が生まれることがよくあると話した。だから彼は自分の遺言執行人は念入りに選んだ。

私には二人の子供がいます。仲がいいので二人で相談して遺産を分配できるだろうとは思うのですが、わたしの弁護士の指示どおりにやってもらうことにしました。子供たちと弁護士が遺言執行人になります。弁護士を入れたのはバランスを保つためです。お金のこととなると人間がどう変わるかご存じでしょう。私は二人の子供に仲良くやってもらいたいと願っています。だが、経験のある専門家がいなければ、二人の仲にヒビが入ることだっておおいにあり得ることですから。

アンドリューズ氏は少し食ってかかるような調子で発言した。

家族以外の人間を遺言執行人に加えるんですか？　他人の手伝いは要らんでしょう。私は子供たちを信頼していますから。

それに対し、九人のうち七人が、家族以外に少なくとも一人は外部の人間を遺言執行人に加えていると言った。自分で事業を始め、今は引退しているリング氏には九人の孫がいるが、彼も外部の人間を加えている。彼は何度か他人の遺言執行人をやった経験がある。彼は、精神的に大人になっておらず、自分をコントロールできない二〇代後半、三〇代の若者が人生を誤ったケースをいくつも見てきた。彼らは自分の稼ぎで生活することを覚えないまま、祖父の金で甘やかされてしまう。そんな年になっても、まだ親と同居している若者も多くいる。リング氏の言葉を使えば、いったん「井戸が枯れる」と問題が噴出してくる。祖父母が死ぬと、子や孫は遺産を多くもらおうとして、お互いに敵対するようになってしまうのだ。

この経験の後、リング氏は真剣に考えるようになった。彼は死ぬずっと前から準備して、専門家を遺言執行人の一人に指名しておくべきだと考えた。彼は相続に詳しい弁護士と税理士と親しくなった。いつの日にか孫が遺産をめぐって争うことがあるかもしれない。それを阻止するのは無理としても、最低限に抑えるにはどうしたらよいか、引退する前から、機会あるごとに相談してきた。また、甘やかしてダメにしないでお小遣いをあげたり、贈与するにはどうしたらいいのかも、彼らに相談している。リング氏は孫に何かを与えるときには、買ったものをあげないようにしている。また社会的特権に結びつくものも与えない。そして、事前に必ず親の許可を得るようにしている。

孫たちの信託財産は、もうちゃんと用意してあります。お金はある一定の年齢に達したときに受け取れるようにしました。最初は抵抗があったんですがね。だが、私の弁護士や税理士がそう勧めるもんで。私は墓の中に入ってまで孫をコントロールしたいとは思わないが、信託財産をそういう形にしたもんですから、孫も自分で稼がなくてはならんのです。

リング氏の遺族は三〇歳になるまで遺産を受け取ることができない。資産家の祖父母は、孫に物を買い与えたりお金をあげてしまいがちだが、リング氏はかわりに教育を与えることにした。自制心があり、大きな夢を持つ、独立心旺盛《おうせい》な子に育ってほしいという願いからである。

次にグラハム氏が発言した。彼も自分が遺言執行人になったときの経験を活かして、外部の人間も遺言執行人に選ぶことにしたと話した。

「遺言執行人になると、頭を使いますよ。思いやりと愛情がなければつとまりませんな。多額の資産を持っていた親友に、遺言執行人を頼まれたんですがね。私に一切の判断がまかされたんです。もちろん、細かいことをいちいち指示する必要はなかったのですが。

彼のお嬢さんは二三歳のときに結婚しました。生きていたら、父親としてすてきな結婚式をあげさせてやりたかっただろうなと考えて、彼が好みそうな式をさせてあげました。

結婚して子供が生まれてからも、彼女がどの程度しっかりした女性なのか、確信を持てずにいました。ですから、まああの家が買える程度のお金をあげました。その後、彼女は自立した立派な女性だということがよくわかったものですから、信託に残された財産を全部自由にしてもよいと許可しました」

グラハム氏が遺産を相続しても大丈夫と判断して残りの金を与えたのは、その娘が三〇歳になる直前のことだった。彼女はよき母親として安定した家庭を築き、仕事もこなすキャリアウーマンに成長していた。彼女なら何の心配もいらない、とグラハム氏は判断した。

自分自身の遺言執行人を選ぶにあたり、グラハム氏は昔からの友人の弁護士を選んだ。「誰かに仲裁に入ってもらうほうがいい。そうすれば、矛先はその人のほうに向かい、子供どうしがもめることはないだろうから」と考えたのだ。
ウォード氏も遺言執行人になったことがある。彼は自分の遺言執行人に、息子や娘ではなく二人の弁護士を選んだ。一人は彼の姪であり、もう一人はアメリカでもトップクラスの法律事務所のパートナーである。ウォード氏はなぜそうしたか、説明してくれた。

若い弁護士たちの手に委ねたのは、残された若い遺族の気持ちや必要をよく理解してくれるだろうと考えたからです。二人ともたいへん誠実で思いやりのある人です。二人はお互いに仕事で面識があります。

思いやり、相手の感情を理解する能力、誠実さのほかにウォード氏が重視したことがある。

姪と一緒に遺言執行人になってもらったのは、私の遺言書を書いてくれた弁護士です。息子や義理の息子たちの間で争いが生じても、彼ならうまく仲裁してくれるでしょう。だから彼に頼んだのです。個人的に彼をよく知っていますし、よく仕事のできる男ですから。

ウォード氏のコメントは、私たちの調査結果を裏付けてくれるものであった。まず第一に蓄財優等生は弁護士、会計士などの専門家と長いこと親しくつき合っている。第二にウォード氏と同じ範疇《はんちゅう》に入る人たちには、遺言、信託、遺産、贈与などにアドバイスのできる親戚や親しい友人がいる。他の条件が同じであれば、息子や娘が相続に詳しい弁護士の場合、支払う税金が少なく抑えられるのは事実である。息子や娘は弁護士として、あるいは単に家族として両親にアドバイスを与える。相続を扱う弁護士の選定、遺言の条件、資産の売却、遺言執行人の選択、信託の利用方法、子や孫に与える金銭贈与の頻度や金額など、相続に関するあらゆる点で彼らの意見は強い影響力を持つ。「親戚の弁護士」は子や孫に毎年贈与することで相続税を最小限にするようアドバイスすることが多い。したがって息子や娘に弁護士がいると、家族全員が多額の金銭贈与を受ける確率が高まる（その結果、彼らが受け取る遺産は、生前に分配された分だけ少なくなる）。

この経験豊富な老富豪たちは、アンドリューズ氏に何を言わんとしていたのか。まず、彼の遺産は複雑であること。主観的判断を要することが多すぎる。アンドリューズ氏自身も、何人かにお金をあげるなどと口約束していると認めている。この錯雑とした関係をすっきり整理するために、彼は専門家のアドバイスを受けるべきである。また、遺産相続を専門に扱う弁護士を遺言執行人に加えるほうがよかろう。さもなければ、子供たちが争い憎みあうことは必至である。

しかし、もしアンドリューズ氏が典型的な蓄財劣等生であるならば、弁護士などの専門家と長いつきあいがないかもしれない。先に紹介したアンドリューズ氏の言葉を思い出してもらいたい。彼は家族以外の人間に手伝ってもらう必要がないと言っている。「子供たちを信頼していますから」「信頼の問題ですよ」しかし、信頼の問題だけではすまないこともあるのだ。

資産家の両親がしっかりした子供を育てる場合

しっかりした子供を育てた億万長者たちの話を聞いて、私たちは子供のしつけに関して貴重なヒントを得ることができた。いくつかのガイドラインをあげていこう。

1　子供に両親が金持ちだと絶対に教えない

蓄財劣等生の子供が、高い収入を得ることはあっても蓄財を苦手とするケースが多いのはなぜだろう。一つには、うちはお金持ちだから、と親が子供にいつも話すせいではないだろうか。金持ちにふさわしいと思われているような生活を両親がしていれば、子供が蓄財劣等生になる可能性は高い。親が世間体を気にして見栄を張り、高価なものを身につけ、金のかかる生活を送っていれば、子供たちが真似をしようとするのも当然のことだ。逆に、金持ちの両親のもとで蓄財優等生に育てられた人々は、よくこう言う。

「オヤジが死んで僕が遺言執行人になるまで、オヤジがそんなお金持ちだなんて知らなかったよ。そんなふうには全然見えなかったもの」

2　どんなに金があろうと、子供には倹約とけじめを教えること

第三章で紹介したドクター・ノースを思い出してもらいたい。彼は資産家だが、子供たちも倹約家で、無駄な出費をしない生活を送っている。ドクター・ノースはどのように子供をしつけたか詳しく話してくれたが、簡単に言えば、自分たちが率先してお手本を示したということだった。無駄のない節度ある生活をしていたノース夫妻以上にすぐれたお手本はない。ドクター・ノースの次の言葉がよく言い表わしている。

賢い子供たちでね。親がしないことはしなかった。妻と私はけじめのある生活をしてきました。きちんと規則を決めてね。私たちは自分たちの生き方を見せることで、子供をしつけてきたと思います。ええ、それでりっぱに育ってくれました。

親の言うこととやることが違っていれば、子供は言うことをききません。子供はそういうことにめざといですから。

ある年、ドクター・ノースは当時一二歳だった娘から誕生日のプレゼントをもらった。それは「王様のルール」という題のポスターだった。娘はその題の下に、父が常日頃子供たちに言い聞かせていることを書き記していた。ドクター・ノースはこのポスターを、誇らしげに、今もオフィスの机の後ろの目立つところに飾っている。

子供というものは約束事や決まり事を求めるものです。あのポスターは私にとって格別心温まるプレゼントでした。子供には責任をもって行動することを教えるべきです。うちの子供たちはみんな自己管理のできる倹約家に育ってくれました。ルールをきちんと守ってね。なぜかというと、親がそうしていたからです。言葉だけでは子供たちは言うことをききません。行動で示さなくてはね。

一二歳のお嬢さんがポスターに書いたルールとは、次のようなものだった。

◆強い子になれ。人生には薔薇の花園が待ち受けているとは限らないんだ。
◆「私ってかわいそう」と言ってはいけない。自分が哀れな人間と思うな。
◆靴のかかとを踏みつぶして履かないこと。粗末に扱って、新しいものを欲しがってはいけない。ものを大切にしなさい。そうすれば長持ちする。
◆ドアをきちんと閉めなさい。部屋の温度が下がるだろ。お父さん、お母さんのお金を無駄にしてはいけない。
◆ものを使ったら、元の場所に戻しなさい。
◆いつも明るく。
◆助けを必要としている人には、すすんで手をさしのべなさい。

3　子供が大人になり、自己管理ができるようになり、きちんとした職業について安定した生活を送るようになるまで、親が金持ちだと気づかせてはいけない

再びドクター・ノースの言葉を借りよう。

私は子供のために信託をもうけました。相続税で多少有利になるので。子供が四〇歳になるまでお金は受け取れないようにしてあります。その頃までには自分たちの生活ができあがっているでしょうから、私の金でおかしな影響を受けることはないでしょう。

彼は決まったお小遣い以外に子供にお金をあげたことはない。大きくなった今もお金はあげない。

お金で買えるものがありすぎます。特に子供が小さいうちは。テレビとかマスコミが子供の価値観を作っていますからね。コメディ番組なんか、ここで笑えって指示を出して、笑いまでコントロールするんですからね。それにお金を使うことばかりを教える。だからお金をあげなかったのです。何か高額のものを買おうとしたら、まず自分である程度のお金を貯めてからにしなさい、と子供たちには言ってきました。

4 子供や孫に、何を遺産に与えるつもりか、なるべく話さないこと

軽はずみな口約束をしてはいけない。「ビリーにはこの家をあげよう。ボブは避暑地の別荘だ。バーバラには銀食器だな」などと酒を飲みながらみんなの前で言うのは禁物だ。あなたは忘れてしまうかもしれないが、子供たちはよく覚えているものだ。約束が守られなければ、しつこく言ってくるだろう。空約束から家族の不和や内輪喧嘩が始まるケースは多い。

5 現金や高価なものを駆け引きに使うな

親の愛情から子供に何かをあげるのは当然のこと、義務感で与えてもかまわないだろう。だが、駆け引きに使うと、子は親への尊敬や愛情を失うものだ。子供が小さい時に親はこの手を使いがちだ。小学校に上がる前の子供でも「ジョニーお兄ちゃんが自転車を買ってもらったんだから、僕には三輪車を買ってよ」という交渉が効くことを知っている。ジョニーと弟は、愛情のしるしに何かをもらうというようには考えなくなる。パパとママから買ってもらうには、しつこくおねだりしたり、ごねたりすればいいと考えるようになる。このようにしていくと、兄弟どうしがお互いを競争相手として見るようになってしまう。

子供が成人してからも、親が利害の衝突を作りだすことがある。あなたは子や孫に、こう言ったことがないだろうか？

お兄ちゃんの家の改築に援助してあげたから、おまえにはちょっと多めにやらなくちゃな。五〇〇〇ドルくらいでいいかい？　お兄ちゃんの子供を私立学校に通わせてあげた、お兄ちゃんの保険を払ってあげた、だから……

このやり方のどこが悪いんだ、と思うかもしれない。しかし、これをやってしまうと、もらうほうは親が後ろめたいからくれる、あるいは宥和策のつもりでくれるのだ、と考えるようになってしまう。

6　巣立った子供の家庭のことには立ち入るな

あなたが理想とするライフスタイルが、子供やその配偶者にとっては正反対のこともある。子供は親の干渉を嫌う。自分たちの思うようにやらせてやることだ。何かアドバイスをするときにも、まず、子供にアドバイスしてよいかどうか尋ねるべきだ。また何か大きなもの、高価なものをあげようというときにも前もって子供に了解を得るべきである。

7　子供と競おうと思うな

子供に、あなたの貯金額などを自慢してはならない。子供はわけがわからなくなってしまう。子供は両親と競争できるわけもないし、したいとも思わないだろう。だから子供に自慢をしてはいけない。言葉に出して言わなくても、子供はちゃんとわかるものだ。「おまえの年のときには、お父さんはもう……」と話してはいけない。

金持ちの家に生まれ、きちんと育てられた子供にとっては、人生の一番の目的はお金を貯めることではない。よい教育を受け、仲間から尊敬され、よい職業につくことが先にくる。その結果、収入や資産が多かったり少なかったりすることを彼らは重要なこととは思わない。一代で資産家になった人には自分で会社を始めた中小企業のオーナーが多い。彼らは資産こそあれ、社会的に尊敬されているとは限らない。社会的評価は低いが資産のある親が、高学歴で社会的評価の高い職についた子供を我がことのように語ることは多い。高校中退でありながら数百万ドルの資産を築いた億万長者に、私たちは簡単な質問をした。「ロスさん、ご自身のことをすこしお話しください」彼は次のように答えた。

結婚したときにはまだ一〇代の子供でした。高校も卒業せずじまいだったが、自分で事業を始めてね。今では学卒者を何十人も雇うところまでになりましたよ。

ところで、娘のことをお話ししましたっけね。娘はこの春バーナード大学を優等で卒業するんですよ。

この億万長者は子供が事業を起こすことを願っていない。また子供のほうでも、会社を始めることは考えていない。お金は彼らにとっては二番目、三番目の重要度でしかない。

8　子供はそれぞれ違う、独立した人間であることを忘れるな

子供は一人ひとり違う。どんなに手助けをしても、子供の間に格差が生じるのはしかたないことだ。経済的援助をしても、その違いは穴埋めされない。逆に格差を広げる結果になってしまう。自分たちで十分やっていける子は、親が他の兄弟にばかり援助すればおもしろく思わないだろうから、兄弟の間で不和が生じる可能性も大きい。

9　成功をもので計るのではなく、何を達成したかで計るように教育しよう

子供にはものを買うことよりも、何かを達成することの重要さを教えよう。収入を得る目的が、金を使うことであってはならない。医者だったケンの父親は、いつも息子にそう話して聞かせていた。ケンは金融とマーケティングを専攻して、優秀な成績でＭＢＡの学位を取得した。彼は、典型的な蓄財優等生であった父親から、よくこう聞かされていた。

何を持っているかで私は人を判断しない。それよりも何を成し遂げたかのほうがよっぽど重要だ。私は医者であることに誇りを持っている。自分の専門分野で一番になるように努力しなさい。お金を追いかけてはいけない。自分の専門でしっかりやっていれば、お金のほうからやってくるものさ。

ケンの父親は、この言葉どおりの人生を送ってきた。収入の割りにお金をあまり使わず、賢い投資をしてきた。ケンはこう言う。

父は八年ごとにビュイックを買い換えていました。三二年間住んだ家は、ごく普通のもので敷地は一エーカーもありませんでした。六人家族で寝室は四部屋、バスとトイレは二つずつで、一つは両親用、もう一つを四人の子供が使いました。

ケンの父親は、息子のどんなところを自慢に思っているだろうか?

高校の三年間、ずっとホットケーキ屋で皿洗いのアルバイトをしたこと。それと父にお金をねだったことがないことでしょうね。大学を卒業してすぐ事業を始めたときには、父のほうから数千ドル貸してやろうと言ってくれました。その事業を売却したお金で大学院に行きました。ええ、全部自分で払いました。大学院に通っている間も、親にお金をもらわなくてすみました。

ケンは現在ある大手のマスコミ企業の幹部役員で、仕事に全力を傾けている。商用不動産と株の投資にも熱心である。父と同様、彼も蓄財優等生だ。普通の家に住み、中古車に乗る。

ケンにとって、父は願ってもないお手本であり、よき相談相手であった。ケンは皿洗いの経験も大きいと言う。

普通の人の生活を知るよい機会でした。家族のためにどんなに苦労しているか。法律に定められた最低賃金水準で、長い時間、一生懸命働いて、やっと暮らしていける程度なんですね。いくら給料が高くなっても、お金を無駄にしてはいけないと肝に銘じました。

10 子供にお金よりも大切なものがあることを教えよう

最後に、取材した億万長者の口から出てきた含蓄《がんちく》のある言葉をいくつかそのまま引用しておこう。

◆健康、長寿、楽しい生活、愛する家族、自立心、よい友だち。そういうもののほうがお金よりもずっと大切だ。まわりの人からよい評判を得て、尊敬を集め、誠実に、正直に生きる。そして何かをやりとげたという自信を持てたら、黙っていても金持ちになれるさ。

◆お金はおまけのようなもの。人をだましたり、盗むことはない。法律に背くことをしたり税金をごまかしたりする必要はない。

◆正直に稼ぐほうがずっと簡単だ。いつも人をだましていたら商売は続かない。人生は長丁場なんだ。

◆逆境は避けられない。人生には、いいときも悪いときもある。子供をかばおうと思っても無理だ。小さいときから障害を乗り越えて自分で道を切り開いてきた人だけが成功する。彼らは困難を避けず、体当たりで努力する機会を与えられた。その機会を与えられない人もいるんだ。社会の荒波から子供を守ろうとしても、子供が、心配、不安を持たずにすむことは決してない。守ろうとすれば依存心を植え付けてしまうだけだ。

7 ビジネス・チャンスを見つけよう

彼らは、ビジネス・チャンスをつかむのが上手だ。

なぜ、あなたは金持ちじゃないんだろう。ひょっとしたら、ビジネス・チャンスを上手につかんでいないせいじゃないだろうか。ビジネスの対象を金持ち、金持ちの子供、未亡人などに絞って考えると、ビジネスの好機はたくさんある。金持ち相手の仕事をして自分も金持ちになった人は多い。ところが一方で、事業家、自営業者、独立して事務所を開いている会計士などの専門職につく人、営業のプロ、サラリーマンなどの中でも、金を儲けていない人々がたくさんいる。彼らが金を儲けていないのは、あるいは、彼らの客が金を持っていないせいかもしれない。

だが、待てよ。資産家は倹約家だと言うじゃないか。なぜ、金離れのいい人たちをターゲットにしないんだ？　なぜ、よりによって値段にうるさい層を選ぶんだ？　その疑問ももっともだ。金持ち、特に自力で金持ちになった人は確かに倹約家で、ものを買うとなると値段に細かい。しかし、投資相談、経理・税務相談、法律相談、医療・歯科治療、教育関連、住宅となると、それほど値段に厳しくなくなる。また、金持ちの大半は自分で会社を経営しているから、業務用の製品を購入するはずだ。事務所を借りたり、コンピューターソフトを買ったりするだろう。それに、金持ちも、子や孫のものとなると甘くなるものだ。金持ちの子や孫も、両親や祖父母から多額のお金をもらったときには、惜しみなく金を使い、倹約家ではなくなってしまう。

カネの後を追え

今後一〇年間にアメリカの富はさらに増え続け、巨額なものになるだろう。富裕層を対象にしたビジネス・チャンスも、比例して増えるはずだ。アメリカ経済の実態を数字で把握してみよう。

◆一九九六年時点で、全米世帯数は約一億。そのうち純資産一〇〇万ドル以上を所有する世帯は三五〇万世帯で、その資産合計は全米個人資産合計の半分を占める。

◆一九九六年から二〇〇五年の一〇年間に、世帯数の伸びの六倍の早さで、家計資産が増加すると推定される。二〇〇五年までにアメリカの全世帯資産合計は二七兆七〇〇〇億ドルとなり、一九九六年の数字から二〇％増加するだろう。

◆二〇〇五年には、億万長者の世帯数は五六〇万に達し、その資産合計は一六兆三〇〇〇億ドルになるであろう。全米個人資産の過半数（一六兆三〇〇〇億ドル÷二七兆七〇〇〇億ドル＝五九％）が、一〇〇万ドル以上の資産を持つ五・三%の人々に所有・支配されることになる。

一九九六年から二〇〇五年の間に六九万二四九三人が一〇〇万ドル以上の遺産を残して死亡すると推計される。一九九〇年の貨幣価値で計算して、その遺産合計は二兆一〇〇〇億ドルとなる。この内三分の一は残された配偶者（八割は未亡人）にいく。未亡人は五六〇二億ドルを相続し、子供は四〇〇〇億ドル近く受け取る（表7‐1参照）。相続を受ける子供は二〇七万七四九〇人だから一人あたり遺産相続額は一八万九四八四ドルになる。金持ちの両親から相続を受けると、同じ所得層・年齢層の人々よりも消費性向が強くなることを忘れないように。

相続税を軽減するために、金持ちは一般に、生前に資産を子供に分け与える。一九九六年から二〇〇五年の一〇年間に、生前贈与額は一兆ドル以上になると推計される。贈与は現金だけでなく、蒐集物、住宅、車、土地、有価証券、あるいは住宅ローンの肩代わりなどの形でなされる。一人あたりの生前贈与額は、一九九〇年の貨幣価値で平均六〇万ドルとなる。この一兆ドルという金額はかなり低めに見積もった金額であるといえよう。前述のように二〇〇五年には億万長者の資産合計額は一六兆三〇〇〇億ドルを超え、全家計資産の五九%を占めるようになる。推定生前贈与額一兆ドルはそのわずか六・三%の金額でしかないのだから。

通常は贈与税がかからない範囲で贈与しようとするから、これらの贈与に税金はかからないと考えてよい。子や孫への贈与は、年間一人一万ドルまでが非課税である。たとえば子供三人、孫が六人い

表7-1　100万ドル以上の遺産の分配推計（単位：10億ドル）

分類	1996年（40,921件）	2000年（66,177件）	2005年（100,650件）	合　計 1996年～2005年（692,493件）
相続税	14.95	24.65	40.65	269.04
配偶者へ	38.92	64.17	105.80	700.24
慈善事業へ	8.56	14.12	23.28	154.07
子・孫へ	21.88	36.07	59.47	393.65

＊　推計値は1990年の貨幣価値による。

表7-2　相続時の手数料（単位：100万ドル）

分類	1996年（40,921件）	2000年（66,177件）	2005年（100,650件）	合　計 1996年～2005年（692,493件）
弁護士費用	962.5	1,586.9	2,626.3	17,105.6
遺言執行人の手数料	1,241.1	2,042.3	3,373.7	22,329.9
遺産管理人の手数料	938.1	1,546.7	2,550.0	16,878.1

＊　推計値は1990年の貨幣価値による。

る夫婦なら、税金を払わずに毎年一八万ドルまで贈与できる。学費や医療費の肩代わりを贈与税の計算にわざわざ入れる人はまずいないと思っていい。

金持ち相手によいビジネスや職業

金持ち相手のよいビジネスはたくさんある。金持ちとその遺族の相談を受ける専門家の需要は、今後二〇年間に急増するだろう。

専門分野に特化した弁護士

最近、ある父親から、息子に一番いい職業は何かと相談を受けた。彼の息子は大学の二年生でオールAの成績をあげている。私たちが弁護士はどうですかと言うと、父親は、弁護士はもう腐るほどいるじゃないですか、と言った。それに対して、いえ、ロースクールを卒業する人が多すぎるだけですよ、と私たちは答えた。有能な弁護士に対する需要は、いつの時代にも強くある。新たなビジネスを作り出せる弁護士は、さらに強く求められるだろう。父親はどの専門分野が有望かを尋ねた。次の三つが私たちの提案である。

1　相続専門の弁護士

まず最初に私たちがあげるのは、相続に関する分野である。一九九六年から二〇〇五年の間に、一〇〇万ドル以上の遺産を取り扱って得られる手数料は一七一億ドルと推計される（表7-2参照）。また、遺産管理人、遺言執行人、共同執行人としての収入も期待できる。遺産管理人や執行人として関与する件数はごくわずかかもしれない。それでも執行人手数料推計二二三億ドル、管理人手数料推計一六九億ドルの一部をもらえるのだから悪くない話だ。

総合して、相続専門の弁護士が一〇〇万ドル以上の資産の相続に関与して得る収入は、一九九六年から二〇〇五年の間に二五〇億ドル以上と推定される。この数字は、一九九四年の全米法律事務所の全収入合計よりもはるかに大きい数字である！　もちろん、同期間に政府が手に入れる相続税二七〇〇億ドルに比べたら、どうってことのない数字になってしまうのだが（表7-1参照）。

成功する弁護士は、単に法律相談に答えるだけではなく、裕福な家族や遺族の相談相手、ファミリー・アドバイザーとなって親身に相談に乗る。特に、残された妻や夫が何を望んでいるのかを正しく把握し、希望に添うように心配りすることは重要である。相続税を払わずにすむので、金持ちの夫婦はたがいに配偶者に遺産を残そうとする。(原註)そうすれば残された妻や夫が死ぬまでは相続税を支払わずにすむ。

原註——ここでは、相続、被相続人の定義を法的に厳密な形では使っていない。億万長者の資産は、ほとんど例外なく、夫婦の共同名義にされている。私たちが億万長者を、個人数ではなく世帯数で表現してきたのは、この理由による。したがって、ここで便宜上「相続」という表現をとったが、誤解を招くかもしれない。存命中は、彼のものは彼女のもの、彼女のものは彼のもの、というわけだから。

未亡人は夫に先立たれて、さぞ辛い思いをするだろう。金持ちのカップルの過半数は五〇年以上、一人の配偶者とともに暮らす。一九九六年から二〇〇五年の間に、妻に先立たれる夫と、夫に先立たれる妻の割合は一対四になるものと推定される。これは年齢で説明がつく。既婚の億万長者の平均寿命は、夫が七五・五歳、妻が八二歳である。また、男性は平均して二歳年下の女性と結婚している。したがって、夫が七五・五歳で死亡する時に妻は平均七三歳で、八二歳まで生きることになる。この年齢で再婚する女性は稀《まれ》だろうから、死ぬまでの九年間、未亡人となるわけだ。

一九九六年から二〇〇五年の間に、億万長者のカップルのうち二九万六〇〇〇人が未亡人になると推計される。彼女たちが受け取る遺産相続額は一九九〇年の貨幣価値で、一人平均二〇〇万ドル。同期間に、妻に先立たれる夫は七万二〇〇〇人で、遺産総額一二五〇億ドル、一人平均一七〇万ドルを相続するであろう。

州別にみれば、カリフォルニア、フロリダ、ニューヨーク、イリノイ、テキサス、ペンシルバニアで、相続関係の弁護士の需要が高いと思われる（表7‐3、表7‐4参照）。

2　税務（特に所得税と資産税）専門の弁護士

表7-3　100万ドル以上の遺産相続の件数および遺産額の推定

州・地域名	相続件数			遺産額の合計（単位：ドル）		
	1996年	2000年	2005年	1996年	2000年	2005年
アラバマ	359	563	883	952,915,427	1,571,091,934	2,590,292,690
アラスカ	45	70	110	105,229.924	173,494,815	286,044,592
アリゾナ	508	796	1,249	1,206,636,467	1,989,407,210	3,279,977,983
アーカンソー	240	376	590	97,472,127	985,065,004	1,624,097,625
カリフォルニア	7,621	11,952	18,744	20,784,079,307	34,267,153,645	56,496,985,101
コロラド	412	646	1,012	1,039,437,810	1,713,743,226	2,825,484,910
コネチカット	1,052	1,650	2,588	2,873,946,160	4,738,336,164	7,812,195,622
デラウエア	151	237	371	349,597,194	576,388,329	950,303,699
ワシントンＤＣ	129	203	318	583,441,470	961,932,362	1,585,958,346
フロリダ	3,720	5,835	9,151	13,274,170,363	21,885,407,028	36,082,936,085
ジョージア	731	1,147	1,799	2,057,829,634	3,392,787,490	5,593,760,901
ハワイ	259	406	637	765,840,006	1,262,656,708	2,081,768,972
アイダホ	110	172	270	212,798,292	350,845,070	578,445,730
イリノイ	2,002	3,140	4,925	5,688,262,029	9,378,358,600	15,462,299,309
インディアナ	479	751	1,179	1,944,415,160	3,205,798,634	5,285,468,397
アイオワ	502	787	1,235	933,038,664	1,538,320,691	2,536,262,045
カンザス	430	675	1,059	992,668,954	1,636,634,420	2,698,353,980
ケンタッキー	408	640	1,004	1,053,468,466	1,736,875,868	2,863,624,189
ルイジアナ	16	495	777	948,238,542	1,563,381,053	2,577,579,597
メイン	253	397	623	558,887,821	921,450,239	1,519,214,608
メリーランド	766	1,201	1,884	1,936,230,610	3,192,304,592	5,263,220,484
マサチューセッツ	1,200	1,882	2,951	3,203,666,590	5,281,953,251	8,708,468,675
ミシガン	85	1,544	2,422	2,485,764,661	4,098,333,070	6,757,008,907
ミネソタ	577	904	1,418	1,403,065,660	2,313,264,197	3,813,927,887
ミシシッピ	231	362	568	534,334,172	880,968,115	1,452,470,870
ミズーリ	789	1,237	1,940	2,395,734,614	3,949,898,617	6,512,281,867
モンタナ	93	146	229	191,752,307	316,146,107	521,236,811
ネブラスカ	312	489	767	574,087,699	946,510,601	1,560,532,160
ネバダ	173	271	426	411,565,927	678,557,498	1,118,752,180
ニューハンプシャー	237	371	582	477,042,324	786,509,827	1,296,735,482
ニュージャージー	1,582	2,482	3,892	4,343,657,438	7,161,480,411	11,807,285,084
ニューメキシコ	121	190	298	330,889,651	545,544,807	899,451,327
ニューヨーク	3,636	5,702	8,942	12,767,897,504	21,050,704,197	34,706,743,772
ノースカロライナ	827	1,297	2,034	2,099,921,604	3,462,185,416	5,708,178,738
ノースダコタ	126	198	310	192,921,528	318,073,827	524,415,084
オハイオ	1,398	2,192	3,438	3,555,602,226	5,862,197,020	9,665,128,920
オクラホマ	350	549	862	1,017,222,603	1,677,116,543	2,765,097,718
オレゴン	321	503	789	722,578,815	1,191,331,062	1,964,172,862
ペンシルバニア	1,760	2,761	4,330	5,100,143,673	8,408,715,358	13,863,627,870
ロードアイランド	214	335	525	401,042,934	661,208,016	1,090,147,721
サウスカロライナ	482	757	1,187	952,915,427	1,571,091,934	2,590,292,690
サウスダコタ	81	128	200	268,920,918	443,375,638	731,002,845
テネシー	472	740	1,160	1,556,233,661	2,565,795,539	4,230,281,681
テキサス	1,922	3,014	4,727	5,849,614,580	9,644,383,983	15,900,981,016
ユタ	83	131	205	377,658,507	622,653,613	1,026,582,256
バーモント	84	132	207	182,398,536	300,724,346	495,810,625
バージニア	924	1,448	2,272	2,965,145,428	4,888,698,337	8,060,100,935
ワシントン	697	1,093	1,714	2,015,737,665	3,323,389,564	5,479,343,064
ウエストバージニア	126	198	310	308,674,445	508,918,123	839,064,135
ウィスコンシン	480	753	1,181	1,324,727,827	2,184,106,946	3,600,983,580
ワイオミング	81	128	200	195,259,971	321,929,267	530,771,631
その他	64	101	158	275,936,246	454,941,959	750,072,484
合計	40,921	64,177	100,650	117,340,719,569	193,462,140,273	318,965,145,743

＊　推計値は1990年の貨幣価値による。

表7-4　2000年における100万ドル以上の遺産相続件数の州別ランキング

州　名	件数	遺産総額	平均遺産額	順位
カリフォルニア	11,952	34,267,153,645	2,867,121	1
フロリダ	5,835	21,885,407,028	3,750,905	2
ニューヨーク	5,702	21,050,704,197	3,691,901	3
イリノイ	3,140	9,378,358,600	2,986,706	4
テキサス	3,014	9,644,383,983	3,199,594	5
ペンシルバニア	2,761	8,408,715,358	3,045,791	6
ニュージャージー	2,482	7,161,480,411	2,885,822	7
オハイオ	2,192	5,862,197,020	2,674,136	8
マサチューセッツ	1,882	5,281,953,251	2,807,188	9
コネチカット	1,650	4,738,336,164	2,871,869	10
ミシガン	1,544	4,098,333,070	2,654,315	11
バージニア	1,448	4,888,698,337	3,375,224	12
ノースカロライナ	1,297	3,462,185,416	2,669,469	13
ミズーリ	1,237	3,949,898,617	3,192,418	14
メリーランド	1,201	3,192,304,592	2,657,293	15
ジョージア	1,147	3,392,787,490	2,958,510	16
ワシントン	1,093	3,323,389,564	3,040,937	17
ミネソタ	904	2,313,264,197	2,558,322	18
アリゾナ	796	1,989,407,210	2,498,002	19
アイオワ	787	1,538,320,691	1,953,634	20
サウスカロライナ	757	1,571,091,934	2,076,484	21
ウィスコンシン	753	2,184,106,946	2,901,461	22
インディアナ	751	3,205,798,634	4,265,994	23
テネシー	740	2,565,795,539	3,467,637	24
カンザス	675	1,636,634,420	2,424,247	25
コロラド	646	1,713,743,226	2,654,536	26
ケンタッキー	640	1,736,875,868	2,711,934	27
アラバマ	563	1,571,091,934	2,791,534	28
オクラホマ	549	1,677,116,543	3,053,025	29
オレゴン	503	1,191,331,062	2,367,867	30
ルイジアナ	495	1,563,381,053	3,155,647	31
ネブラスカ	489	946,510,601	1,935,581	32
ハワイ	406	1,262,656,708	3,108,297	33
メイン	397	921,450,239	2,319,648	34
アーカンソー	376	985,065,004	2,619,438	35
ニューハンプシャー	371	786,509,827	2,120,397	36
ミシシッピ	362	880,968,115	2,434,008	37
ロードアイランド	335	661,208,016	1,973,824	38
ネバダ	271	678,557,498	2,499,696	39
デラウエア	237	576,388,329	2,434,051	40
ワシントンＤＣ	203	961,932,362	4,743,494	41
ウエストバージニア	198	508,918,123	2,574,768	42
ノースダコタ	198	318,073,827	1,609,230	43
ニューメキシコ	190	545,544,807	2,871,968	44
アイダホ	172	350,845,070	2,039,959	45
モンタナ	146	316,146,107	2,160,697	46
バーモント	132	300,724,346	2,274,795	47
ユタ	131	622,653,613	4,756,169	48
サウスダコタ	128	443,375,638	3,471,839	49
ワイオミング	128	321,929,267	2,520,857	50
アラスカ	70	173,494,815	2,480,281	51
合計	64,076	193,007,198,314	3,012,139	

＊　推計値は1990年の貨幣価値による。　（単位：ドル）

金持ちが支払う費目の中で、一番金額の大きいものは何と言っても所得税である。億万長者で年収二〇万ドル以上の世帯は全米に一％しかないが、彼らの支払う所得税は全米の二五％になる。この層は、現金収入を減らしたいと考えるに違いない。

億万長者が全米資産の五九％を占めるようになる二〇〇五年には、政府が、所得だけでなく資産に対しても課税するよう何らかの処置をとることが十分予想される。金持ちへの風当たりは今までに増して強くなるだろう。私たちの調査でも、このことは億万長者の最大の関心事であった。政府支出を補い、財政赤字を減らすために、増税があるのではないかと億万長者は懸念している。すでに富裕税を導入した州もあり、その州の住民は、所有する金融資産を表にして毎年提出するよう求められる。税金は株、債券、定期預金などに課せられる。連邦政府が同様の税金を導入するのはさほど難しいことではない。連邦政府はもうすでに、その手法を研究ずみである。

今後二〇年間に、富裕層は法律の許す限り、手を尽くして資産を守る必要がある。億万長者たちは、リベラルな政治家とその強い味方である国税当局に包囲されつつある。この包囲網から逃れるためなら、金持ちは法律相談に気前よく金を使うだろう。税務専門の顧問弁護士を雇うことは、守りの態勢を固めるのに非常に重要だ。というわけで私たちが二番目に勧める分野は税法である。

3　移民法に強い弁護士

第三に勧めるのは移民法である。予想される社会変化を考えると、移民法を専門にすることのメリットは大きい。今後、アメリカに移住し、市民権を獲得するのはいっそう難しくなるだろう。反面、アメリカ国民になりたいと願う人は、特に裕福な外国人の間で急増するはずだ。たとえば台湾に住む富豪たち。資本主義を信奉する事業家である彼らが、将来をどう見ているかを考えてみればいい。中国は南沙諸島周辺の油田地帯のみならず、台湾の資本と国土を狙っている。中国政府が金持ちをどう処遇するかを考えてみれば、彼らが中国を大きな脅威と感じていることはよく理解できるだろう。また、彼らがアメリカに市民権を求めることは容易に想像がつく。移民法に強い弁護士の活躍の場がここにある。

「安全だと思っている人はいないでしょう」と台湾のパン・パシフィック移民会社のクリス・チャンは話してくれた。「みんな、アメリカに行きたがっています。台湾海峡で中国軍が大々的な軍事演習をしてからというもの、何十億ドルもの資金が台湾から流出しています。中国は台湾を反逆者の国と思っていますから」

富裕な台湾人事業家がいかに不安に感じているかは、右に引用した雑誌記事だけでなく、アメリカに流入してきた資金の動きからもよくわかる。カリフォルニア州一つとっても、台湾マネーは近年一〇〇億ドル以上流れこんでいる。アトランタに五〇〇〇万ドルが投資される計画もその一環である。アメリカに投資することで、彼らは何を得るのか？　ウォールストリート・ジャーナル紙は、次のように書いている。

一九九〇年に、議会で一〇〇万ドル投資計画が可決された。これはアメリカの事業に一〇〇万ドル以上投資し、新たに一〇人以上雇用すれば、外国籍者がアメリカ国籍を取得できるとするものである。

移民法の専門知識を必要とする外国人は、富裕な事業家に限らない。アメリカの企業は、外国籍の熟練工や科学者を多数雇い入れるようになってきた。この人たちも、移民法に強く経験のある弁護士を必要とする。

医師およびヘルスケアの専門家

今後一〇年間に、金持ちは膨大な金を医療費に使うだろうから、この分野も有望な職業の一つと言えよう。子や孫の医療費を支払う富裕層の数は増加している。現在、億万長者の四四％が子や孫の支払いを肩代わりしている。今後一〇年間に、この金額は総計五二〇億ドルを上回るであろうと推計される。

彼らは医療費に保険を使わないことが多い。公的保険の官僚的な体質を嫌って、直接患者から支払いを受ける専門医の数は多いが、彼らの存在はますます重要になってくるだろう。保険を使わない富裕層に狙いを絞ったヘルスケアの専門家はすでに増加の傾向にある。腕がよくて評判の高い医者は、このトレンドで大いに潤うだろう。保険会社が支払いをためらうような金額を請求しても、金持ちは喜んで支払う。子や孫の治療費に保険を使わず直接支払っておけば、治療費の肩代わり分を贈与と見なされて課税されるリスクが回避できるためである。また富裕層はヘルスケア・サービスに、有料の特別サービスを追加することも多い。

とりわけ美容関連、ストレス関連の専門医は有望だ。お金に余裕があれば、外見を飾りたいと思う人は多いはずだ。したがって歯列矯正を施したり歯を白くする審美歯科医、美容整形医、ほくろやあざ、そばかすなどを除去する美容皮膚科医などへの需要が増すことが予想される。

また、現代特有の病気として、各種のアレルギー治療への需要が伸び、ストレスに対処するための心理学者、精神科医を求める人が多くなることだろう。ストレス治療には、カイロプラクティックの専門家ももてはやされるかもしれない。

資産の鑑定・管理・売却の専門家

遺産は現金以外の形で相続されることも多い。相続で多いのは、オーナー会社の株、コイン・切手の蒐集、宝石・貴金属、山林、農場、石油・ガス採掘権、住宅・商用不動産、銃のコレクション、陶磁器、美術品、アンティークまたは高級家具、自動車などである。このようなものに興味のない人は、相続後にすぐさま売却して換金しようとするが、それには価値を鑑定し、売却の方法を教えてくれるアドバイザーが必要となる。また、売却までの短期間保有する間に、価値をあげるように管理するにはどうしたらよいか教えてくれる人が必要となる。

したがって、以下の専門家が有望と考えられる。

◆鑑定士および競売人　前述のような資産の評価・鑑定・売却を行なう。

◆コイン・切手ディーラー　鑑定を行なう。その場で買い取って換金サービスする人もいる。

◆質屋　高価な宝石、ダイヤモンド、貴金属、コイン、銃、アンティーク、陶磁器、蒐集アイテム、高価な時計、銀食器などを購入するスペシャリスト。地元の人を対象とする。

◆不動産管理　戸建およびマンション管理・修理修繕、家賃徴収代行、賃借人が引っ越しした後の清掃などを行なう。

私立の教育機関と教職員

アメリカの資産家の四〇％は孫の私立小中学校、高校の授業料を払っている。富裕層が急増していることを照らし合わせて考えると、今後一〇年間に億万長者の祖父母から授業料を払ってもらって私立学校に通う学生数は数百万人にのぼる。ということは、私立の学校施設、教師、カウンセラー、家庭教師への需要が急増すると言えよう。また授業料その他の関連費用の値上げも予想される。両親は自分が払うわけではないので抵抗を示さないから、金持ちが競って孫を私立学校に送り込むようになれば、学費は容易に値上げされよう。

私立保育園、幼稚園、小中学校、高校の経営者および教師は、この傾向にぴったりの仕事だと言えよう。また、音楽、演劇、美術、特殊学級、キャリア・カウンセリング、ＳＡＴ（大学進学適性試験）その他の予備校など、専門分野に特化した学校の経営者および教師も有望である。

会計士

前述のように、相続・贈与に弁護士は重要な役割を果たすが、会計士も同様である。両者とも、通常業務としての税務・法律相談の域を越えて、金持ちに親身になってアドバイスをする。顧客は彼らを頼りにして、子や孫に財産を分配するにあたり、どうすればよいかを相談する。贈与税、相続税を軽減するための相談は、まず会計士に持ち込まれることが多い。遺産相続執行人の一人になってほしいと頼まれることもよくある。その場合、遺産の一部をもらうことも珍しくない。生涯誠実に相談に乗ってくれた専門家にこのような形で報いたいという人は多いのだ。

このような観点から、相続税や贈与税などの税務相談に応じる能力がある会計士は有望である。彼らは遺産相続、信託財産、贈与、受託サービス、事業・資産の評価、定年後の生活設計を立てる手伝いをすることになる。

住宅関連事業

富裕層の過半数は、子供が家を買うときに援助をしている。使途を指定されないで多額の金をもらうと、その金で住宅を購入する人も多いので、実際にはかなりの人が直接・間接的に住宅購入の援助をしていると思ってよいだろう。「住宅購入資金の援助」をもらう人は、もらわない人よりも値段に鷹揚になる（いつだって、他人の金を使うのはずっと楽だ）。だから住宅産業、住宅ローン関連の仕事は、今後有望と考えられる。

住宅購入資金の援助を受けても、借入がなくなるわけではない。親が援助してくれるとなると、予定より高い家を買い、多額の住宅ローンを借り入れる人が多い。

考えられるスペシャリストは、次のような人々である。

◆住宅建設工事請負会社
◆住宅ローンを貸し出す金融機関
◆住宅改築・改装工事会社
◆宅地開発業者
◆住宅専門不動産仲介業者
◆ペンキ、壁紙などの内装品販売店
◆住宅警備保障システムの販売およびコンサルティング
◆インテリア・デザイナー、インテリア・コーディネーター

表7-5　2005年の億万長者世帯数（推定）

州・地域名	億万長者世帯数	10万世帯あたりの数	億万長者密度*
合衆国全体	5,625,408	5,239	100
アラバマ	66,315	3,844	73
アラスカ	19,216	7,148	136
アリゾナ	76,805	4,501	86
アーカンソー	32,008	3,228	62
カリフォルニア	773,213	5,762	110
コロラド	92,677	5,936	113
コネチカット	109,481	8,702	166
デラウエア	18,237	6,247	119
ワシントンＤＣ	14,076	6,815	130
フロリダ	289,231	4,911	94
ジョージア	146,064	4,973	95
ハワイ	30,857	6,046	115
アイダホ	19,264	3,883	74
イリノイ	283,329	6,054	116
インディアナ	108,679	4,674	89
アイオワ	46,202	4,100	78
カンザス	49,784	4,755	91
ケンタッキー	56,271	3,668	70
ルイジアナ	62,193	3,611	69
メイン	18,537	3,887	74
メリーランド	149,085	7,283	139
マサチューセッツ	154,390	6,746	129
ミシガン	202,929	5,406	103
ミネソタ	102,662	5,533	106
ミシシッピ	30,045	2,841	54
ミズーリ	92,665	4,431	85
モンタナ	12,954	3,661	70
ネブラスカ	28,026	4,276	82
ネバダ	36,272	5,577	106
ニューハンプシャー	26,941	6,013	115
ニュージャージー	258,917	8,275	158
ニューメキシコ	26,352	3,758	72
ニューヨーク	431,607	6,153	117
ノースカロライナ	130,362	4,450	85
ノースダコタ	9,559	3,865	74
オハイオ	197,554	4,485	86
オクラホマ	46,734	3,593	69
オレゴン	62,776	4,795	92
ペンシルバニア	238,010	5,033	96
ロードアイランド	19,672	5,125	98
サウスカロライナ	58,479	3,867	74
サウスダコタ	10,613	3,584	68
テネシー	91,263	4,285	82
テキサス	365,034	4,736	90
ユタ	33,850	4,097	78
バーモント	10,035	4,407	84
バージニア	171,516	6,327	121
ワシントン	134,570	5,764	110
ウエストバージニア	21,774	3,077	59
ウィスコンシン	100,421	4,852	93
ワイオミング	9,021	4,493	86
その他	11,330	3,640	69

*　その州の10万世帯あたりの数を全米平均（5,239）で割ったもの。たとえばアラバマ州の10万世帯あたりの億万長者世帯数は全米平均の73％である。

慈善事業

金持ちは寄付・慈善事業にもある程度の金額を支出する。したがって、慈善事業関連の調査、企画立案を行なうスペシャリスト、および財団や教育機関の相談を受けるスペシャリストも有望である。

旅行業

金持ちには子や孫と旅行するのを楽しみにしていて、そのためには金を惜しまない人が多い。五五％が最近の旅行に五〇〇〇ドル以上支出している。六人に一人は一万ドル以上かけて旅行している。となると、家族向けのリゾート・ツアーの営業・販売スペシャリストは有望だ。またクルーズや徒歩旅行、サファリ旅行などのスペシャリストも有望と思われる。

あなたのチャンスはどこにある？

金持ちをターゲットにビジネスをしようとする人は、どの地域が有利かを考えておく必要があるだろう。この章の最初に、一〇〇万ドル以上の遺産を残す人の数、金額を推定した統計を州別に載せておいた（表7‐3、表7‐4参照）。だが、生存者の数は死亡する人の四〇倍もいることを忘れないように。だから金持ち相手のビジネスなら、まだ生きている億万長者を相手にしたほうが市場は大きい。

そこで、私たちは二〇〇五年に一〇〇万ドル以上の資産を持つ世帯数を、州別に分けて推定してみた（表７－５参照）。数だけで見れば、カリフォルニア州に億万長者世帯が一番多い。だが、一〇万世帯の中に億万長者の占める割合の欄を見ると、億万長者密度ではコネチカット州がトップになる。

8　職業：億万長者対遺産相続人

彼らは、ぴったりの職業を選んでいる。

一〇年ほど前のことだが、ある有名な雑誌の記者が電話をしてきた。彼女はお決まりの質問から始めた。

お金持ちってどんな人ですか？

ここまで読み進んだ読者ならもうおわかりのように、アメリカの金持ちの大半は、自分で会社を経営している人か、独立して事務所を開いている専門職に就く人たちだ。金持ちの二割はすでに引退している。残りの八割のうち、三分の二以上が会社オーナーである。アメリカ全体では、会社オーナーと独立した専門職の人の割合は一八％でしかない。ということは、彼らが億万長者になる確率は、他人に雇われて働く人の四倍もある計算となる。

その記者は次の質問に進んだ。

億万長者はどういう職業に多いのでしょう？

私たちの答えは、いつもどおり。

職業だけでは、億万長者かどうかはわかりません。

二〇年間、あらゆる産業ジャンルにわたって億万長者を研究してきた私たちの結論は、職業うんぬんよりも、その人の性格で蓄財のレベルが決まるということだ。

だが、どんなに説明しても、記者たちはもっと単純な答えを欲しがる。「億万長者の職業ベスト・テン！」とかいう見出しで記事が書ければ、確かにおもしろいだろう。

私たちは、自動的に金持ちになる方法なんてないと、事あるごとに言うのだが、たいていの記者はこの言葉を無視する。彼らは私たちの研究結果をちょっと脚色して、センセーショナルに扱いたがる。確かに、自分で事業をしていれば億万長者になる確率は高い。だが、大半の自営業者は億万長者どころか金持ちと言うにはほど遠いという事実を、記者は書いてくれない。

私たちが言えることは、ある業界は他に比べて利益をあげやすいという程度のものだ。利益率の高い業界で事業をしていれば、高い収入を得る可能性は高い。だが、そういった業界にいるからといって、事業に成功する保証は何もない。また事業が成功したからといって、あなたが金持ちになれるとは限らない。たくさん稼いでも、ビジネス以外のことに稼ぎ以上の金を使ってしまえば、金は貯まらない。離婚を三回繰り返したり、競馬に狂ったりすれば、やはり金は貯まらない。年金に加入していなかったり、優良企業の株を持っていなければ蓄財は難しい。お金を貯める必要性をまったく感じず、金は天下の回りもの、と思う人もいる。もしあなたがそう考えるのだったら、あなたは「金を使う人」であり、「金を貯める人」にはなれない。

だが、もしあなたが倹約家で、慎重な投資家で、事業経営に成功しているのなら、あなたは金持ちになれるだろう。

業界によっては、利益率の高い業界がある。この章ではそのような業界を取り上げてみた。だが、繰り返し言うが、単純に考えないでいただきたい。よく、金持ちになる秘訣を一言で教えてくれ、と言われるが、それは不可能だ。私たちの調査結果を歪曲するタチの悪い輩もいる。最近こんなメッセージが、留守番電話に残っていた。

あるパンフレットに、あなたはスタンフォード大学の教授で、億万長者の二割はドライ・クリーニング屋であることを発見した、と書いてあったのですが、本当ですか？

まず第一に、私たちはスタンフォードで教えたことがない。それに、億万長者の五人に一人は、せっせとワイシャツにアイロンをかけているなどと言った覚えはない。一九八〇年代半ば頃、ドライ・クリーニング業は小規模な事業の中で、利益率の高いビジネスだと言ったことはある。だが何度も言うように、利益率が高いからといって、自動的に資産ができるわけではない。そういう考え方は、ナイキのエア・ジョーダンを買えばバスケットボールが上手になると考えているうちの息子と大差ない。シューズのブランドで選手の才能が作られるわけではない。同様に、業界が金持ちを生みだすわけではない。利益をあげ、資産を築くには、才能と努力が必要なのだ。だから、次のようなキャッチフレーズで商品を売る人々には、とても腹が立つ。

この家庭独習キットを一式購入するだけで、あなたも事業に成功できる！　さあ、会社を作って金持ちになろう。私はこれで成功した。あなたにもできる！　楽々できる！

キットやアイデアだけでは成功しない。職業の選択も成功の鍵ではない。二五年前、金物屋や材木屋の利益率は特に目を引くものではなく、誰も投資をしようとする業界ではなかった。だが、ホームデポ社の成功はどうだ。ホームデポは業界を一変してしまった。業界水準の利益、売上、間接費を見て二の足を踏むことなく、彼らは事業を起こし、資金を投下して経営を始めた。この創業者たちは、才能と勇気があり、努力を惜しまない人々だった。彼らが金持ちになっただけではない。社員も、株主も、経済的に大きく報われている。事業に成功する人は、他人に惑わされず、自ら高い目標を掲げるものなのだ。

変化することだけは確かだ

世の中は変化する。事業の経営環境も変化する。たとえば先ほど書いたドライ・クリーニング業（正しくは洗濯・ドライ・クリーニング・その他衣服サービス業）の例をみてみよう。トム・スタンリーは一九八八年に発表した著書『富裕層へのマーケティング』のなかで、こう書いた。

一九八四年には、個人経営を除き、六九四〇のクリーニング会社が存在している。そのうち九一・九％は利益をあげており、売上利益率は二三・四％であった。

この業界の一九九〇年代の利益率を、国税庁の確定申告データから分析してみた。一九九二年には会社数は四六一五に減少しており、利益をあげているのは五〇・五％のみ、売上利益率は一三％に低下している。また、個人経営のドライ・クリーニング店を見てみると、同じ一九九二年に二万四一八六の店舗があったが、平均年間所得は五三六〇ドルでしかない。この水準は個人経営業態一七一種のうち一一六位である。売上利益率は八・一％で一一九位となる。ドライ・クリーニング経営者で、多

表8-1　黒字の個人経営業種ランキング：1984年と1992年の比較

業　種	1984年			1992年			平均純利益額
	事業者数	黒字率	順位	事業者数	黒字率	順位	(単位：ドル)
男性用衣料・服飾品の小売店	1,645	100.0	1	3,410	82.7	57	8,200
整骨医	1,001	100.0	3	10,598	96.3	13	7,760
モービルホームのディーラー	4,718	95.4	7	6,844	92.3	23	10,100
道路工事会社	6,812	92.5	8	8,641	56.0	138	12,700
大工、床の工事会社	312,832	92.0	9	497,631	92.0	25	8,900
カイロプラクティック	18,928	91.5	10	32,501	85.1	49	47,500
屋根葺き業	53,539	91.4	11	98,235	86.9	42	9,100
ドラッグストア	14,128	90.9	12	8,324	82.2	60	45,500
炭鉱業	717	90.7	14	76	34.2	165	196,600
カーテン室内装飾	17,508	90.3	15	29,827	79.2	74	6,200
獣医	16,367	89.7	16	19,622	92.5	22	41,700
タクシーなど乗用車運転手	42,975	89.5	17	38,907	97.1	11	7,000
バスなどの運転手	16,945	89.4	18	30,666	93.6	20	8,800
歯科研究所	15,246	89.4	19	28,101	96.0	15	15,200
一次金属製造	4,972	89.2	20	3,460	100.0	1	26,100
壁塗装、壁紙貼りなど室内の内装工事	180,209	88.8	21	235,599	91.9	28	7,600
歯科医	77,439	88.2	22	96,746	94.9	16	73,100
ボウリング場	1,456	88.1	23	1,547	91.3	27	57,400
検眼士	16,919	86.9	25	12,576	96.1	14	60,100

＊　黒字額は1992年および1994年のIRSの連邦所得税データから計算されている。

少でも黒字を計上しているのは七四・一％、四人に三人でしかない。これは一七一種のうち九二位である。

わずか八年の間に、事情はこれだけ大きく変わってしまった。変化したのはドライ・クリーニング業界だけではない。表8 - 1にいくつかの業界の変化の様子をあげた。利益率が大きく変動した業界がいくつもあることがわかるだろう。たとえば、男性用衣料・服飾品を扱う個人経営の小売店の数は一九八四年から一九九二年の間に倍増している。一九八四年にはすべての店が利益をあげていたが、一九九二年には八二・七％に減っており、ランキングでは一位から五七位に下がっている。道路工事を扱う建設業は八位から一三八位に、炭鉱業は一四位から一六五位に転落した。

外部からの不可抗力的な要因は、業界の利益率、ひいては業界内の各企業に影響を及ぼす。業界利益率が高ければ、その業界に参入する会社の数が増え、利益率は低下する。消費者の好みの変化、政府の政策も利益率に影響を与える。もし政府が石炭を優遇するエネルギー政策を取っていれば、個人経営の炭鉱業者数が八年間に七一七から七六に激減することはなかっただろう。しかも七六社のうち、利益をあげたのは三四・二％のみである。にもかかわらず、平均純利益額は一九万六六一八ドルであった。炭鉱業者の中には、少数とはいえ、業界の趨勢《すうせい》に左右されず、辛抱強く努力を重ねてきたおかげで報われた人がいるということだ。「短期間、業界が苦しい時期に入ってくれたからこそ成功できた」というセリフを、成功した人からよく聞かされる。厳しい時期には、競争相手が自発的に戦線脱落していってくれる。炭鉱業はまさにこの状況にある。利益をあげている三四・二％の経営者の平均年収は六〇万ドルである。

「独立したほうがいいでしょうか」とよく聞かれる。この質問にはデータをあげて、答えとしよう。大半の人は、独立しても成功からほど遠い人生を送っている。自営業者はアメリカに一五〇〇万人以上いるが、彼らの平均純利益額はわずか六二〇〇ドルである。四分の一はまったく利益をあげていない。合資・合名会社ともなると数字はさらに悪化して、四二％が赤字である。株式会社ともなると年間利益をあげるのは五五％である。

億万長者が子供にすすめる進路

子供に事業を継がせる億万長者は、五人に一人でしかない。子供がいやがるからではなく、金持ちの両親が判断して、継がせないのだ。彼らは事業で成功するのがいかに稀《まれ》なことかを知っている。他社との競争、消費者の嗜好の変化、高い間接費など、コントロールの及ばない要因に事業が左右されることを、痛いほど知っているからだ。

それでは億万長者は子供にどのような職業を勧めているのか。医者、弁護士、エンジニア、建築家、会計士、歯科医などの専門職につき、独立して事務所を開設することを勧める。億万長者はそうでない人に比べ、メディカルスクールに子供を送る割合が五倍、ロースクールが四倍であることは前述のとおりだ。

事業に成功する確率が低く、リスクが大きいことを、金持ちはよく心得ている。一方、専門職が独立する場合には、利益の出ないことはまずないし、他の小規模な事業よりもはるかに利益率が高いことも知っている。このことは後ほど具体的な数字をあげて説明するが、その前に独立した専門職のことについてもう少し見ておきたい。

ちょっとあなたにジョンソン炭鉱会社の個人経営者カール・ジョンソン氏になってもらおう。業界には七六人の個人経営者がいる。昨年黒字だったのは二六社で、ジョンソン炭鉱会社はその一つである。ちょっと前までは七一七人の個人経営者がいて、九割以上が利益を出していたというのに、今では一割しか生き残っていない。しかしあなたはタフだし、いろいろなツテもあり、頭がいいので、他が撤退していく中を見事に生き残った。今はその恩恵を受け、昨年は年収六〇万ドルを得ることができた。今年も、会社はうまくいっている。あなたには優秀な大学生の子供が二人いる。あなたは自問自答する。

◆デイヴィッドとクリスティに炭鉱業を勧めようか？
◆私の父親が始めたこの炭鉱業の仕事を彼らに継がせようか？
◆炭鉱業は子供たちにふさわしい職業だろうか？

私たちが取材した億万長者なら、九分九厘、勧めないだろう。子供が優秀な場合には特にそうだ。

彼らはデイヴィッドやクリスティに、他の道を考えるように話すだろう。

事業を始めるには、土地、機械設備、建物が必要だ。ジョンソン炭鉱会社は石炭が埋蔵された山を所有している。設備機器は数百万ドルする。炭鉱で働く従業員を多数雇用しており、彼らの安全のために常時金をかけていなければならない。労働安全衛生局の定める基準を満たさなければならない。石炭価格が市場で上下するのをうまく管理し、顧客を奪おうとする競争相手の動静を常に警戒し、政府のエネルギー政策の変化をウォッチしていなければならない。従業員が満足して、安全に作業できるような環境を整えておかなければならない。落盤事故が起きて操業停止になる事態に常に備えておかなければならない。この事業でたいへんなことは、会社の場所を動かせないことだ。温暖な場所、鉄道に近い場所に山を動かすわけにはいかない。鉄道ストが長期にわたったらどうするかも考慮しておく必要があるだろう。

こんなことを考え始めたら、おおかたの人は不安でたまらなくなる。他社よりも経営能力に優れていても、自分のコントロールできない要因で会社がつぶれることはおおいにあり得ることだ。こういったことを全部考えあわせると、年収六〇万ドルでも対価としては低すぎる。それに、あと何年六〇万ドル稼ぐことができるだろうか。来年、不可抗力的な要因で倒産するかもしれない。その場合、炭鉱業に関する知識を大学で教えることにするか？　たぶん無理だろう。あなたの経験は現場で活きる性格のもので、学問として教えるものではない。

ホロコーストから逃れてアメリカに移住してきたある金持ちは、自分では事業をしているのに、子供たちはみな専門職につかせ、独立させた。彼にその理由を聞いてみた。

奴らは事業を没収できるかもしれないが、頭脳は没収できんからな。

政府は、土地、機械、炭鉱、建物などを没収できても、人の頭脳は没収できない。専門職が売るものは、石炭、ペンキ、ピザではない。頭脳や英知なのだ。

たとえば、医者はアメリカのどこにでも、その頭脳を持って動ける。彼らの商売道具は移動可能なポータブル品だ。歯科医、弁護士、会計士、エンジニア、建築家、獣医、カイロプラクティック士にも同じことがいえる。これらの専門職に金持ちの子息がつく割合は非常に高い。

ジョンソン炭鉱会社と専門職の収入を比較してみよう。独立開業している専門職で年収六〇万ドルを得るのはごく一握りの人に過ぎない。だが専門職につくには多くの時間と金を費やさなければならない。それでも金持ちは、専門職になることのメリットのほうが、コストをはるかに上回ると考える。息子や娘の学費を払うのは親である。自分が苦労して稼いだ金をかけてでも、専門職のほうが割に合うと考える。

あなただったらどう考えるか？　炭鉱業の利益額は平均一九万六六〇〇ドルで、表8‐2にあるように、専門職よりも高い。しかし利益をあげているのは三分の一（三四・二％）に過ぎず、専門職の利益率と好対照である。表8‐2のように、医者の八七・二％、歯科医九四・九％、獣医九二・五％、

表8-2　個人事業主の利益率上位10業種

業　種	事業者数	平均純利益額（単位：ドル）	順位	黒字率（%）	売上収益率（%）	平均純利益額をあげるのに必要な売上高（単位：ドル）	炭鉱業の平均純利益額を得るために必要な売上高（単位：ドル）
炭鉱業	76	196,600	1	34.2	8.2	2,397,600	2,397,600
開業医（一般）	192,545	87,000	2	87.2	56.2	154,800	349,800
整骨医	10,598	77,600	3	96.3	57.8	134,300	340,100
歯科医	96,746	73,100	4	94.9	34.2	201,900	543,100
検眼士	12,576	60,100	5	96.1	30.7	195,800	640,400
ボウリング場	1,547	57,400	6	91.3	31.0	185,200	634,200
カイロプラクティック	32,501	47,500	7	85.1	39.3	120,900	500,300
ドラッグストア	8,324	45,500	8	82.2	8.7	523,000	2,259,800
獣医	19,622	41,700	9	92.5	22.5	185,300	873,800
弁護士	280,946	39,800	10	86.6	47.4	84,000	414,800

＊　所得は1992年のＩＲＳの連邦所得データから計算されている。当時、171種類の個人経営業態に1500万以上の個人経営会社があった。なお100ドル以下は切り捨て。

弁護士八六・六％が利益をあげているのだ。

売上収益率を比較してみよう。炭鉱事業の場合、売上二四〇万ドルに対して純利益が一九万六六〇〇ドルだから、約八・二％の利益率になる。医者の場合には売上一五万四八〇四ドルに対し、八万七〇〇〇ドルの利益。これは五六・二％の利益率だ。炭鉱事業のオーナーが平均純利益一九万六六〇〇ドルを稼ぎ出すのに二四〇万ドルの売上が必要なのに、医者の場合三四万九八〇〇ドルの売上ですんでしまう。整骨医となると、この数字はもっと低くなり、同じ純利益を得るのに、売上三四万一三八ドルですむ。弁護士では平均四一万四八〇〇ドルの売上が必要となる。

さあ、デイヴィッドとクリスティにはどうアドバイスするか。あなたが事業家だったら、専門職に就くことを勧めるだろう。他の億万長者も同じようにするはずだ。第一世代の億万長者の大半は事業家である。彼らは賭けに勝ち、事業に成功して裕福になった。事業を育てながら、生活を切りつめ、成功者となった。もちろん運もあるだろう。環境が違っていれば、うまくいかなかったかもしれない。

彼らの子供たちはそれほど苦労を重ねなくてもすむだろう。それほど大きなリスクをとらなくても、やっていけるだろう。高い教育を受け、医者や弁護士や会計士になればいい。彼らの資本は、その頭脳だ。ただ両親と違い、彼らが働き始めるのは二〇代後半から三〇代前半になる。そして、両親とは違って、働き始めると同時に中・上流の暮らしを始めるだろう。

金持ちの子供が倹約家になるのはなかなか難しい。職業上、高価なものを身につけなければならないから、投資に回す金はどうしても少なくなる。その結果、親の経済的援助を必要とするようになるのだ。専門職のように高い給料をとる人は、それだけ使う金も多い。だから所得だけで資産水準を予想するのは、ほとんど不可能と言っていい。

「ごく普通の仕事」が億万長者への近道

最近フォーブス誌におもしろい書き出しで始まる記事が載っていた。

目新しい事業ではなく、ありふれた業種で安定して成長を続けているたぐいの会社は、話題性には乏しいが、長期的には優れた投資対象となる。

この記事は、ハイテク会社の業績は長期的には落ちることが多いと書いている。投資パフォーマンスが常にいいのは、「目新しさのない普通の」会社である。フォーブス誌は過去一〇年間、長期にわたって好業績を続ける中小企業のランキングを載せているが、そこにあげられていたのは、壁板メーカー、建材メーカー、電気器具メーカー、プレハブ・メーカー、自動車部品メーカーなどだった。

たしかにこれらの産業は、地味で、躍動感あふれるとは言いがたいビジネスだ。だがこういったありふれた事業のオーナーほど、資産を築く傾向がある。目新しさのない昔ながらの業界に新規参入しようという会社はないし、不景気でも需要が急に激減することはない。私たちは独自に、億万長者の

表8-3　億万長者の事業（抜粋）

アパレル・既製服製造	精肉加工業
エンジニア	地質コンサルタント
害虫駆除サービス	長期療養施設の経営
果樹園経営	ディーゼルエンジン改造販売
カフェテリア経営	デザイナー
競売人・鑑定人	ドーナツメーカー機の製造
業務用清掃・消毒薬品の製造	ニュースレター出版
コイン・切手ディーラー	物理学者／発明家
広告代理店	米作農業
職業・技術訓練学校の経営	募金業務代行
人材コンサルティング業	モービルホーム用の駐車場経営
清掃サービス請負業	ロビイスト

経営する事業の一覧を作成してみた。そのうちのいくつかを取り出したものが表8-3である。どれをとっても、ごく普通の、おもしろみの少ないビジネスだ。

何をリスクと考えるか

独立して事業を始める動機は何だろうか。事業に成功した人々は、自由度の高さをあげる。何しろ上司がいない。それに、他人に雇われているよりも、独立したほうがリスクが軽減できると彼らは言う。

いったん上場企業に勤めてからビジネススクールに進学してきた六〇人のMBAに、ある教授が質問した。**「どんなことがリスクだと思いますか？」**

ある学生が、**「アントレプレナーになること！」**と答えた。他の学生もうなずいた。すると、その教授は一人のアントレプレナーの言葉を引用した。

どんなことがリスクだろう？　収入源が一つしかないことだと私は思う。サラリーマンはリスクを背負っている。給料の出所が一カ所しかないからだ。ビル清掃会社はどうか。客が一〇〇社あれば、収入は一〇〇カ所から生じることになる。

とはいっても、事業を始めるにはかなりの金銭的リスクを負わねばならない。だが会社経営をしている人たちは次のような信念を持っている。このような心構えがあれば、リスクを軽減することはできるのだ。少なくとも、精神的なリスクは軽減できる。

◆私は、自分で自分の運命をコントロールしている。
◆情け容赦ない社長のもとで働くことこそ、リスクというものだ。
◆私はどんな問題に直面しても、逃げずに立ち向かい、解決に努力する。
◆社長になる唯一の道は、自分で事業を起こすことだ。
◆いくらでも、収入は増やすことができる。
◆リスクと困難のおかげで、私は毎日強く、賢くなっている。

会社のオーナーになるには、独立したいという強い意思が必要だ。大きな会社組織の外に出る気にはならないというのなら、あなたは起業家には向いていない。私たちが取材した起業家で成功した人は、一人残らず、仕事を楽しんでいる。みんな独立したことにプライドを持っている。

ある数百万ドルの資産を持つ金持ちが、私たちにこう話してくれたことがある。

最近は、仕事がおもしろくない、というサラリーマンが多いようだ。だが、こう言ってはなんだが、仕事で成功するヤツというのは、仕事が大好きで、朝起きて会社に行くのが待ち遠しいと思うような人種なのだ。少なくとも私はそうだし、昔からずっとそうだった。今でも、朝起きて仕事にとりかかるのが待ち遠しいよ。

彼には子供がなく、妻を亡くしている。彼が事業を始めたのは金のためではない。彼にとって、金は二の次の問題でしかない。彼は死後、遺産を出身校の奨学金に寄付することにしている。

彼はどのようにして事業分野を選択したのだろうか。彼は理工学部で学んだ。学部には、自分で会社を持って事業をしている教授がたくさんいた。この教授たちが、彼のお手本だった。事業で成功する人は、自分で会社を始める前に、何らかの形で、その分野の経験や知識を得ている。たとえばラリーの場合。彼は一〇年以上、ある印刷会社で営業をしていた。彼は常によい成績をあげていたが、会社がつぶれるのではないかと心配しながら仕事をするのに嫌気がさし、自分で印刷会社を始めることを考えるようになった。そこで、彼は私たちにアドバイスを求めてきた。

私たちはラリーに簡単な質問をした。「印刷会社で一番重要なものは何ですか?」彼はすぐさま「たくさんの注文、売上、顧客」と答えて、自分で問題の回答を見つけ出した。彼は自分で事業を始めたが、印刷会社ではなく、印刷会社の営業代理店を始めたのである。彼は大手印刷会社数社の営業を代行し、注文を受けるたびに手数料をもらい受けている。このビジネスでは、間接費がほとんどかからずにすむ。

ラリーは自分で会社を始める前に、起業家になる勇気がないと私たちに話していた。独立することを考えただけで、不安にさいなまれたという。ラリーは、起業家は怖いもの知らずの勇気ある人だと思い込んでいた。

私たちはラリーに、あなたの定義する勇気は間違っていると話した。私たちの定義では、勇気とは、漠然とした不安感をはっきりと具体的な形に置き換えることを指す。勇気ある人々、起業家たちも、不安になることはある。だが彼らは不安感をどう扱えばよいのかわかっている。だから成功できたのだ。

私たちは勇気ある人々を長年研究してきた。世界を相手に食べ物を売ろうと考えたマクドナルドの創始者レイ・クロックは、ものすごく勇気のある人だ。彼は第一次大戦中、前線で救急車の運転手をしていた。ウォルト・ディズニーも勇気ある人だ。議会に、そして世界に対して、クライスラーは華華しくカムバックすると宣言したリー・アイアコッカもたいへんな勇気の持ち主だ。アイアコッカは経営者であって、厳密な意味では起業家ではないが、十分にその素質を備えている。

不安のタネはどこにでもある。五〇〇万ドルの信託財産を受け継いだ人と、数百万ドルの資産を自分の腕一本で築いた起業家と比べてみれば、起業家の抱く不安のほうがはるかに少ない。起業家は、リスクに直面して、毎日みずからの勇気を試されているから、不安を克服するすべを身につけているのだ。

＊＊＊

私たちはこれから述べる事例を最後にとっておいた。蓄財優等生と劣等生の違いを浮き彫りにしてくれる、よい事例だからだ。この本を通じて、私たちはこの二つのグループがまったく違うニーズを持つことを強調してきた。蓄財優等生は何かをゼロから築き上げること、金を貯めて経済的に自立することを目標にする。劣等生はステイタスの高いライフスタイルを誇示することに重点をおく。この二つのグループが同じ時、同じ場所で出会ったら、衝突が起こるのは目に見えている。

W氏は独力で資産を築き上げた億万長者である。低めに見積もっても、彼の資産は三〇〇〇万ドルをくだらない。W氏は典型的な蓄財優等生だ。彼は、工業部品、検査機器、特殊計器などを製造する会社を何社か所有している。その他の事業にも投資をしており、不動産にも投資している。

W氏は彼の資産の足元にも及ばないような人々が住む、中流階級の住宅街に家を構えている。彼も妻もGMの大型セダンに乗る。彼のライフスタイルは中流階級そのもので、仕事に出かけるときにも、ネクタイを締めてスーツを着ることはない。

W氏は、彼の言うところの「高級不動産事業」に手を染めて楽しんでいる。

機器製造以外の事業でも、結構儲かっているよ。不動産だけどさ。神様はどんどん人間はお作りになるが、土地は作らない。だからちょっと頭がよくて、慎重に物件を選びさえすれば、カネは稼げるというもんだね。

W氏はたしかに非常に慎重に物件を選ぶ。値段が妥当な水準だと思ったときにだけ、物件を直接買うか、パートナーシップを組んで購入する。彼がよくやるのは、資金に困っているオーナーかデベロッパーから全部あるいは一部購入する手だ。

最近、彼は「リゾート地の超優良投資物件」をまた一つ見つけた。

高層の高級リゾートマンションを建てようとしている男がいてね。金が足りなくて、建設にとりかかるには、半分を売却しなくちゃならんというんだ。そこで彼と取引して、そのマンションのなかで同じ間取りの物件を全部買ったんだよ。かなりいい条件でね。その金で男はマンションを建てた。間取りが同じものは全部買い占めたから、その間取りが気に入った人はみんな私から買わなくちゃならない。独占だよ、君。だれも私と競合しないからね。一つだけ自分用に残して、全部売るつもりだったんだ。

だが、その一つも長く持つことはなかった。W氏は短い休暇がとれるとそのマンションに出かけたり、友人に無料で貸したり、あるいは一般に有料で貸したりしていた。なぜW氏は、そのマンションでもっと長い時間を過ごさなかったのだろう？　彼のライフスタイルに合わなかったためだ。W氏のリゾートマンションを買うのは中・上流階級の蓄財劣等生タイプの人々だ。これまでにも、W氏とマンションの買い手である住民たちとの間には、かなりのもめごとがあった。もめごとの原因となったのはW氏が飼っていた犬であった。

犬を飼っていてね……。この犬のせいで数十万ドルを儲けそこなったよ。今まで開発したいくつかのリゾートマンションでは、管理組合が飼犬禁止の取り決めをしたもんだから、自分で使おうと思ってとっておいたマンションも全部手放してしまったんだよ。「ご承知のように規則ですので、犬を処分していただかなくてはなりません」と言ってきたがね、ウチの犬を処分するくらいなら、ビル一棟処分するさ。

W氏は、今度のマンションでも、世間体を気にする人たちが彼の犬のことに文句を言うだろうと覚悟していた。だからマンション工事が始まる前から、W氏は彼と家族が滞在するときには犬を同伴する権利がある、という規則を作っておいた。

W氏によれば、マンションを買う人はみんなこの規則が書かれた書類を手渡されているので、W氏の犬のことを知っているはずだった。マンションを買うときには、誰もその規則に異を唱えなかった。しかし、W氏の分を除いて全部が売却されると、マンション購入者が団結して住民委員会を作った。委員会の目的は、規則が適用される範囲を広げて、もっと厳しいものにしようということだった。もともとの規則に書いておいたから、犬の規則には手をつけられないだろうとW氏はたかをくっていた。

ところが、この委員会は規則を変更して、犬は体重七キロ以下のみとするとしてしまった。犬の規則もへったくれもない。これはいやがらせをして、自分たちをマンションから追い出そうという魂胆だなとW氏は思った。彼の愛犬の体重は一五キロ近くあり、どんなにダイエットで減量させても、新ルールには適応できそうもない。W氏は、この規則に反対の一票を投じるチャンスも与えられなかったことに、非常に腹を立てた。彼は規則を無視して犬を飼うことにした。なんと言っても、彼はマンションの建設が始まる前からの大口投資家なのだから。

委員会の奴らは手紙を送りつけてきて、うちの犬は七キロ以上だから処分しろと言うんだ。私はその委員会とやらに出かけましたよ。彼らの投票システムはおかしいといってね。私が主張する場がまったくないのだから。

住民委員会の会場を去る前に、W氏はこう言った。

私の犬が七キロ以上あるとどうやってわかるのです？　どうすればウチの犬の体重がわかるんですか。張り子のように中身は空っぽかもしれないじゃないですか。犬を処分するなんて、絶対にしませんからね。

その集会から何日かたって、W夫人が犬を散歩させていると、住民委員会の委員長をつとめる弁護士が、彼女の前に立ちはだかった。彼はいかにも弁護士然とした口調で「犬を処分するように。規則違反です」と命令した。当然のことながら彼女は非常に腹を立てて、その午後夫にこぼした。彼は、まあまあ落ち着いて、と彼女をなだめた。

W氏はそれから数週間後、犬を除去するように、と要求する文書を受け取った。規則を遵守しない場合には、法的措置に訴えるとも書かれていた。その後、さらに二通の文書が送りつけられたが、毎回内容はきつい調子になっていった。

W氏はこの要求を快しとしなかった。文書の発送者は、住民委員会の委員長だった。W氏はこの弁護士が、マンションの所在する州では法的活動をする認可を受けていないことを探りだしていたので、委員会の要求はそのつど、「すぐさま無視」した。

しかし、W氏もW氏の家族も、休暇を過ごすだけなのに、そのマンションにいると、どうも場違いな感じを受けるようになった。委員会は犬を口実にして、彼の家族を追い出そうとしているのだろうか。W氏はこれがただならぬ問題だと思い始めた。彼も家族もいわゆる「社交界を飾るビューティフル・ピープル」ではない。それに引き替え、他のオーナーたちは絵に描いたように洗練された人々だった。

W氏は委員会のメンバーが、わざといやがらせをしていると思うと、だんだん腹がたってきた。ことに、大勢の人が見ている前で、妻に恥をかかせたことを忘れるわけにはいかなかった。W氏は一計を案じた。

マンションのオーナーの集会に出かけ、住民委員会のメンバーも全員出席していることを確認してから、W氏は立ち上がり、自己紹介をした。

私が、犬のことでみなさんから書面を受け取っている者です。私はこの件に関し、じっくり検討いたしました。しかし、犬を手放すつもりはありませんし、私のマンションを売るつもりもありません。

予想どおり、ざわざわ、がやがやと不満の声があがり、全員の目がW氏に注がれた。みんなの視線を一身に浴びながら、W氏は彼のプランを話し始めた。彼のマンションを会社の福利厚生施設として提供し、工場に働く組立工たちが休暇に使えるように一年中開放する。「これならみなさんにご満足いただけますかね？」と彼は言った。

うなり声があちこちから漏れた。W氏の社員であるブルーカラーの人々が、彼らの場所に侵入してくる光景を想像したのだろう。そのうち「犬を許可しよう。犬ならいいじゃないか！」と何人かが叫びだした。住民委員会の委員長は、急遽委員会を招集し、となりの部屋に集まるよう提案した。五分間ドアを閉め切って相談した後、委員会のメンバーが部屋に戻ってきた。委員長が決議を報告した。

「この状況をすべての観点から鑑み、住民委員会は、W氏が犬を所有し続けることを認めることを推奨します。それに従い、規則の修正を希望します。この案にご賛同の方は……」

この輝かしい勝利を勝ち取った後、W氏は彼の持分を売却した。W氏はこう言う。

「犬が好きじゃない人たちと一緒に住むのはごめんだね」

W氏も家族も、その犬を家族のように大事に思っている。だからそのマンションは言い値で安く売ってしまった。他のリゾートマンションでも、犬を大切にしないところは全部売却してしまった。市場価格以下で売却したから、愛犬のおかげで数十万ドルは損したとW氏は言う。社交界を彩るビューティフル・ピープルに囲まれて暮らすとはいえ、敵意に満ちた環境は犬にとってよい環境ではない。

そして、そんな場所は、蓄財優等生の人々にとっても、よい環境ではないのである。

謝　辞

『となりの億万長者』の発想を最初に得たのは、私が初めて金持ちの調査を行なった一九七三年のことである。以来、私たちは数多くの研究調査を行なってきたが、その成果をすべて本書に反映することができたと思う。共著者のビル（ウィリアム）・ダンコ博士と私は、一九九五年五月から一九九六年一月の間に大がかりな調査を実施した。調査を実施するにあたっては、私たち自身もアイディアを出しあい、どうやって人は金持ちになるのかを説明する要因に焦点を絞った。今までにもっとも得るところの多い調査であったと思う。

富についての情報を収集する過程で、私たちはすばらしい人々の支援に恵まれた。ビルはこの調査が始まった時から、私にとって貴重な右腕となってくれた。ビル以上の共著者はいない。

妻のジャネットにも謝意を表したい。彼女は本書が原稿の段階から忍耐強く手伝ってくれ、また数数のヒントを与えてくれた。アンケート調査の質問項目の設定、取材時のテープ起こし、編集作業、原稿のワープロ化などに力を発揮してくれたルース・ティラーには特に感謝したい。また、原稿を編集してくれたスザンヌ・ドゥギャランにも篤くお礼を申し上げる。そして、このプロジェクトに学生実習生として参加してくれた私の子供たち、サラとブラッドにも感謝する。

最後に、快く、経験談を率直に話してくださった一〇〇〇人を超す方々に、深くお礼を申し上げたい。彼らはまさしく〝となりの億万長者〟であった。

トマス・J・スタンリー
ジョージア州アトランタ市

＊＊＊

私がキャリアを積む手助けをしてくれた多くの方々にこの場を借りて感謝したい。とりわけビル・ホールスタイン、ヒュー・ファーリー、ダン・ブルク、サル・ベラルドの各教授をはじめとするニューヨーク州立大学オルバニー校の関係者の方々は、常に貴重なアドバイスを与えてくださった。この本を上梓することができたのは、彼らのおかげである。一九七〇年代初め、ビルとダンがトマス・スタンリーを大学に招聘《しょうへい》しなかったら、スタンリー＆ダンコのチームが結成されることもなく、本書が生まれることもなかった。

本書は実験的な調査に基づくものであったため、骨の折れる作業がずいぶんあった。私の子供クリスティー、トッド、デイヴィッドは、このやっかいな作業を快く手伝ってくれた。三人は「ご褒美に惹かれて」ではなく、かいがいしく、細かい点にまで注意を払いながら、あたかもこのプロジェクトの責任者の一人であるかのように責任感を持って仕事をこなしてくれた。この市場調査の経験は、今後、彼らのキャリアによい影響を与え、彼らを賢い消費者にしてくれるものと思う。

最後に、私に自制心と信念を教えてくれた母に謝意を表したい。母は、困難なときにも一生懸命働くことを教えてくれた、生きたお手本だった。神の導きのもとに、忍耐強く勇気を持って人に恥じることのない人生を送ることを教えてくれた母に、心から感謝する。

ウィリアム・D・ダンコ

ニューヨーク州オルバニー市

著者のノート　億万長者の見つけ方

調査のために、どうやって億万長者を見つけだしたらいいだろうか。マーケティングリサーチのコースで、出来のわるい学生に尋ねてみたところ、彼は、高級車を所有している人のリストを入手すれば簡単でしょう、と答えた。読者はよくご承知のように、億万長者は高級車を乗り回さない。高級車に乗るのは、億万長者ではない人たちばかりだ。このやり方はダメだ。うまくいかない。

住宅地を絞る　今までの調査と同じように、今回の調査でも、私たちはジョン・ロビンによって開発されたジオコーディング方式を採用した。ロビン氏はアメリカ全体を三〇万以上の地域に分け、分類した。このシステムを使えば、全米一億世帯の九割を把握することができる。

ロビン氏はまず、平均所得に従って、地域ごとにコードを割り振っていった。それから、平均利子収入、賃貸収入などの財産所得を調べ、数学的「資本モデル」で計算して、そのような財産所得を産み出すに必要な資産額を推定した。各地域の平均資産額を推定したあと、番号で分類していった。1は平均資産額が一番高い地域、2は次に高い地域という具合である（詳しくはジャーナル・オブ・アドバタイジング誌一九八六年六・七月号に掲載されたトマス・J・スタンリーとマーフィー・A・ソーエルの連名記事「郵送によるアンケート調査に対する富裕消費者の回答」を参照されたい）。

私たちは、通常、この推定資産マップを利用して億万長者を探し出す。まず、平均資産が他より目立って高い地域を選び出し、ダイレクトメール発送会社にその地域の世帯数を割り出してもらう。それから、その会社に無作為抽出で世帯を選び出してもらい、調査をかける。

一九九五年五月から一九九六年一月にかけて行なった全国調査にあたって、私たちは三〇〇〇世帯を選び出し、各世帯の世帯主に八ページのアンケート票を郵送した。送付状には、調査の匿名性を約束し、機密保持を保証するので調査に協力してほしい旨を書き、お礼のしるしに一ドル札を同封した。返信用封筒ももちろん同封した。締切期限内に一一一五通の回答が寄せられた。一五六通は宛名不明で戻り、一二二通は内容が不完全だったために対象から除外した。四四通は期限後に届いたので使えなかった。回答率は四五％であった。一一一五回答のうち三八五通、全体の三四・五％は一〇〇万ドル以上の資産を持つ世帯主からであった。

職業を絞る

私たちはこの調査を補うために、必要に応じて、ケース・バイ・ケース方式と呼ぶ方法で調査をした。前述の高級住宅街に住む人に調査する方法と並行して、職業などで絞ったグループに、必要に応じて調査をかけていったわけである。富裕な農業・農場経営者、会社役員、中間管理職、エンジニア、建築家、医師、会計士、弁護士、学校教師・大学教授、競売人、起業家などを対象とした。高級住宅街の外に住む裕福な人々も、この方法で調査することが可能となったのである。

訳者あとがき

「なんとかや、それにつけても金の欲しさよ」という川柳があるくらいです。金持ちになりたいと思わない人はいないでしょう。

私が最初にお金の大切さを知ったのは二三歳のとき、アメリカに半年ほど滞在したときでした。今では信じがたいことですが、当時の日本は貿易赤字を抱えており、出国時、パスポートの「渡航費用に関する証明」という欄に、ドルの持出承認番号と持出の金額が記入されるのでした。持出上限金額一五〇〇ドル。一九七四年のことです。一ドル三〇〇円を割るか割らないかだったでしょうか。持参の金はすぐに乏しくなりましたが、親に送金してもらいたくても規制があって送金してもらえません。コインランドリーの乾燥機は当時五〇セント。そのお金も惜しくて、一〇分ほど離れたコインランドリーで洗濯だけして、濡れて重くなった洗濯物を担いで冬の寒い道を歩くのは辛いことでした。借りたアパートは移民の多い貧しい地域で、人に住所を聞かれるとそのたびに恥ずかしい思いをしたものです。このとき、二度と貧乏はしない、と固く心に誓いました。

それからずっと、せっせと働き続けています。そしてあまり無駄遣いをしていないほうだと思っています。たとえば洋服はアメリカに出張に行ったときにほとんど買い込んできます。セールを狙うと絹のブラウスが二五ドルくらいで買えてしまうのです。ときどき日本のデパートでポリエステルのブラウスすら一万二〇〇〇円くらい平気でしてしまうのを見ると、度肝を抜かれます。

仕事で面白くないことがあったりすると、お金持ちだったら嫌な仕事はしないですむのになあとよく思います。最近のコマーシャルに「宝くじ、当たれば仕事が趣味になる」という名コピーがありますが、これはこの心理をぴたっと言い当てている、と耳にするたび感心します。

てっとり早くお金持ちになって仕事を趣味にするには、お金持ちと結婚するという方法があります。しかし、これは非常に難しい。お金を貯めるよりずっと難しいと悟った後には、一攫千金を求めて宝くじに走ったり、値上がりしそうな株を購入したりしました。

その結果は？　宝くじは紙切れとなり、株は三分の二ほどの値に下がり、処分するのも腹立たしく放ってある状態です。忙しさにかまけて、せっかく貯めたお金は銀行の普通預金に入れたまま。

私はお金とは縁がないのだ、とあきらめていたときにこの本と出会ったのです。「この本を読むと人生観が変わりますよ」という早川書房で担当してくださった國分さんの言葉はまったくそのとおりでした。

バブル崩壊後の市場の回復がほとんど見られず、この何年かは株からは遠ざかっていたのですが、最近、投資クラブに参加して勉強を始めました。投資クラブというのは、一〇人前後の人が同じ金額を出資して株式に投資しながら学ぶ勉強会です。日本でも昨年、大蔵省（注：現・財務省）から認可がおりて、あちこちでクラブが生まれてきています。ここで学んだことは、日経ダウが大幅にダウンしているときでも、大きく値上がりする株はあるということ。そんなこと当たり前とバカにされるかもしれませんが、実際に市況が下げた日に投資クラブで購入した株が値上がりしていることを現実に確認するまで、肌身で感じてはいなかったのです。

不労所得とはよく言ったもので、上手な投資をしていれば、働かなくても資産が増えるわけです。投資クラブの拠出金は月に二万円ですから、まったく働かなくてもよい資産を作るのはまあ無理でしょうが、自分で勉強して投資運用することの大切さを学んだのは大きいと思います。

年金に関しても、今までは給料から自動的に天引きされるもので資産という意識がまったくありませんでした。アメリカでは個人が積極的に判断して加入するわけで、一般的にはもっと意識は高いのでしょうが、この本にもあるように、まったく加入していない人も多いようです。受け身でいてもある程度公的年金が支払われるようになっている日本というのはまったくありがたい国です。

蓄財のノウハウ本はいくらでも出回っていますから、このようなことは他の本からも学ぶことができたかもしれません。しかし、『となりの億万長者』のすごいところは、お金を貯めるには攻めだけではなく守りに強くなければならないことを強調している点です。お金持ちというのはビバリーヒルズの邸宅に住む人ではなく、私たちのおとなりにいる守りのしっかりした人たちですよ、というメッセージは、希望を与えてくれます。名もない小さな地方出版社から刊行されたのに、たちまちニューヨークタイムズのベストセラーリストの上位に入ったこと、ペーパーバック出版の権利が一三〇万ドルという破格の値段で取引されたことも、当然と思えます。

本に倣《なら》って、私も家計簿をつけ始めました。買い物をしたときには必ずレシートをもらい、衣食住に分類して記帳するだけのお手軽家計簿ですが、それでも効果はてきめん。こんな無駄遣いをしていたのか、と反省の毎日。ものを買うときには、本当に必要なものかどうか確認する癖がついてきました。また、人生の目標は何なのか、これからどういう人生を送りたいのか、立ち止まって考えるきっかけができました。ベンチャービジネスに従事する私には、仕事の面でもエールを送ってもらった気がします。この本に感謝すると同時に、翻訳の貴重な機会を与えてくださった早川書房に深く感謝します。個々人に限らず、これから起業を目指す人、小売業界、証券界などの方々も本書からビジネスのヒントを得るところが大きいでしょう。

資産家の知人の息子さんの話です。末っ子の坊やを奥様が目の中に入れても痛くないほど可愛がっておられ、その様子を客観的に見た彼は、心を鬼にして中学卒業と同時に彼を単身アメリカの寄宿舎つきの学校に送り込みました。このまま甘やかしておくと子供の将来にとってよくない、一人立ちさせるのは今だ、と考えたのです。もちろん奥様は泣いて反対したとのことです。

最初は英語がわからず、数学だけは何とかできたものの歴史などは惨憺たる成績で、息子さんも辛い思いをしたそうです。息子さんがアメリカに行ってからは何かと理由をつけてはアメリカに出張していましたから、彼も心配で心配で仕方なかったのでしょう。また、苦労させることが不憫でならなかったのでしょう。しかし、親子ともどもその苦境を見事に乗り越え、息子さんは卒業するときには優秀な成績で表彰されるところまでになったそうです。そのままアメリカの大学に進んだ息子さんと「インターネットで毎日おしゃべりしているよ」という知人の顔は、ほんとうに嬉しそう、誇らしげでした。

彼は本書をまだ読んでいませんが、読んだら、口の悪い彼のことですから、「おいおい、この話、オレのケースを参考にして書いているんじゃないかい」と言いそうな気がします。彼の場合、高級輸入車を乗り回していますが、りっぱな蓄財優等生であり、〝となりの億万長者〟です。今までうっかり見過ごしていたけれど、お手本となる〝となりの億万長者〟は身のまわりにたくさんいることが見えてきました。

たとえばご担当くださった國分さん。ご本人は、妻が締まり屋である点以外は蓄財優等生の資格がない、と謙遜なさっていますが、高いプロ意識を持つ非常に綿密な仕事ぶりから、彼は「億万長者予備軍」だと確信しています。

商品名や人名を確認するにあたり、各社の広報部の方にお世話になりました。電話一本の依頼にもかかわらず、きちんとお答えくださったりファクスでご回答くださったりした方々、ありがとうございます。億万長者になるには本人の努力が不可欠ですが、よい仕事をするにはまわりの方のご好意がいかに大切かを痛感いたしました。

これからはもっと賢く、しっかりと金を貯めよう。そして老後の憂いなく、のんびり温泉につかったり、おいしいものを食べて、ヨーロッパ旅行に出かけてローカルワインを飲み比べ、快適に暮らそう。おっと、こんな考え方ではお金持ちになれない、と本には書いてありましたっけ。私には、億万長者への道はまだまだ遠く険しいようです。

一九九七年八月

新版への訳者あとがき

本書を最初に見たとき、「となりの」億万長者という言い方がピンとこなかった。「私がお金持ちになりたいのであって、〝となりの〟億万長者のことなんか、どうでもいいのに……」。本書を初めて手にして、同じような疑問をお持ちになる方も多いのではなかろうか。

宝くじが当たる、遺産が転がり込む、高い給料の職に就く、ベンチャーで大成功して会社を上場させる——そういう人でもない限り億万長者になれないのであれば、夢も希望もない。だが、じつはそうやって億万長者になった人は少ない。ふつうの家に住み、ふつうの生活をしているふつうの人が億万長者であることが多い。そんな〝おとなり〟に住んでいそうな彼らの生活スタイル、人生に対する考え方を学ぼう。そうすれば、あなたも億万長者！　というのがこの本のタイトルの意図するところだ。

成功しない人は、人生はすべて運だと信じ込んでいる。どんなに努力をしても運が悪ければ報われない。だから努力するだけばかばかしい。それよりも、宝くじを買って幸運の女神がほほえみかけるのをひたすら待つほうが合理的行動である、と彼らは考える。そういう人がたまたま宝くじに当たると、「やはり人生、運だね」と確信する。そして宝くじで得た金を、一か八かの運試しのような怪しげな投資案件に突っ込むか、さらに宝くじを買い込んで、全部すってしまう。宝くじで巨額の金を得た人がその後、その資金を元手に会社を興して著名な実業家になったとか、緻密な分析で上手に資産運用をして億万長者になったという話を聞くことがないのは、そういう事情だろう。

一方、成功する人は、自分の優れた能力あるいはたゆまぬ努力が自分を成功に導いたと固く信じている。「となりの億万長者」たちはみな、自分の努力で蓄財に成功している。

①収入以上の生活をしない。
②資産形成のために時間を使う。
③世間体を気にしない。
④親からの援助に頼らない。
⑤経済的に自立するよう、子供たちを育てる。
⑥上手にビジネスチャンスをつかむ。
⑦時代にマッチした職業に就く。

スタンリー博士とダンコ博士は、綿密な研究調査に基づき、これらの七つの法則に従って堅実な生活を送り、老後お金の心配をしないようになりたいという強い意志があれば、誰もが億万長者になれることを教えてくれる。

一九九七年春、私は仲間のエンジニアと会社を立ち上げ、エンジニアがシステム開発をしている合間に、本書の翻訳をした。インターネットを利用してファクスの通信料金を大幅に下げる、電子メールをファクスで受信して、パソコンを使えない人にもメールが利用できるようにする。当時としては画期的なアイデアだったが、予想を上回るスピードでインターネットが普及して、ファクスが陳腐化してしまったことはご存知のとおり。

一九九七年九月に翻訳出版された本書の中には、頻繁にファクスが出てくる。しかし、この前時代的機械のことなど気にならないほど、本書の内容は現代に通じることばかり。アメリカでは単行本のみならずペーパーバックにもなり、これまでに五七刷を重ねるメガヒット本となっていることが、時代を超えた本書の価値を雄弁に物語る。日本でも、大々的な宣伝をしているわけでもないのに出版後一六年の間に二一回の増刷を重ね、今回新版として装いも新たに再登場となった。

一〇人ほどの仲間と二千円ずつ拠出して三か月に一度、合同で宝くじを買っている。この七月に五〇回目の会合を持ったが、まだ当たったためしがない。最高で二万円の当たりくじという体たらくだ。しかし、「宝くじが当たったらああしよう、こうしよう」と楽しく盛り上がる時間が二千円で買えるのだから投資収益率は高い！　と自己正当化して続けている。一億円当たったら、ファーストクラスでスイスに飛んでみんなで豪遊することになっているが、前回の集まりでは、「エコノミークラスで飛ぶからファーストクラスとの差額を現金でもらいたい」というリクエストを認めるべきかどうか、という実にみみっちいテーマで盛り上がった。こういう堅実な発想ができることは、「となりの億万長者」になる素質があるということだろうか？

日本では少子高齢化が急速に進んでいる。定年を六五歳に延長する企業が増えてきたが、老後の生活に対する不安は根強い。長寿姉妹、きんさん、ぎんさんは九〇代のとき「テレビに出てもらったお金は、老後のために貯金する」と言って笑いを誘ったが、もはや笑いごとではない。「長生きのリスク」をしみじみと実感する昨今である。何歳になってからでも遅くない。今からでも「となりの億万長者」の生活態度から学び、資産を形成すべきであるというスタンリー博士とダンコ博士の言葉をかみしめつつ、新版発行にあたり、本書を読み直した次第である。

二〇一三年七月

斎藤聖美

本書は、一九九七年九月に早川書房から単行本として刊行された作品を再編集した〔新版〕です。

となりの億万長者《おくまんちょうじゃ》〔新版〕
成功を生む7つの法則

2013年8月25日　初版発行
2024年9月25日　14版発行

＊

著　者　トマス・J・スタンリー
　　　　ウィリアム・D・ダンコ
訳　者　斎藤《さいとう》聖美《きよみ》
発行者　早 川　浩

＊

印刷所　中央精版印刷株式会社
製本所　中央精版印刷株式会社

＊

発行所　株式会社　早川書房
東京都千代田区神田多町2−2
電話　03-3252-3111
振替　00160-3-47799
https://www.hayakawa-online.co.jp
定価はカバーに表示してあります
ISBN978-4-15-209392-9　C0033
Printed and bound in Japan
乱丁・落丁本は小社制作部宛お送り下さい。
送料小社負担にてお取りかえいたします。

ハヤカワ・ノンフィクション

なぜ人はショッピングモールが大好きなのか

――ショッピングの科学ふたたび

Call of the Mall
パコ・アンダーヒル
鈴木主税訳
46判上製

モールから駅ビルまで、
売り伸ばす秘策教えます！

今や人々の新しい生活の場となったモール。「小売の人類学者」と称される著者と一緒にモール中を探検し、人々の行動を仔細に観察するとき、駐車場やトイレから各店舗まで、至る所に売上げ倍増のヒントが見えてくる。『なぜこの店で買ってしまうのか』姉妹篇。